U0515379

Jiyu Chengke Xuanze de

WANGYUE CHUXING

Fangshi Yanhua Boyi ji Fazhan Duice Yanjiu

基于乘客选择的网约出行方式演化博弈及发展对策研究

于 跃 ◎著

中国财经出版传媒集团
经济科学出版社
Economic Science Press

图书在版编目（CIP）数据

基于乘客选择的网约出行方式演化博弈及发展对策研究/于跃著. --北京：经济科学出版社，2023.1
ISBN 978-7-5218-4480-1

Ⅰ.①基… Ⅱ.①于… Ⅲ.①出租汽车-旅客运输-交通运输管理-研究-中国 Ⅳ.①F572.7

中国国家版本馆 CIP 数据核字（2023）第014203号

责任编辑：李 雪
责任校对：刘 娅
责任印制：邱 天

基于乘客选择的网约出行方式演化博弈及发展对策研究
于 跃 著
经济科学出版社出版、发行 新华书店经销
社址：北京市海淀区阜成路甲28号 邮编：100142
总编部电话：010-88191217 发行部电话：010-88191522
网址：www.esp.com.cn
电子邮箱：esp@esp.com.cn
天猫网店：经济科学出版社旗舰店
网址：http://jjkxcbs.tmall.com
固安华明印业有限公司印装
710×1000 16开 15.25印张 190000字
2023年1月第1版 2023年1月第1次印刷
ISBN 978-7-5218-4480-1 定价：76.00元
（图书出现印装问题，本社负责调换。电话：010-88191545）

前言 Preface

网约出行平台的出现，为城市交通注入了新的活力。一方面，引导了人们的出行理念和习惯向共享出行转变；另一方面，提高了闲置私家车的利用率，弥补了出租车供应不足的问题，提升了交通运力。近年来，平台积极推广快车、专车、拼车、顺风车等多元业务，以扩大用户规模，打造共享出行生态圈。然而，新业态也带来了行业竞争矛盾加剧等负外部性问题。因此，各地政府对网约出行的准入制度收紧，并加大了合规监管力度。

那么，在平台推广与政府约束的双向作用下，新旧业态之间是优胜劣汰还是共生共存？不同的网约出行方式在未来会呈现怎样的发展规律？要对趋势作出判断，需要转变视角，正视出行者行为选择“自下而上”的推动作用，因为市场最终的投票权掌握在消费者手中。那么，人们在出行方式选择时的主要动机是什么？哪些因素影响了出行方式的选择和转化？不同因素的变动对网约出行的发展有怎样的作用？这些都是本书要回答的主要问题。

围绕以上问题，本书分8个章节展开研究。从本书的逻辑结构来看：第1章是本书的基础部分，主要阐述研究背景、内容、方法与意义，并梳理了国内外研究现状；第2章理顺了出行方式的演进脉络，对相关概念进行界定；第3章分析了乘客的出行动机，归纳乘客出行的核心决策变量；第4～6章为本书的核心内容，由既独立又相互关联的演化博弈仿真研究构成，从乘客选择视角分别探讨了不同出行情境下网约出行决策的影响因素及演化规律；第7章从平台和政府的视角提出对策建议；第8章为本书的主要结论及研究展望，使得全书内容构成了相对完整的体系。

本书的创新点总结如下：

(1) 对现象和相关概念的梳理归纳更清晰直观。①绘制了出行方式发展脉络图，以时间为线索，可以直观地把握传统出行与共享出行的历史承接关系。②绘制出共享经济概念界定示意图，分享行为与协同消费的交集即为狭义的共享经济，这一界定有利于更直观地理解共享经济的特点。③从性质、目的、管理端、司机端、汽车端和乘客端等维度对不同出行方式进行整合归纳，更清晰地比较其区别与联系，弥补了以往研究对网约出行相关概念表述不一致的情况。

(2) 绘制了乘客出行选择价值层级图，构建了一般性的出行收益模型。①将深度访谈和手段目的链运用到出行动机的探索上，打通了属性、结果和价值的层次关系，将节点之间的因果路径和关系权重用价值层级图直观地反映出来。丰富了对出行意愿和动机的讨论，结论可与以往的实证量化研究相互印证或补充。②基于效用理论，归纳出一般性的出行收益模型。将出行效用划分为位移效用与位移伴生效用，将出行成本划分为时间成本、出行费用成本和安全风险成本。丰富了对出行收益的讨论，为演化收益矩阵和复制动态方程的构建提供依据，弥补了以往研究对出行效用分析不足的情况。

（3）基于有限理性，构建了乘客选择下不同网约出行方式间的演化博弈模型。①改变了以往的静态视角和完全理性假设，将乘客的出行方式选择看成有限理性的个体不断模仿、试错的动态演化过程。演化是乘客在出行效用和成本的基础上自发选择的结果，适应度高的策略将获得更大的市场份额。②考虑到市场阶段与平台战略重点的差异，构建了4个演化博弈模型，使之更符合实际。基于单总体演化模型，分别探讨了乘客在路边招手与网络预约之间、网约出租车与网约快车之间、网约拼车的立即出发和拼成出发之间的核心决策变量及演化趋势。而在讨论合乘共享的演化趋势时，考虑私家车主和乘客两大出行者群体，探讨二者在不同策略选择下的相互作用，弥补了以往研究只考虑单一出行者群体的不足。

（4）将出行动机的定性分析与出行方式演化的仿真模拟相结合，使结论更具现实参考性。①分析得到了节省时间等感知导向，而有规律的生活等是乘客追求的主要价值目标。结合具体属性，可为平台市场细分和营销策略的制定提供支持。②相关结论有利于政府对行业竞争态势的判断，促进新旧业态协调发展。例如，网络预约最终替代路边招手，网约出租车和网约快车可实现共生共存。③运用 Matlab 仿真，可视化呈现了各变量参数对演化结果的影响，还论证了平台补贴的优势与不足，以及政府设立合乘车道等手段对演化的驱动作用，为平台策略的调整与政府推广合乘共享提供依据。

我们对本书的内容进行了认真的编写和校对，但错误在所难免。对本书存在的不足与欠妥之处，敬请广大读者批评指正。

于　跃

2022 年 12 月

目录 Contents

第1章 绪　　论

1.1 研究背景

1.1.1 共享经济推动交通出行新业态的诞生

移动智能终端的普及成为共享经济下供需匹配和支付交易的硬件基础（郑志来，2016）。云计算、物联网、大数据等技术的发展，使得共享范围扩大，交易成本降低（董成惠，2016）。中国政府将共享经济纳入国家信息化发展战略，鼓励构建资源开放共享平台和网络化协同创新体系。① 在技术支持和政策指引下，共享经济在中国得到迅速的发展和扩张。2021 年，中国共享经济市场规模达到 36 881 亿元。②

共享经济的发展为服务业的快速增长创造了新动能，传统服务业正逐渐被众多“新业态”所替代。其中，交通出行是共享

① 中共中央办公厅．国家信息化发展战略纲要［EB/OL］．中华人民共和国中央人民政府网站，2016－07－27．

② 国家信息中心分享经济研究中心．中国共享经济发展年度报告［R/OL］．信息化和产业发展部网站，2022－02－22．

经济发展的先行领域，用户渗透率高，运营模式相对成熟。2021年，共享出行的融资规模485亿元，交易额2 344亿元。[①] 共享出行包括两大类：一类模式提供的是出行驾驶服务，通常称为“网约车”；另一类是出行工具的分时租赁，如共享汽车（张爱萍和林晓言，2019）。本书重点关注第一类共享出行方式。那么，共享出行经历了怎样的发展过程？与传统出行方式相比有何特点？共享出行如何体现共享经济的特征？要回答这几个问题，一方面，需要从理论上对共享经济的相关概念进行界定；另一方面，需要从实践角度厘清共享出行与传统出行之间的历史承接关系。

平台企业是共享经济的载体，是共享经济发展的驱动力（胡拥军和于凤霞，2016）。以滴滴出行为例，凭借多元化的业务模块，滴滴已开始着手搭建一体化的城市交通共享出行平台生态圈。共享经济为消费者的日常生活提供了新的选择，而平台企业对消费观念的转变与消费行为的养成发挥巨大的引导和拉动作用（刘根荣，2017）。平台提供了网络预约新模式，先后推出了快车、拼车、专车、顺风车等多元的出行方式，引导人们逐步接受新的出行理念，市场规模不断扩大。数据显示，2021年网约车用户规模达3.97亿人，网约车人均消费支出占总支出的8.3%。[②]

那么，哪些因素影响了消费者对出行方式的选择和转化？消费者在作出出行决策时的动机和核心变量是什么？传统出行方式与共享出行方式之间存在怎样的演化趋势？在不同的市场发展阶段，共享出行平台的战略重点也不相同，随着平台规则和营销策略的变化，消费者的策略选择和核心决策变量也会发生变化。因

①② 国家信息中心分享经济研究中心．中国共享经济发展年度报告［R/OL］．信息化和产业发展部网站，2022－02－22．

此，一方面要从静态角度探索消费者的出行选择动机；另一方面，要结合市场发展的脉络，从动态角度探讨消费者的出行选择行为的变化规律。

1.1.2　城市交通出行领域存在的问题

1.1.2.1　出租汽车行业发展呈下降趋势

城市客运交通分为私人、准私人、公共和准公共交通 4 类。其中，出租车属于准公共交通，面向特定的人群提供专门的驾驶出行服务。然而，政府长期对出租汽车行业实行严格的进入管制和价格管制，一方面导致车辆供给不足，且无法满足消费者个性化需求；另一方面导致非法运营盛行，扰乱市场秩序，增大监管和治理压力。此外，出租汽车行业信息化程度低，主要以巡游、蹲点、电话预约等方式揽客，供需匹配效率低。

从数据上看，出租汽车行业发展呈现下降态势。从客运规模看，巡游出租车的总客运量从 2018 年的 365. 40 亿人次缩减到 2021 年的 266. 90 亿人次；从供给规模看，2021 年底，全国巡游出租车 139. 13 万辆，同比下降 0. 23% 。[①] 除了巡游出租车本身的运营模式和监管体制的问题之外，共享经济背景下网约车的兴起与迅速扩张是导致其发展受阻的重要原因。

1.1.2.2　私家车发展过快增加城市交通压力

随着私家车的普及，私家车的商品属性逐渐从奢侈品转变为生活必需品（何保红等，2005）。据国家统计局统计，2021 年城镇居民平均每百户家用汽车拥有量为 50. 1 辆，增长 11. 58%。

① 中华人民共和国交通运输部 . 2021 年交通运输行业发展统计公报［EB/OL］. 交通运输部网站，2022 - 05 - 25.

全国私人汽车拥有量 26 152.02 万辆。城市公共交通和出租车供给量难以满足日益增长和多元化的出行需求，进一步导致了私家车保有量的粗放型增长。私家车的使用功能以通勤出行为主，加重了早晚高峰期的道路负荷，进而延长了通勤时间。据百度地图统计，2021 年汽车保有量大于 300 万辆的城市中，北京的交通拥堵指数排名第一，通勤高峰的实际速度仅为 25.84 千米每小时，并且排名前十位的通勤高峰平均时速为 31.23 千米。①

由此可见，单纯依靠增加汽车保有量的方式来弥补公共交通、准公共交通的不足是不可行的。因此，要提高城市交通运行效率，降低私家车主的出行成本，抑制私家车规模的增长，探索新的出行方式迫在眉睫。

1.1.3 网约车、顺风车对城市交通出行领域的影响

1.1.3.1 网约车对出租汽车行业的影响

交通运输部将出租汽车运营服务分为巡游出租汽车（简称“出租车”）和网络预约出租汽车（简称“网约车”）两类。自此，网约车变为营利性质，网约车司机成为以提供出行驾驶服务为职业的劳动者。

网约车的出现对出租汽车行业的需求侧和供给侧都产生了重要影响。就需求侧而言，网约车为消费者提供了更高效便利且多元化的出行选择（Zhang Y. et al.，2016）；扩展了出租汽车行业的边界，缓解了“打车难”的现象（王学成，2016）。由于网约车与出租车在行业定位上是直接的竞争替代关系，整体市场份额

① 百度地图慧眼.2021 年度中国城市交通报告［R/OL］. 百度地图慧眼网站，2022－03－17.

构成也在发生变化。2021年中国网约车客运量占出租汽车总客运量（出租车与网约车合计）的比重从2015年的9.5%提高到31.9%。[①] 那么，从长期市场发展趋势来看，出租车和网约车是优胜劣汰，还是共生共存？在市场经济中，消费者掌握着最终投票权，出行方式的发展根本上是由出行者选择决定的。因此，要回答这一问题，关键要从需求侧入手，厘清乘客出行选择动机，分析其出行收益构成与核心决策变量。

就供给侧而言，网约车平台的就业容纳力强，成为社会就业的缓冲器和蓄水池（Santos D. O. & Xavier E. C，2015；Yang W. H. et al.，2018；甄艺凯，2017），但规模扩张也带来行业监管治理的难题。为了响应社会诉求，各地政府出台网约车运营管理办法，对平台运营、网约车司机准入和车辆资质都做了具体的规定。截至2021年4月底，网约车驾驶员证发放量达到338.9万余张，车辆运输证127.7万余张[②]，行业运营进一步规范，但车证只有人证的一半，并未实现全部合规。各地政府的监管总体趋紧，对网约车的车辆和驾驶员提出严苛要求（如本地车牌和户籍、车辆等级），与中央发展网约车的理念不甚相符（马亮和李延伟，2018）。部分城市甚至禁止滴滴等公司进入市场。合规政策的限制，导致平台的车辆供给短期下降：一是平台上原有的私家车主不能再利用闲暇时间兼职赚“外快”，这违背了共享经济的初衷；二是网约车司机不得不更换升级符合条件的新车辆，部分司机因运营成本过高而退出。

那么，政府应该如何正确把握出租车和网约车的市场发展趋

① 国家信息中心分享经济研究中心. 中国共享经济发展年度报告［R/OL］. 信息化和产业发展部网站，2022-02-22.

② 交通运输部. 网约车监管信息交互平台发布4月份网约车行业运行基本情况［EB/OL］. 交通运输部官网，2021-05-19.

势？平台如何在现有政策规制和市场环境下，提高网约车运营效率，为乘客提供优质安全的网约车服务？为了提出相应的发展对策，还是需要从需求出发，抓住出行者决策的关键变量，从而引导市场向预期的方向演化。

1.1.3.2 顺风车对私家车通勤的影响

当前，私家车的拥有水平和使用水平不协调，资源闲置严重。调查显示，车辆在运期间平均载客人数少于1.5人，平均闲置时间为95%。[①] 私家车合乘共享（俗称“顺风车”）能够利用私人出行领域的“不效率”，将个人空余的车内空间和时间商业化（张冬阳，2016），为无车乘客提供一种可替代的出行新选择（Mou Z. et al.，2020），能够在不增加城市道路负担的情况下提升交通运力，缓解交通拥堵，从而实现绿色低碳环保的城市发展目标。

私家车的高保有量和高闲置率，为发展合乘共享创造了巨大潜力。从订单需求分布情境看，日常上下班通勤的需求占合乘总需求的53.1%，周边游和节假日返乡占18.2%，而在所有已完成订单中，平均顺路匹配程度已达到86.3%。[②] 据统计，中国14个特大城市中：京、深、渝通勤半径最大（40千米），青岛最低（25千米）；北上广深四城平均通勤距离9.3千米，其他十城平均通勤距离8.3千米。[③] 上海市于2020年初在沪宜公路实行通勤时段的合乘车道试点，两人以上（含司机）的私家车可

① 罗兰贝格.2018年中国汽车共享出行市场分析预测报告［R/OL］.199IT中文互联网数据资讯网，2016－11－03.

② 嘀嗒出行.2014－2020年中国顺风车行业发展蓝皮书［R/OL］.嘀嗒出行官网，2020－06－09.

③ 住房和城乡建设部城市交通基础设施监测与治理实验室，中国城市规划设计研究院，百度地图慧眼.2020年度全国主要城市通勤监测报告［R/OL］.百度地图慧眼网站，2020－05－20.

以进入该车道，迈出了集约化出行的第一步。

提供顺风车业务的私家车主多为上班族，通常是在每天上下班这一特定的出行时段和场景内顺路完成有限的订单，并非将其作为全职的工作（张爱萍等，2017；Wang H. & Yang H.，2019），而车辆在其他时间段都处于停泊状态。那么，在通勤情境下，私家车主是否愿意提供合乘共享服务？无车群体在上下班时会选择网约车或出租车，还是选择合乘共享服务？参与合乘共享服务的私家车主和乘客比例受哪些因素的影响，各呈现怎样的演化趋势？共享出行平台和政府如何推动通勤时段合乘共享的发展？这些是本书关注的另一个重要方面。

1.2 国内外研究现状

1.2.1 共享出行意愿与动机的相关研究

1.2.1.1 共享出行意愿研究的理论基础与模型改进

理性行为理论是意愿研究的理论基础。意愿对行为产生理性影响（Vinayak P. et al.，2018）。在正确的条件下，意愿将近似于实际行为。进一步地，学者们提出计划行为理论和技术接受模型，前者引入感知行为控制，即对过去经验和预期障碍进行的反思（Ajzen I.，1991），后者认为感知有用性和易用性是激发持续意愿的两个因素（Davis F. D.，1989）。

（1）共享出行领域对计划行为理论的改进。

部分学者将计划行为理论迁移到了共享出行领域。有的学者探讨了消费者对共享汽车的使用意愿，并增加其他变量对模型进行补充。例如，政府政策（鞠鹏等，2016）、环境关注度（Zhang Y. & Li L.，2020）、感知兼容性和意识知识（Eccarius T. & Lu C-C.，2020）等，但并未对模型作实质性改进。

共享经济作为一种新型商业模式，能够提高资源利用效率，促进人们的互助行为，实现人与自然的可持续发展。学者们将规范刺激模型与计划行为理论相结合，考察亲社会情境下利他主义的个人规范对共享出行意愿的影响（Schwartz S. H.，1973）。金姆等（Kim Y. G. et al.，2018）从后果意识和责任归因两维度考察个人规范，并增加了共享经济意识变量。鲁斯和哈恩（Roos D. & Hahn R.，2017）从利他价值、生态价值和自我价值来衡量共享经济背景下的个人规范。巴克曼等（Bachmann F. et al.，2018）认为，人们上下班合乘的意愿受个人规范影响，有助于构建司机和乘客的信任关系。

（2）共享出行领域对技术接受模型的改进。

共享出行是现代信息通信技术融合发展的产物。因此，出行者对于共享出行的意愿可以运用技术接受模型来解释。学者对技术接受模型进行了不同程度的改进。例如，翁等（Weng G. S. et al.，2017）认为，感知有用性和易用性需要经过网约打车软件用户的实际评估确认后，通过对该技术的态度和满意度间接影响其持续使用意愿，并加入了主观规范。孔等（Kong H. et al.，2020）将模型分为两个部分，分别探讨了智能手机的使用程度与网约车接受意愿及使用频率的影响。

在共享经济背景下，用户不再是被动的技术接受者，而是根据其目的和成本自主选择接受何种技术。朱等（Zhu G. et al.，2017）将价值接受模型运用到共享经济领域，认为消费者参与共享经济的态度和意愿是对感知价值综合权衡的结果。进一步地，李等（Lee Z. W. Y. et al.，2018）探讨Uber用户的参与意愿时，引入感知平台质量（包括信息质量和系统质量），并测量该变量在感知收入与风险之间的中介作用。王等（Wang Y. et al.，2019）以滴滴顺风车为例，从感知风险（隐私、安全、性能和冲突）和感知价值（功利、享乐和社会）两个维度进行探讨。李等（Lee S. H. et al.，2019）在研究韩国KakaoTaxi的使用意愿时，除了功能、金钱、情感和认知价值外，还要考虑条件价值，即网约车相对于其他出行方式的吸引力。

1.2.1.2 共享出行意愿的研究内容及主要观点

通过文献梳理，以往研究主要通过李克特量表来评价共享出行意愿，但研究的侧重点有所差异。从共享出行方式来看，涉及研究共享汽车（Zhang Y. & Li L.，2020；Eccarius T. & Lu C - C.，2020）、通勤情境下的合乘出行（Neoh J. G. et al.，2018），以及Uber为代表的网约车的使用意愿（Lee Z. W. Y. et al.，2018）。随着研究的不断深入，对共享出行意愿的探索也在不断地具体和细化：有的研究通勤合乘出行对私家车购买意愿的影响（MOU Z et al.，2020），有研究出行者对网约车的重复使用（Lee S. H. et al.，2019）、持续使用（Weng G. S. et al.，2017；Shao Z. et al.，2020）和停止使用意愿（Ma L. et al.，2019）的，有的从非用户视角探讨合乘共享服务的使用意愿（Wang Y. et al.，2019），有学者将共享出行意愿划分为使用意愿和推荐意愿两部分（Barnes S. J. & Mattsson J.，2017），还有学者从司机角度研究打车应用软件的使用意愿（Sánchez - Torresa J. A. et al.，2020）。

在研究方法上，主要采用结构方程模型对共享出行意愿及其影响因素进行量化讨论，包括基于协方差（CB - SEM）和偏最小二乘（PLS - SEM）两类（Henseler J. et al.，2009）。有部分学者采用 CB - SEM 探讨共享出行意愿（Neoh J. G. et al.，2018；Asgari H. & Jin X.，2020；Shah P. et al.，2020），但更多的文章采用 PLS - SEM，后者适用于小样本容量、非正态分布数据，适合于更加复杂的模型（如二阶结构），更适合运用在共享出行意愿的探索性研究和理论发展方面（Hair J. F. et al.，2012；Ringle C. M. et al.，2012）。基于此模型，学者们得出了许多有意义的观点。

首先，态度对参与共享出行的意愿具有显著的正向影响（鞠鹏等，2016；Roos D. & Hahn R.，2017；Amirkiaee S. Y. & Evangelopoulos N.，2018）。然而，仅用若干题项从单一维度无法对态度进行充分的描述和识别，为了弥补这一不足，学者们采用二阶结构从不同维度对共享出行的态度进行细分，遵循从具体到一般的因果取向。例如，巴克曼等（Bachmann F. et al.，2018）将态度用经济性、舒适度、时间、社交等维度来衡量。阿米尔基亚伊和伊万杰洛普洛斯（Amirkiaee S. Y. & Evangelopoulos N.，2018）将时间、安全、经济利益、交通焦虑的压力等出行情境因素作为态度的前置变量。然而，部分学者得出了不同的结论：态度对共享出行意愿的影响并不显著（Zhang Y. & Li L.，2020；Eccarius T. & Lu C - C.，2020），但社会和个人规范的作用突出。

其次，主观规范对共享出行选择具有正向显著影响，意味着人们会参考家人或朋友的意见（Zhang Y. & Li L.，2020；Bachmann F. et al.，2018；Weng G. S. et al.，2017），但对共享出行的持续使用影响不显著（Weng G. S. et al.，2017）。在刚接触共享出行方式时，个体选择受主观规范的影响，但随着实际使用频率增加，有用性和态度等将决定其长期使用意愿。主观规范还体现了一种社会归属感（Barnes S. J. & Mattsson J.，2017），渴望得到他人认可和接受（Amirkiaee S. Y. & Evangelopoulos N.，2018），能够激发共享出行意愿（Wang Y. et al.，2019）。

共享出行作为交通领域的新业态，尚未形成内化的社会规范，而除了社会规范外，人们也会根据道德义务采取行动。因此，个人规范对其出行意愿的影响更大。鲁斯和哈恩（2017）发现：利他价值对个人规范的正向影响最显著，且人们越参与共享出行，就变得越无私。在选择共享出行方式时，人们还会考虑其行为对环境的影响，倡导低碳环保（Zhang Y. & Li L.，2020；Eccarius T. & Lu C－C.，2020）。但是，阿米尔基亚伊和伊万杰洛普洛斯（2018）发现，互惠、利他、社交和可持续等因素对私家车主参与合乘共享的意愿并无显著影响，更多的是由功利主义和利己主义驱动的。

再次，人们在进行出行决策时，要充分衡量共享出行方式的收益和代价。感知有用性对共享出行意愿有正向的显著影响（鞠鹏等，2016；Barnes S. J. & Mattsson J.，2017）。例如，一旦乘客发现手机打车软件有用，他们就会继续使用该软件打车，并替代路边招手。感知易用性也有正向作用（Acheampong R. A. et al.，2020），但随着共享出行技术的进步和用户熟悉度的提升，其影响逐渐减弱（Weng G. S. et al.，2017）。

感知价值对态度具有正向的显著影响，并且在态度的中介效应下影响共享出行意愿。感知价值（功利性、享乐性和社会性）都对合乘共享的使用意愿具有显著的正向影响。感知风险包括隐私、安全、绩效和资金风险等，与共享出行意愿显著负相关（Lee Z. W. Y. et al.，2018），风险过大甚至会导致老客户放弃使用（Ma L. et al.，2019）。感知风险还具有调节作用，对刚接触共享出行的用户而言，潜在高风险的存在会抑制感知价值带来的积极作用（Wang Y. et al.，2019）。

最后，平台信任对共享出行意愿有显著的正向影响。马良等（Ma L. et al.，2019）发现，对物理风险的感知是负向影响乘客对司机信任的首要因素，而对司机的信任正向影响乘客对平台的信任和态度。阿米尔基亚伊和伊万杰洛普洛斯（2018）发现，信任是直接影响合乘共享意愿的最强因素，并且还通过态度的中介效应间接影响使用意愿。

上述研究也存在一些不足：①模型更多关注于态度、规范与价值等抽象概念，未能与共享出行所提供的产品或服务属性建立联系，虽然能得出不同变量对出行意愿的影响程度大小，但并非因果关系；②由于样本量小，PLS－SEM 主要用作理论探索，而非假设检验（Fang J. et al.，2016）；③被解释变量即共享出行意愿要求连续、可衡量，而不能使用类别变量（Hair J. F. et al.，2012），所以不适合探讨多种出行方式的选择问题；④该方法要求被调研者需要对每一个题项进行打分，但个体很难作出准确地感知判断，特别是对于共享出行这一新业态而言，消费者体验不充分，结论一定程度上受到样本的影响。

1.2.1.3　基于手段目的链的共享出行动机研究

以上关于共享出行意愿的实证研究，在量表设计时往往是借鉴和整合现有的理论模型，对出行者的行为动机缺乏全面的剖析。而动机影响着消费活动的方向、持续和强度，是所有消费活动的基础。为了弥补这一不足，学者们采取手段目的链（means-endchain，MEC）来分析消费者的认知过程，并探索消费者行为动机，MEC 避免了对理论框架的先验采用，是一种较少偏倚的研究方法（Xiao L. et al.，2017）。

MEC与基于期望－价值理论的态度意愿研究有较强的相似性，其共同的前提是："消费者总是选择含有有助于实现其预期结果的属性的产品或服务"（Reynolds T. J. & Gutman J. J，1988）。差别在于，MEC进一步回答了为什么结果很重要，能够揭示产品或服务的具体属性（"手段"）、属性带来的结果或好处，以及结果所强化的个人价值（"目的"）之间的联系（Pieters R. et al.，1995）。个人价值才是行为的根本目的，而属性只是实现目的的手段。

部分学者也将手段目的链运用到了共享经济领域，如共享住宿和共享出行。金姆等（Kim J. et al.，2020）探讨了共享住宿的认知偏好，发现年轻人更期望获得便捷、安全、社会交往和尊重等效用，同时要权衡租金的可承担性和个人隐私问题。舍弗斯（Schaefers T.，2013）对共享汽车的使用动机作了探索性分析，诸如车队规模、车辆性能、在线支付等属性给出行者带来了功能或心理结果（如可用性、便捷、安心、不着急等），进一步满足了共享出行的最终目的（如生活品质、健康生活方式、社会认同等价值追求）。威廉斯等（Wilhelms M.－P. et al.，2017a）以德国P2P共享汽车为例，探讨闲置私家车的提供者参与决策的动机模式。研究发现：经济利益和生活质量是主要的动机，人们也对帮助他人感兴趣，但环境可持续性并不是主要动机，而是行为的间接结果，这与之前的研究相矛盾。共享汽车只是共享出行方式之一，用户通过短期获得使用权自驾出行，上述学者的研究思路也可以迁移到其他几种非自驾的网约出行方式上。

1.2.2 出行方式选择行为的相关研究

1.2.2.1 基于离散选择模型的相关研究

除了探讨出行者对某种出行方式的态度和意愿外，学者们还针对不同出行方式间的出行选择行为进行了对比分析。在研究方法上，大多以离散选择模型为基础，对乘客出行方式的选择行为以及影响因素进行评估。离散选择模型的被解释变量为非连续的分类变量，包括二项 logit 模型（Correia G. & Viegas J. M., 2011; Cartenì A. et al., 2016; Wang T. et al., 2019; Wang Z. et al., 2019）、多项 logit 模型（Zoepf S. M. & Keith D. R., 2016; Shaheen S. A. et al., 2016; Faghih - Imani A. et al. 2017; Habib K. N., 2019），nested logit 模型（Su Q. & Zhou L., 2012; Shen H. et al., 2020）、有序 logit 模型和 probit 模型（Zhou B. et al., 2011; Becker H. et al., 2017a）等，弥补了 PLS 模型因变量不能为分类变量的不足，更适合于分析不同出行方式之间的选择行为。还有的文献将离散选择模型与结构方程模型结合（陈坚等，2013; Efthymiou D. & Antoniou C., 2016; Lavieri P. S. & Bhat C. R., 2019），以实现优势互补。

离散选择模型的核心是随机效用理论，其基本假设是：每个个体都是理性决策者，能够从备选集合中选择出感知效用最大的备选方案（De Luca S. & Di Pace R., 2015）。出行者在综合考虑一系列变量之后，挑选出能够带来最大出行效用的方案。概括而言，影响出行效用的变量可以划分为出行者特征因素、情境因素、判断因素和干预因素等 4 个维度（Neoh J. G. et al., 2017）。下面从这四个维度，对共享出行选择相关文献的主要观点进行梳理。

（1）出行者特征因素。

首先，年龄、性别、收入、就业和教育是最常提到的出行者特征。年龄越大，出行者选择驾驶私家车的概率越大，选择顺路提供合乘服务的概率越小（Shaheen S. A. et al.，2016），也越不愿意用共享汽车（Becker H. et al.，2017b）。年轻的出行者会选择网约车来替代出租车（Habib K. N. et al.，2019；Tirachini A. & Del Río M.，2019），特别是20～34岁的年轻人（Farzad A. et al.，2018；Lavieri P. S. & Bhat C. R.，2019）。男性比女性更愿意尝试网约车、共享汽车等新业态（Prieto M. et al.，2017；Lavieri P. S. & Bhat C. R.，2019）；女性则会用共享出行替代自驾，这与其私家车拥有率低有关（De Luca S. & Di Pace R.，2015）。收入对出行选择起负向作用（Zhou B. & Kockelman K. M.，2011），高收入者倾向于私家车出行，而共享出行用户以中低收入为主（Efthymiou D. & Antoniou C.，2016）。就业状况也影响出行方式的选择，全职上班族倾向于用共享出行替代公共交通（Correia G. & Viegas J. M.，2011；Shaheen S. A. et al.，2016；Dias F. F. et al.，2017）。共享出行用户还呈现高学历（大学及以上学历）的特点（Farzad A. et al.，2018；Prieto M. et al.，2017；Rotaris L. et al.，2019），而选择合乘共享或者网约拼车的人学历更高（Wang Z. et al.，2019）。

其次，共享出行选择受家庭成员平均车辆拥有率的影响。该因素反映了私家车的可用性和充足性（Lavieri P. S. & Bhat C. R.，2019），特别是当有驾照的家庭成员多于车辆数时，必须考虑车辆的分配问题（Correia G. & Viegas J. M.，2011）。当私家车不足时，人们会选择共享汽车或网约车作为有效的运力补充

（Zhou B. & Kockelman K. M.，2011；De Luca S. & Di Pace R.，2014；Habib K. N.，2019）。私家车主会将网约车作为偶尔的替代手段，如聚餐喝酒不开车（Lavieri P. S. & Bhat C. R.，2019），而频繁使用网约车的人私家车拥有率较低（Dias F. F. et al.，2017；Tirachini A. & Del Río M.，2019）。

最后，共享出行选择受出行者生活习惯和态度的影响。人们往往倾向于保持常用的出行方式，对当前最常用的出行方式的满意程度，会影响到共享出行的选择（Efthymiou D. & Antoniou C.，2016）。已拥有私家车的人更倾向于自驾出行。因此，汽车保有量短期内不会出现显著下降（Cartenì A. et al.，2016）。共享出行是公共交通的有效补充，特别是当公交相对不便时（如最后一公里问题、公交不经常运行的时间地点），公交用户会转为共享出行（Farzad A. et al.，2018；Shen H. et al.，2020；Lesteven G. & Samadzad M.，2021），且随着熟悉程度加深，选择概率更高（Habib K. N.，2019；De Luca S. & Di Pace R.，2014）。对技术的接受程度越高，获得的自我效能感越强，人们越倾向于共享出行（Zoepf S. M. & Keith D. R.，2016；Farzad A. et al.，2018；Fu X. – M.，2020），例如智能手机的活跃用户，使用网约车的频率越高（Lavieri P. S. & Bhat C. R.，2019；Lesteven G. & Samadzad M.，2021）。此外，人们还会被共享出行方式的新理念和新奇感所吸引（Shen H. et al.，2011；Lavieri P. S. & Bhat C. R.，2019）。这种探索新潮流趋势的态度越明显，对共享出行的接受程度越高（Fu X. – M.，2020），并且与年龄密切相关（Farzad A et al.，2018）。

（2）出行情境因素。

首先，出行目的影响人们对共享出行的选择。主要出行目的包括上下班、临时有事、休闲娱乐、出差等（Lavieri P. S. & Bhat C. R.，2019）。网约车最常见于单人临时出行（Tirachini A. & Del Río M.，2019）。该情境下人们对出行时间不敏感（Lavieri P. S. & Bhat C. R.，2019）。通勤对应上下班高峰时段，选择共享汽车和网约车的概率较高（Prieto M. et al.，2017；Shen H. et al.，2020），而网约拼车能够提高打车效率，充分利用车内空间（Lavieri P. S. & Bhat C. R.，2019）。私家车主工作时间灵活或者下班不着急回家，则更愿意提供合乘共享服务（Su Q. & Zhou L.，2012；De Luca S. & Di Pace R.，2015）。对于出差较多的人更倾向于使用网约车往返机场车站（Farzad A. et al.，2018）。如果考虑到其他家庭成员的出行，如接送孩子，则私家车出行较多（Dias F. F. et al.，2017）。以休闲娱乐为目的的人常会选择网约车，结伴出行居多（Tirachini A. & Del Río M.，2019），特别是在夜间公交停运时段（Habib K. N.，2019；Young M. & Farber S.，2019）。

其次，出行距离影响共享出行的选择。市内日常出行可分为短（小于3千米）、中（3~9千米）、长（大于9千米）3类（Wang T. et al.，2019）。考虑到成本和可用性，共享汽车更多地应用于市区内短途出行（Prieto M. et al.，2017）。合乘共享服务（顺风车）适于长距离出行，而网约拼车更适合于中短距离出行（Wang Z. et al.，2019），但如果额外的距离过长导致绕路不方便、等待时间长时，会降低合乘拼车的吸引力。共享汽车用户在通勤时段对上车前到达车辆的距离敏感性很高（Rotaris L. et al.，2019），网约车乘客对单位距离的出行成本比总出行成本更敏感（Habib K. N.，2019），而不足3千米的距离内网约车可能会被共享单车替代（Faghih - Imani A. et al.，2017）。

最后，起讫点特征影响共享出行的选择。起点的停车场数量和位置距离影响共享汽车的可获得性，其使用率与车辆供给高度相关（Kim K.，2015）。当目的地停车位有限时，人们会考虑用共享汽车或网约车替代私家车（Prieto M. et al.，2017；Lesteven G. & Samadzad M.，2021），无须承担停车费用。当起讫点人口密度较高（如市中心、商业区）时，网约车会被更多地考虑（Habib K. N.，2019；Lavieri P. S. & Bhat C. R.，2019）。

（3）判断因素。

判断因素揭示了人们选择共享出行方式的直接原因（Neoh J. G. et al.，2017）。首先，共享出行能够带来互帮互助、节能减排、增进人际交往等亲社会的正向外部性，这有助于激发人们参与共享出行的积极性（Vinayak P. et al.，2018；Farzad A. et al.，2018）。共享汽车更受有环保意识的通勤者青睐（Efthymiou D. & Antoniou C.，2016），且人们更愿意接受新能源汽车（Cartenì A. et al.，2016；Zoepf S. M. & Keith D. R.，2016）。私家车主通过与陌生人合乘出行，可以互相帮助、结交朋友，成为合乘共享服务发展的积极动机（Neoh J. G. et al.，2018）。

但是，也有部分学者研究发现，环境变量对共享出行选择的影响不够显著。贝克尔等（Becker H. et al.，2017b）发现，人们对环保的信念并不强烈，尽管大部分赞同共享汽车能够抑制私家车保有量的增长。沈等（Shen H. et al.，2011）认为，出行者从公交转向网约车将增加整体出行里程和上路车辆排放，而应鼓励多人拼车、推广电动车。拉维耶里和巴特（Lavieri P. S. & Bhat C. R.，2019）也发现，频繁使用网约车的年轻人环境意识并不高。与传统出行方式相比，共享出行是一种新现象，仍处于偏好探索与形成阶段。因此，出行决策考虑的是与个人利益直接相关的功利性动机，而社会和环境价值等利他动机则是利己行为的间接结果。

就个人出行利益而言，费用和时间是人们考虑最多的判断因素。与出租车或私家车相比，共享出行的费用优势越明显，选择概率越大（De Luca S. et al.，2015；Cartenì A. et al.，2016；Fu X. - M.，2020）。私家车主可以通过顺路拼车，与合乘者分担油耗、过路费等，以达到节省费用的目的。多名乘客拼车也会比单人乘坐网约车费用更低（Wang Z. et al.，2019）。停车成本过高，会促使人们放弃自驾出行，转而使用网约车或共享汽车（Efthymiou D. & Antoniou C.，2016）。在不考虑路况等因素时，总出行时间与不同出行方式的速度有关。对通勤者而言，对价格相对不敏感，但对出行时间要求较高（Rotaris L. et al.，2019）。网约车或合乘拼车的乘客受等待时间的影响较大（Van Der Waerden P. et al.，2015；Fu X. - M.，2020；Shen H. et al.，2020），特别是出行时间不充裕时，缩短等待时间可以减少焦虑（Wang T. et al.，2019）。

除了费用和时间外，人们还要追求出行方式的便捷可靠（De Luca S. et al.，2015；Fu X. - M.，2020）。与出租车相比，网约车能够随时随地完成门到门的即时出行任务（Tirachini A. & Del Río M.，2019）。共享汽车的数量和分布影响其可用性，否则，人们不得不花费较大的获取成本（De Luca S. et al.，2015；Becker H. et al.，2017a）。此外，出行时间越长，人们对网约车的舒适、安全以及服务态度的要求越高（Zhang Y. et al.，2016；Shaheen S. A. et al.，2016），而女性对安全要求更高（Meshram A. et al.，2020）。私密性与环境保护呈负相关（Lavieri P. S. & Bhat C. R.，2019），出于排他性和保护财产安全的考虑，私密性要求高的人会驾驶私家车或共享汽车（Dias F. F. et al.，2017），而与陌生人合乘所带来的社交属性一定程度上抵消私密性（Wang Y. et al.，2019）。

（4）干预因素。

干预因素来自外部，个体的出行选择受到企业、平台和政府的规则和政策的引导。为了缓解停车困难的情况，企业提供停车位预订以及停车费折扣，以鼓励开车上班的员工与无车员工拼车上班（Su Q. & Zhou L.，2012；Van Der Waerden P. et al.，2015）。共享出行平台则通过定价规则与补贴来吸引用户。例如，共享汽车平台分别对常用和非常用客户制定不同的会员价格计划，前者单价低但有每日上限，后者无上限但价格高；网约车平台通过优惠券以吸引潜在客户规模（Yang L. et al.，2018；Shen H. et al.，2020），但缺乏持续性（Fu X. – M.，2020）。政府则通过税费和基建等手段干预出行。例如，采用停车收费方式缓解市中心的交通拥堵和停车困难（Lin X. & Yuan P.，2018），设置高峰期合乘车道鼓励私家车合乘通勤等（Su Q. & Zhou L.，2012）。

综上所述，从内容来看，以往研究围绕传统出行与共享出行方式之间的选择问题，认为共享出行方式是对公共交通和私人交通的补充或替代。共享汽车是出行者自驾服务为主，更多的是对私家车的替代（Rotaris L. et al.，2019）。网约车是以司机驾驶服务为核心，与出租车是直接的竞争替代关系（Habib K. N.，2019；Lavieri P. S. & Bhat C. R.，2019），而合成共享服务（顺风车）和网约拼车的出现，加速了对出租车的替代（Wang Z. et al.，2019）。

从方法上看，离散选择模型能够评估不同变量的改变对出行方式选择概率的边际影响，适合于小样本调研，效率高、可移植性好。但该模型是从静态视角看待出行选择的，没有分析个体对不同出行策略选择行为的交互作用，不能对多种出行方式的发展趋势进行很好地预测（Li Q. et al.，2019）。离散选择模型假设出行者总是根据效用最大化原则选出最优的出行方式，但实际上每个个体很难作出完全理性的出行决策，需要在出行群体的动态变化中对出行策略不断试错和调整。演化博弈理论则弥补了离散选择模型的不足，为揭示乘客出行方式选择的演化规律提供了新的方向。

1.2.2.2 基于演化博弈理论的相关研究

以上研究探讨了不同维度的变量对出行选择结果的影响，但忽略了个体间不同出行策略选择的相互影响。个体通过和附近的其他人进行信息交换和互动，或者观察他们的行为，进而形成自己的行为选择，而这种社会依赖性在解释共享出行服务使用时具有显著作用（Vinayak P. et al.，2018）。演化博弈理论从“有限理性”的视角，以群体为研究对象，认为个体无法通过一次博弈作出自己利益最大化的选择，需要进行多次的重复博弈。在博弈过程中，参与者需要动态调整自己的策略，使系统最终收敛到一个稳定的状态（Li Q. et al.，2019）。复制动态微分方程能够预测群体中选择某种策略的比例变化规律，解决演化博弈的连续动态问题。

为了探究出行市场各利益主体的行为发展规律及其相互关系，不少学者利用演化博弈模型进行仿真研究。有从政府、消费者和企业三方博弈视角探讨新能源汽车或共享汽车的推广路径的（Liu C. et al.，2017；Encarnação S. et al.，2018；卢珂等，2019b），也有研究网约车市场监管下政府、平台和司机的策略选择问题的（卢珂等，2018b；付淑换和石岿然，2019；雷丽彩等，2020）。

但利用演化博弈探讨出行选择规律的文献相对较少。

城市人口众多，出行选择问题可以看作一个无限群体内个体之间的随机配对和重复博弈（Li Q. et al.，2019）。由于共享出行群体在消费者特征和出行情境上具有较高的相似性，因此，可以将群体内的每个个体看作同质的。陈星光、肖海燕以及 Li Q. 等分析同质人群在不同出行方式间进行选择的演化过程，并通过调节变量参数使得不同策略的出行者比例向着管理者期望的方向演化（陈星光等，2009；肖海燕等，2010；肖海燕，2019；Li Q. et al.，2019）。但以上研究也存在局限：①主要探讨了私家车、公交车等传统出行方式的竞争演化关系，对于网约出行方式的演化探讨不多；②主要从出行成本角度构建博弈收益矩阵，模型相对简单，缺乏对出行效用的探讨，对于出行选择的核心决策变量探讨不充分。

当存在两类相互影响且策略集不同的群体时，则更适合运用非对称演化博弈。例如，林徐勋和袁鹏程（Lin & Yuan，2018）在研究私家车和公共交通的选择时，考虑了两类不同的出行者（市中心居民和郊区居民）在动态停车费用机制调节的情况下的行为演化机理问题。在私家车合乘共享（顺风车）背景下，乘客除了网约车或出租车之外，又有了新的选择，而私家车主本身既是出行者，又是出行服务的提供者。两个群体的出行决策是相互影响的，因此，该问题更适合运用双总体非对称演化博弈进行模型构建。

1.2.3　网约车平台定价策略的相关研究

网约车平台具有两个方面的特点：一是用户数量可以无限增

多，产生规模经济效益，“赢者通吃”（汪旭晖等，2015）；二是交叉网络外部性，一侧用户规模的扩大会影响另一侧用户规模（卢珂等，2019b）。平台采取双边补贴定价策略，有利于加快市场培育，促进用户规模的积累（杨浩雄等，2016；卢珂等，2019b）。

部分学者关注于网约车平台的竞争定价问题。某些学者（Zha L. et al.，2018）发现需求激增时乘客不得不匹配较远距离的车辆，平台通过提价来避免该状态。赵道致等（2020）发现，在等待时间差异和网络外部性系数的影响下，出租车和网约车能够共存，且存在均衡价格。卢珂等（2018a）发现，网约车平台的提成比例、服务质量、等待时间及网络外部性等因素，均对其定价结构产生显著影响。孙中苗和徐琪（2021）发现，平台竞争系数以及固定佣金报酬率对网约车平台最优动态竞争价格和期望收益有直接影响。

还有学者重点关注网约车平台的补贴策略。杨浩雄和魏彬（2016）从补贴角度探讨网约车平台与出租车公司的竞争关系，认为出租车不会在平台高额补贴的冲击下彻底消失，仍会占有一定的市场份额。雷丽彩和高尚（2020）通过建立网约车平台、司机和乘客三方的委托代理模型发现，司机的感知存在偏误，总是存在过度自信倾向，而这种倾向能够刺激司机的服务积极性，有利于激发乘客的使用意愿，还有利于提高平台的收益水平和加大补贴力度。陈明艺和李娜（2017）建立完全信息静态博弈模型，对固定金额补贴和固定比例补贴两种策略作分析比较，分别讨论二者是如何影响网约车价格及乘客出行选择的，并认为保持合理的价格区间，有利于网约车市场的有序发展。

以上研究是从网约车平台收益最大化的角度展开的，但对出行者出行收益构成的角度探讨较少，而出租车、网约车等出行方式的发展是出行者选择的结果，因此，有必要从出行者视角展开进一步讨论。从长期而言，平台的补贴政策难以维持（陈明艺和李娜，2017；雷丽彩等，2020），随着网约车市场结构逐渐趋于稳定，通过疯狂“烧钱”抢占市场份额的时期已经过去，网约车发展进入“后补贴时代”，平台竞争定价和补贴政策的相关研究增速放缓。

1.2.4 网约车合规监管的相关研究

网约车出现之前，出租汽车市场长期受到非合规出租车（“黑车”）的冲击。黑车现象反映了政府管制失灵，是对歧视性壁垒的“自我修正”（郭锐欣和张鹏飞，2009）。网约车模糊了合规与非合规的界限，要求政府予以立法规范，实现行业治理从策略化到规则化的转变（孙林，2016；Flores O. & Rayle L.，2017）。网约车倒逼行业改革和制度创新，但若不加以限制，不仅会冲击传统行业，还会带来道路拥堵、出行安全等负外部性（董成惠，2017）。那么，如何进行网约车监管，也是学者们的关注点之一。

从出租汽车行业实践和相关文献梳理发现，出租车合规监管主要包括数量管制和价格管制两个方面（陈明艺，2006）。那么，数量和价格管制是否适于网约车监管？罗清和等（2016）发现，巡游出租车比重越大的国家，数量管制越严重，而网约车规避了信息不对称，可以放松数量管制。王静（2016）主张采用有一定标准、无数量限制的一般行政许可替代数量管制，发挥质量规制的作用。另外，对于网约车是否实行价格管制，学者的观点不尽相同。托纳（Toner，2010）认为，网约车平台会在需求高峰期实行订单溢价，这种“不道德”的做法导致运价的不合理上升甚至运价欺诈。而艾略特等（Elliott et al.，2016）认为，网约车的定价机制更加透明，通过价格上升抑制需求符合市场规律，是乘客自主选择意志的体现。楼秋然（2017）则指出：当市场竞争激烈时，鼓励价格透明化；为防止平台垄断市场并损害乘客利益，应该在市场集中度升高时采取运价管制策略。

当前，对网约车合规监管的研究大多是站在政府治理的效率与社会公平视角，但对网约车监管的态度不一。罗杰斯（Rogers，2015）认为Uber能提高打车服务效率，但存在安全风险、泄露客户隐私、压榨司机收入等问题，政府应权衡Uber带来的社会利益和社会成本。穆塔拉（Motala，2016）认为政府不应对网约车市场进行干预，主张采取一种宽松的方式来处理负外部性问题，保障消费者利益。田帆和常兴华（2016）认为，网约车能降低交通服务的交易成本并增加社会整体效用水平，但在网约车发展方面，主张政府采取短期观望态度，通过税收控制网约车量。张冬阳等（2016）认为，为了维护市场秩序、保障出行安全，网约车平台和司机必须获得运营资质，完善市场竞争和利益协调机制。

1.2.5 研究述评

前面对国内外共享出行相关研究的主题分类、方法与模型的优缺点、主要的观点和结论等作了详细的总结和论述，接下来再作简要的概括和述评。

共享出行是共享经济的代表性领域之一。Uber、Lyft、滴滴等作为该领域的代表性企业，先后推出了多种的共享出行方式。但当前文献对各种共享出行方式尚未出现统一的定义，直接表现为概念名称的不一致。如网约车一词就有 ride-sourcing（Wang Z. et al.，2019；Tirachini A. et al.，2020）、ride-hailing（Fu X. –M.，2020）、e-hailing（Shen H. et al.，2020）、onlinecar-hailing（Cartenì A. et al.，2016）、hailable rides on-demand mobility（Habib K. N.，2019）等不同英文名称。因此，要讨论不同的网约出行方式之间的选择问题，有必要结合共享经济的定义以及共享出行实践的发展脉络，对网约出行方式的概念、分类及特征进行界定。

共享出行意愿的研究是基于计划行为理论和技术接受模型展开，并运用 PLS – SEM 方法进行定量实证研究，得出许多有益的结论。但上述研究以理论模型的探索为主要目的，对量表的设计还未形成统一的规范，主要探讨态度、信任与价值等抽象概念对意愿的相关关系，未能与共享出行所提供的产品或服务属性建立联系。为了弥补这一不足，可以利用手段目的链方法，通过深度访谈挖掘出行者的想法，探索网约出行选择的行为动机，找到出行者在乎的重要感知导向，与实证研究互为补充。

另一部分学者运用离散选择模型，探讨出行者在传统出行方式与共享出行方式之间的选择问题。文献梳理发现，共享出行特征具有相似性：从出行主体看，以中低收入且教育程度高的年轻上班族或学生为主，私家车拥有率低，但对新技术和共享出行新业态持积极态度；从出行情境看，以白天的临时出行或工作日通勤为主，出行距离在 10 千米左右。但以往研究对于出行选择的判断因素和干预因素探讨不足，而出行者更多的是在共享平台的定价和匹配规则、政府的政策规范和监督下，通过权衡与自己直接相关的利益与代价，作出独立的判断。因此，有必要对出行者的决策变量进行探索，构建出行收益模型。

从研究对象看，以往研究探讨了共享出行对公共和私人交通的替代或补充，而网约出行与出租车是直接竞争替代关系。但对于网约出行的不同细分模式（如快车、拼车、顺风车等）之间的选择问题还有待于进一步探讨，这也是本书的主要研究对象。从研究方法看，离散选择模型基于静态视角，认为出行者是完全理性的，总能选出符合效用最大化的最优出行方式。与前者相比，演化博弈模型则从有限理性视角描述个体间出行选择的相互影响，在不断重复模仿和试错的过程中，适应度高的策略比例会变大，最终趋于稳定状态。因此，演化博弈模型更适合预测乘客选择下不同出行方式的动态演化趋势，对网约出行未来发展方向作出判断。

在平台层面，以往研究大多是站在平台利润最大化的角度，探讨平台竞争定价及补贴策略。而在后补贴时代，市场格局逐步清晰，网约车平台必须明确不同运营模式的市场定位，发掘用户的出行选择动机和核心决策变量，把握出行者的行为演化方向和规律，才能有针对性地调整规则和对策，以达到引导消费、扩大规模的目的。

在政府层面，以往研究大多是站在监管者角度自上而下地探讨网约车市场治理问题，注重政府治理的效率与社会公平。但却忽略了出行者行为选择自下而上的推动作用，而在市场经济中正是消费者掌握着最终投票权。合规监管不应成为桎梏，政府应抛弃权利本位，以出行者为中心，规范和引导新旧业态协调发展。

1.3 研究目的、内容、方法、意义与技术路线

1.3.1 研究目的

（1）梳理出共享出行的发展历程，归纳整合共享经济的相关概念，厘清各网约出行方式的区别与联系。

（2）了解网约出行者的基本特征，探索乘客网约出行选择的动机，用图形直观地反映出主要的因果关系路径及权重，构建出一般性的出行收益模型，为演化博弈收益矩阵和动态演化方程的构建作准备。

（3）分析乘客在不同的市场阶段与平台规则下，面对不同网约出行方式时的核心决策变量，判断网约出行方式之间的动态演化趋势，分析各变量参数变动对演化结果的影响规律。

（4）在分析乘客出行动机以及网约出行的演化规律的基础上，明确网约出行的发展定位和方向，从政府和平台两个角度提出相应的发展对策。

1.3.2 研究内容

1.3.2.1 网约出行的发展脉络及相关概念界定

（1）聚焦于小型载客汽车的出行方式上，概括私家车、出租车以及私家车合乘的发展历程。着重对共享经济背景下的几类

主要出行方式的时间脉络进行梳理，从现实角度看待新旧出行方式之间的区别与联系。

（2）从理论角度，总结分享行为在分享范围和分享内容方面的拓展与变化。进一步对比分析学者们对传统的分享行为、协同消费与共享经济等概念的不同观点，并结合出行领域的实际情况与研究需要，对共享经济的含义作重新界定。

（3）从“四端”（管理端、司机端、汽车端和乘客端）、性质、目的等维度，结合相关文献，对合乘共享服务、网约快车、专车与拼车，网约出租车等概念进行对比，进一步厘清不同网约出行方式之间的区别与联系。

1.3.2.2 乘客网约出行的动机分析及出行收益模型构建

（1）通过深度访谈，对受访者的出行方式偏好、打车频率与费用区间、主要打车场景、打车途径与决策导向进行整理，描绘样本的基础特征。

（2）结合阶梯式深度访谈的录音与笔记，抽象出若干要素，整理各要素之间的逻辑指向关系，并用连接矩阵对关系出现的次数进行汇总。

（3）运用Ucinet软件绘制价值层级图，对乘客网约出行的使用动机进行探索，整理抽象价值目标与网约出行服务的具体属性之间的关系，找出主要感知导向和路径。

（4）在动机分析的基础上，参考相关文献，从出行效用和出行成本两个维度，抽离出直接影响乘客网约出行选择的决策变量，构建出行者出行收益模型，为后文演化博弈的收益矩阵构建提供依据。

1.3.2.3 不同网约出行方式间的演化博弈仿真分析

这是本书的重点和核心，主要分为三大部分。

（1）讨论出租车与网约车的竞争演化关系。根据市场发展脉络，主要从供需匹配方式演化与运营模式演化两个阶段展开讨论。第一阶段，网约车平台发展初期，面向出租车司机提供在线派单服务，此时，乘客对路边招手和网络预约两类不同的打车方式进行选择。第二阶段，网约车平台推出网约快车等新服务，与出租车直接争夺市场份额，乘客需要在出租车和网约快车这两类新旧业务之间作出选择。

结合两个阶段的竞争特点和乘客的核心决策变量，分别构建单总体演化博弈模型，推导出复制动态方程。主要回答两个问题：一是路边招手是否会被网络预约取代？二是出租车能否与网约快车这一新业态共生共存？

（2）在与出租车竞争的过程中，网约车平台逐步积累了足够大的用户规模，其市场发展的重点转变为如何提升车辆的运营效率，降低单次出行的空座率，提高车辆的周转率，保障平台的服务供应能力。在此背景下，平台推出网约拼车模式，制定新的匹配规则和定价标准，以更优惠的价格吸引更多乘客。

这部分主要回答的是：网约车乘客是否愿意先找到拼友再出发？不同的决策变量对演化结果有何影响？分析网约拼车的两类匹配规则和定价机制，找出影响乘客网约拼车的核心决策变量，同样采用单总体演化博弈模型，分析乘客在立即出发和拼成出发两种策略选择下的行为演化趋势。

（3）考虑到私家车保有量和闲置率过高的情况，合乘共享服务（顺风车）具有巨大的市场潜力，特别是工作日的通勤高峰更值得推广。那么，出行者是否愿意参与到合乘共享服务中？受哪些变量影响？未来呈现怎样的演化发展规律？

这部分继续站在出行者视角，考虑无车乘客在营利性的网约出行和非营利性的合乘共享之间的策略选择及其核心决策变量。在此基础上，加入另一个出行者群体——私家车主，探讨车主在自驾出行与提供合乘共享服务之间的选择行为及其核心决策变量。由于同时涉及策略集不同的两大出行群体，故采用双总体非对称演化博弈模型。根据复制动态方程，讨论演化稳定解的情况，并讨论供需两侧（车主与乘客）参与合乘共享的初始比例对演化结果的影响。最后，从车主端、乘客端和双侧驱动三个维度分别讨论各变量对演化结果的影响。

1.3.2.4　网约出行的发展对策与建议

网约出行方式的演化是乘客自下而上选择的结果，但也离不开政府和平台自上而下的引导和规范。根据不同模型的演化结果，对各网约出行方式的未来发展方向作出判断，结合乘客出行选择动机，通过不同的手段改变核心决策变量，从而为政府和平台推动网约出行发展提出相应的对策建议。

1.3.3　研究方法

1.3.3.1　文献研究法

在文献梳理的基础上，对分享、共享经济的概念进行对比和讨论，对当前网约出行方式的概念、分类和特征作归纳总结。

1.3.3.2　深度访谈法

深度访谈包括两部分内容：第一部分为了了解消费者出行偏好和出行特征，第二部分为MEC方法收集原始数据。其中，MEC分析的数据收集是通过阶梯式访谈进行的。它是一种一对一的深度访谈技术，用于开发理解消费者如何将产品/服务的属性转化为与自我有关的有意义的联想，从而激发行为。阶梯式深度访谈分为软阶梯和硬阶梯两类（Lee W - I. et al. , 2010）。在软阶梯模式下，受访者访谈时是不受限制的，以“为什么这对你很重要”的问题为中心，直到受访者无法给出回答为止，要“打破砂锅问到底”。相比之下，在硬阶梯模式下，受访者被限制在阶梯的每一级只有一个答案，随后的答案往往越来越抽象。本书采用软阶梯的方法记录受访者的观点与想法，让受访者批判性地思考共享出行服务的具体属性与其个人出行动机之间的联系。

1.3.3.3 手段目的链

手段目的链分析是一种探索决策过程中个体一般认知结构的定性分析方法。MEC 不是通过关注产品属性，而是通过传达属性如何带来更高层次的结果，最终如何与个人价值相关，本质上创造一个“形象定位”。首先，从深度访谈的内容中总结抽象出若干要素，并记录要素之间的联系。其次，将要素与关系转化为自下而上的三层结构。最后，可以构造一个矩阵来表示要素之间的连接数量，并以此为依据绘制价值层级图。在 MEC 框架中，每个结果要素代表一种感知导向，每一条路径都是一个因果关系序列（Reynolds T. J. & Gutman J. J. , 1988）。通过揭示消费者从属性、结果到价值的主观决策链，MEC 分析为不同的动机路径和权重提供了定性的见解（Xiao L. et al. , 2017）。

本书运用该方法探索网约出行者的使用动机，分析影响其出行决策的关键要素及感知导向。对访谈结果进行要素提取和编码，进一步构造出连接含义矩阵，计算各要素的抽象性、中心度与声望值，将矩阵代入 Ucinet 软件，画出价值层级图，使手段目的链更清晰直观地展现出来。

1.3.3.4 演化博弈仿真

演化博弈基于有限理性，群体中的个体在一次博弈中不能实现收益最大化，但在不断重复过程中，系统逐渐趋于稳定。城市人口众多，出行选择问题可以看作一个无限群体内个体之间的随机配对和重复博弈。由于共享出行群体在消费者特征和出行情境上具有较高的相似性，因此，可以将群体内的每一个体看作是同质的。

运用单总体演化博弈模型，群体中任意两个个体的策略集是相同的，分别探讨乘客在不同供需匹配方式、网约出租车与网约快车、网约拼车方式之间的选择问题。在分析私家车主和无车乘客参与合乘共享的演化问题时，由于同时涉及两个无限群体，并且两个群体的策略集不同，故运用双总体非对称演化博弈模型，讨论私家车主和无车乘客之间随机配对的重复博弈及不同变量对演化结果的影响。在工具选择上，用 Mathematica 对复制动态方程进行推导，用 Matlab 软件进行仿真模拟，并画出相应的演化相位图和演化趋势图。

1.3.4 研究意义

1.3.4.1 理论意义

（1）理顺了共享出行的发展脉络，对分享和共享经济的概念作了梳理和重新界定，并分类介绍了网约出行方式的特点。这既有助于从共享经济视角理解网约出行方式的区别与联系，又能够从具体的网约出行方式出发比较共享经济概念的狭义和广义之分。

（2）站在乘客视角，将深度访谈法和手段目的链运用到网约出行选择动机的探索中，打通属性—结果—价值 3 个层次，不仅从效用角度了解了网约出行给乘客带来的好处或代价，更将网约出行的具体属性与信用、满意等个人价值用逻辑路径连接起来。为发掘乘客决策的主要感知导向，构建乘客出行收益模型提供依据，并且可以与共享出行使用意愿的定量研究互为补充。

（3）将单/双总体演化博弈运用到网约出行方式选择的竞争演化问题中，从出行效用和出行成本两个维度讨论不同策略选择下的核心决策变量，进一步丰富了对演化博弈收益矩阵的讨论。将乘客出行选择看作是群体内的有限理性个体不断重复试错的动态过程，特别是双总体模型还讨论了私家车主和无车乘客之间策略决策的相互影响，克服了以往出行选择研究的静态视角和完全理性假设的局限。此外，仿真模拟有利于更直观地判断各变量对演化结果的影响及未来演化趋势。

1.3.4.2 现实意义

（1）对平台而言，有利于明确消费者对网约出行的价值定位，并根据不同的感知导向进行客户细分，同时能判断和预测某一规则变化（如提高价格）对演化结果的影响，从而有针对性地制定营销策略引导消费者行为。

（2）对政府而言，首先有利于明确出租车与网约车的未来发展态势，从而制定相应的策略推动新旧业态协调发展；其次，有利于充分发挥政府的干预作用，为规范网约车行业运营，保障市场公平竞争和乘客安全利益，鼓励合乘共享等提供政策依据。

1.3.5 技术路线

结合研究背景、目的、内容和方法，绘制出本书的技术路线，如图 1-1 所示。

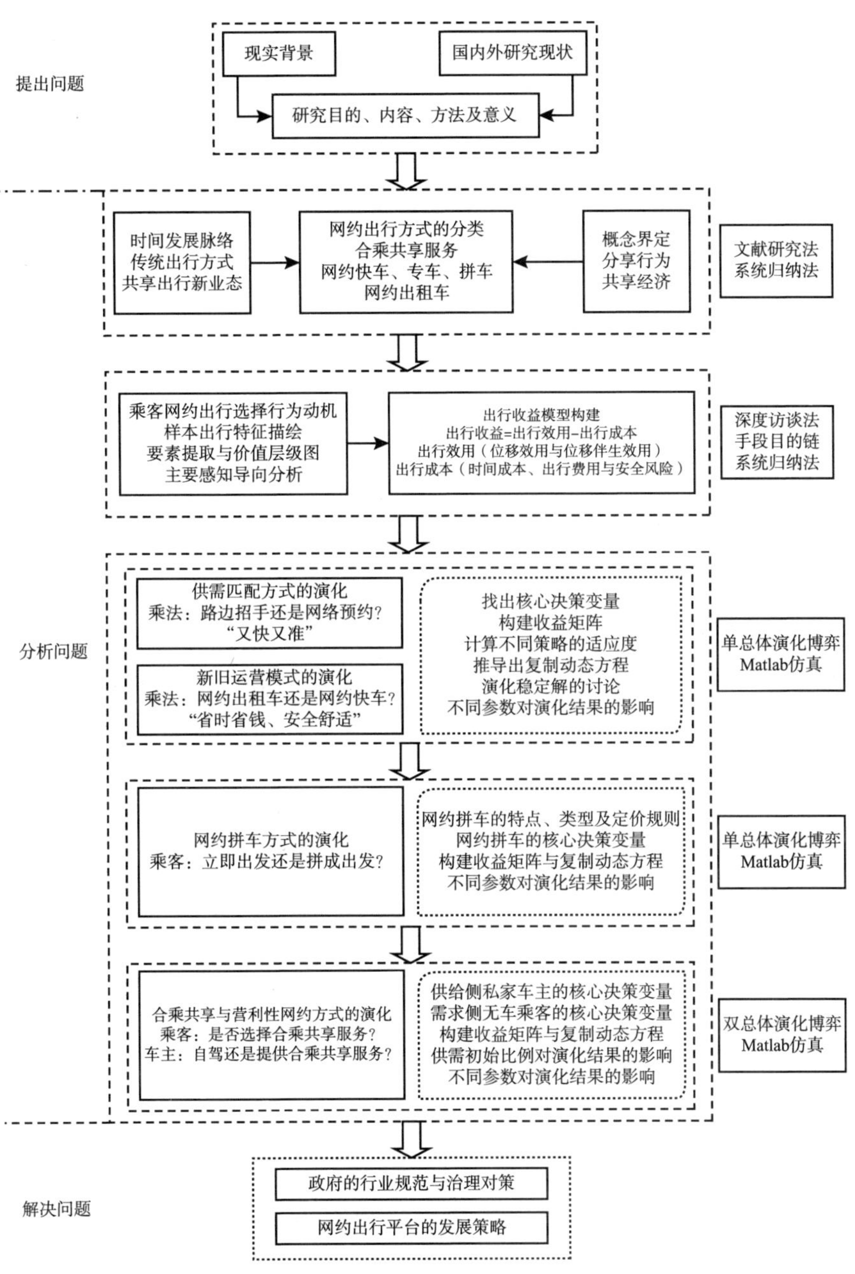
提出问题
现实背景
国内外研究现状
研究目的、内容、方法及意义
时间发展脉络
传统出行方式
共享出行新业态
网约出行方式的分类
合乘共享服务
网约快车、专车、拼车
网约出租车
概念界定
分享行为
共享经济
文献研究法
系统归纳法
乘客网约出行选择行为动机
样本出行特征描绘
要素提取与价值层级图
主要感知导向分析
出行收益模型构建
出行收益=出行效用-出行成本
出行效用（位移效用与位移伴生效用）
出行成本（时间成本、出行费用与安全风险）
深度访谈法
手段目的链
系统归纳法
分析问题
供需匹配方式的演化
乘法：路边招手还是网络预约？
“又快又准”
新旧运营模式的演化
乘法：网约出租车还是网约快车？
“省时省钱、安全舒适”
找出核心决策变量
构建收益矩阵
计算不同策略的适应度
推导出复制动态方程
演化稳定解的讨论
不同参数对演化结果的影响
单总体演化博弈
Matlab仿真
网约拼车方式的演化
乘客：立即出发还是拼成出发？
网约拼车的特点、类型及定价规则
网约拼车的核心决策变量
构建收益矩阵与复制动态方程
不同参数对演化结果的影响
单总体演化博弈
Matlab仿真
合乘共享与营利性网约方式的演化
乘客：是否选择合乘共享服务？
车主：自驾还是提供合乘共享服务？
供给侧私家车主的核心决策变量
需求侧无车乘客的核心决策变量
构建收益矩阵与复制动态方程
供需初始比例对演化结果的影响
不同参数对演化结果的影响
双总体演化博弈
Matlab仿真
解决问题
政府的行业规范与治理对策
网约出行平台的发展策略

图1-1 技术路线

第 2 章　共享经济背景下网约出行发展脉络及相关概念界定

本章首先对小型载客汽车出行方式的发展脉络进行梳理，着重描述了当前几种共享出行方式的发展过程，以及与传统出行方式的历史承接关系。其次，分析了分享行为特征、范围和内容的变化，比较了不同学者对共享经济、协同消费等相关概念的定义，对共享经济进行重新界定。最后，在明确分享、共享经济等相关定义的基础上，对非自驾的网约出行方式的相关概念进行梳理和界定，为后续章节作准备。

2.1　汽车出行方式发展脉络梳理

载客汽车是指主要用于载运人员的汽车，按车辆总重或设置座位数常分为大、中、小、微型。本书重点关注 4 ~ 6 座的小型载客汽车，后文讨论过程中，均用“汽车”一词代替。本章首先以时间为线索，梳理汽车出行方式（后文简称出行方式）的发展脉络，如图 2 - 1 所示，为后续相关概念的界定作准备。

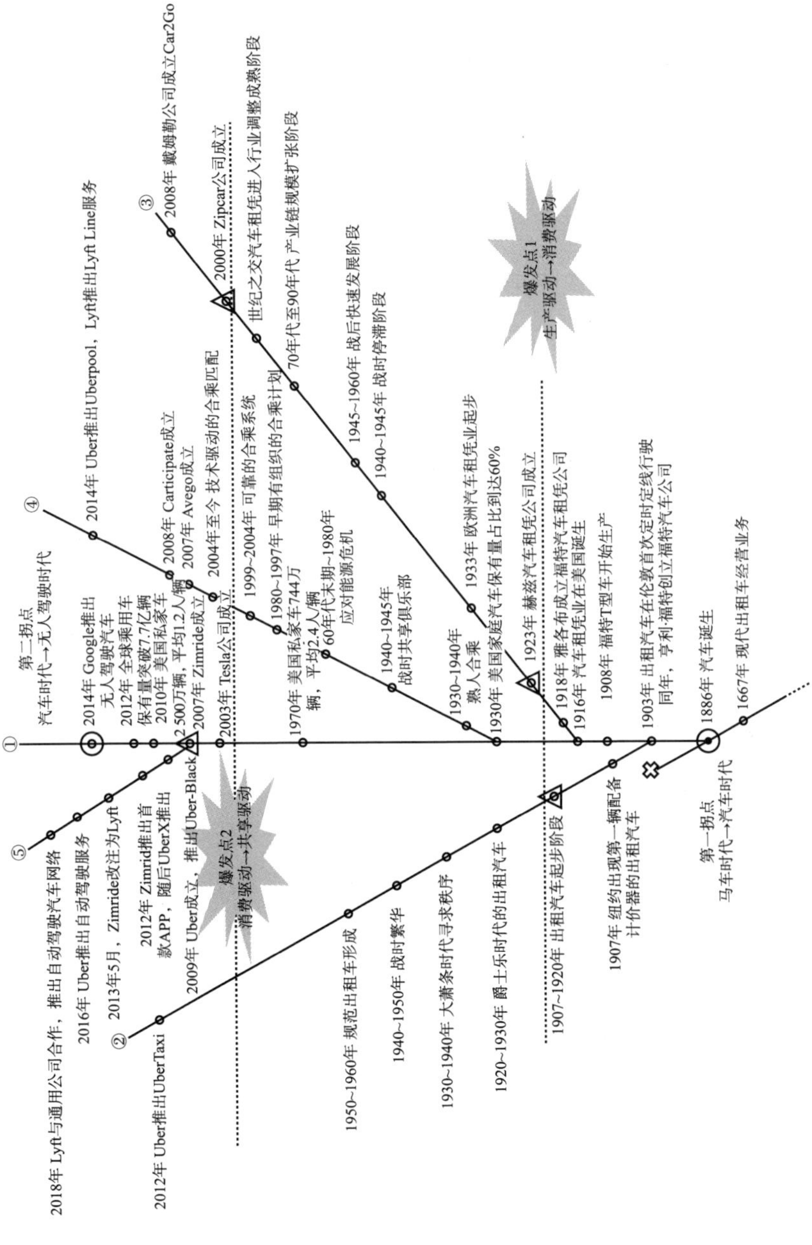

①
第二拐点
汽车时代→无人驾驶时代
2014年 Google推出无人驾驶汽车
2012年 全球乘用车保有量突破7.7亿辆
2010年 美国私家车2 500万辆，平均1.2人/辆
2007年 Zimride成立
2003年 Tesla公司成立
1970年 美国私家车744万辆，平均2.4人/辆
1930年 美国家庭汽车保有量占比到达60%
1916年 汽车租凭业在美国诞生
1908年 福特T型车开始生产
1903年 出租汽车在伦敦首次定时定线行驶
同年，亨利·福特创立福特汽车公司
1886年 汽车诞生
第一拐点
马车时代→汽车时代
1667年 现代出租车经营业务

②
2012年 Uber推出UberTaxi
1950~1960年 规范出租车形成
1940~1950年 战时繁华
1930~1940年 大萧条时代寻求秩序
1920~1930年 爵士乐时代的出租汽车
1907~1920年 出租汽车起步阶段
1907年 纽约出现第一辆配备计价器的出租汽车

③
2008年 戴姆勒公司成立Car2Go
2000年 Zipcar公司成立
世纪之交汽车租凭进入行业调整成熟阶段
70年代至90年代 产业链规模扩张阶段
1945~1960年 战后快速发展阶段
1940~1945年 战时停滞阶段
1933年 欧洲汽车租凭业起步
1923年 赫兹汽车租凭公司成立
1918年 雅各布成立福特汽车租凭公司

④
2014年 Uber推出Uberpool，Lyft推出Lyft Line服务
2008年 Carticipate成立
2007年 Avego成立
2004年至今 技术驱动的合乘匹配
1999~2004年 可靠的合乘系统
1980~1997年 早期有组织的合乘计划
60年代末期~1980年应对能源危机
1940~1945年战时共享俱乐部
1930~1940年熟人合乘

⑤
2018年 Lyft与通用公司合作，推出自动驾驶汽车网络
2016年 Uber推出自动驾驶服务
2013年5月，Zimride改注为Lyft
2012年 Zimrid推出首款APP，随后UberX推出
2009年 Uber成立，推出Uber-Black

爆发点2
消费驱动→共享驱动

爆发点1
生产驱动→消费驱动

图 2-1　汽车出行方式发展演变脉络

2.1.1 传统出行方式发展历程概述

2.1.1.1 汽车的诞生与初步发展（1886～1921年）

1886年，交通出行进入了第一个拐点：汽车时代代替马车时代。1908年，福特公司依靠高生产率和低廉的价格让私家车走入普通家庭。1920年前后，“消费就是快乐”逐渐渗入美国人的意识，市场开始从生产驱动向消费驱动转变。出行领域到达第一个“爆发点”，表现为汽车产品特色化和出行方式多元化。

在消费主义驱动下，私家车的符号价值已经超过了其实用价值，“福特模式”难以满足多层次的消费需求。而通用公司则不断更新产品式样和颜色，以舒适性、多样性和身份彰显性直接抢占了大量市场份额。同时，这一阶段诞生了两种新的出行方式——出租汽车与汽车租赁，为无车家庭提供了新的出行选择，如图2-1的分枝②和③所示。

2.1.1.2 出租汽车的发展历程概述（1907～1960年）

出租汽车行业发展史划分为四大阶段：1907～1920年，出租车的诞生；1920～1930年，爵士乐时代的出租车；1930～1940年，大萧条时期寻求秩序；1940～1950年，战时繁荣；1950～1960年，规范出租车形成（Hood C.，2008）。

早期出租汽车的外观与私家车相同，至20世纪50年代，出租车基本范式才基本确定：封闭式车身，司机与乘客必须隔开，视野开阔，有行李放置空间，同时车身涂成鲜明的颜色或黄色线条。①

① 赫兹租车公司（Hertz）创始人约翰·赫兹（John Hertz）1915年在芝加哥创立了黄色出租车公司（Yellow Cab Company）。1967年，黄色成为了纽约有运营牌照出租车的官方颜色。

中国出租汽车起步晚，在20世纪80年代末至90年代初才大量涌现。

2.1.1.3　私家车合乘的发展历程概述（1930～2000年）

私家车的普及为合乘出行的出现创造了条件。私家车合乘的发展大致经历了四个阶段（Chan N. D. & Shaheen S. A.，2012）。早期的私家车合乘是在熟人（亲戚/朋友）之间自发形成，而且往往是免费的。二战期间，美国政府为保证战争资源供给，鼓励公司牵头成立合乘俱乐部，组织雇员同乘一辆车上下班。在能源危机背景下，任意拼车模式出现，出行者可在临时停车点或公共交通站点找到合乘对象，不需要事先安排，停车即乘、先到先得（Furuhata M. et al.，2013）。同时，政府设立合乘车道，鼓励私家车的多人合乘以节省时间和分担出行成本。

为了缓解交通拥堵和空气质量问题，交管组织成立，用电话预约对合乘车辆进行供需匹配。此时，匹配效率低、成本高，因而使用率并未达到足够的临界规模。互联网和电子邮件开始应用于合乘匹配，软件开发公司为客户提供包月的合乘匹配服务，适合经常性、规律性的出行。但该服务要用电脑在网络上提前预约，不够灵活，不能满足实时的出行需求。并且，这些机构不收取任何佣金，以广告费和政府补贴为主要收入来源，没有从根本上改变出行者的出行方式选择（Furuhata M. et al.，2013）。

2.1.2　共享经济时代的新出行方式

在共享经济大背景下，出现了不少共享出行新模式，带动了交通出行领域的新变革。

2.1.2.1　共享汽车

20世纪20年代，汽车租赁业已经起步。至2000年，行业进入成熟阶段，而出行方式变革最早发生在该行业。Zipcar开启了共享经济的先河，以“汽车共享”为理念，消费者办理会员卡，可实现就近预约用车。与传统的汽车租赁不同，共享汽车是一种分时租赁模式，即会员可以在一天内短期暂时使用车辆（Shaheen S. A.，2016），而不用承担拥有车辆所有权所带来的固定成本（De Luca S. & Di Pace R.，2015）。

2008年，戴姆勒公司成立Car2Go，与前者的往返模式不同，Car2Go可以实现任意位置取车和还车（Cohen B. & Kietzmann J.，2014），进一步加快了共享汽车的发展。截至2015年7月，在全美洲共有超过150万的共享汽车会员共享2.2万辆汽车（Shaheen S. A.，2016）。目前，中国市场份额较大的共享汽车平台包括：途歌TOGO、Gofun出行、盼达用车、Car2Go即行等。

2.1.2.2 顺风车

2004年之后，美国的合乘出行开始回暖，合乘通勤里程数是公交的7倍（Chan N. D. & Shaheen S. A.，2012）。2007年Zimride成立（Lyft前身），利用Facebook等社交网络平台，发掘朋友或熟人之间的拼车需求，面向年轻大学生和白领（Chan N. D. & Shaheen S. A.，2012），通过社交网络在参与者之间建立信任，进一步提高出行安全。将互联网、手机和社交网络广泛整合的合乘共享服务平台出现，让行程和时间安排相似的人在短时间内进行匹配，利用空余的车内空间，实现实时的动态按需乘车（Agatz N. a. H. et al.，2011）。2007年成立的Avego和2008年成立的Carticipate是早期的代表企业。2015年，Uber推出Uber Commute，依托“即时派单+同路匹配”的算法，向高峰通勤或路线相对固定的私家车主推荐顺路乘客，从而分摊油费。目前，中国提供合乘共享服务的共享出行平台包括滴滴出行和嘀嗒出行等。

在实践中，合乘共享服务也被习惯性地称为“顺风车”。根据《2014—2020 年中国顺风车行业发展蓝皮书》的界定，顺风车应该包括四个特征：第一，顺风车以满足车主自身需求为前提，同时将平台两边的车主和乘客需求匹配起来；第二，顺风车车主不以赚钱为目的，只求乘客分担部分车费，属于非营利的行为；第三，车主与乘客之间是平等互助关系，而非服务与被服务关系；第四，顺风车充分利用空闲的车内空间资源，实现真正的共享出行。①

2.1.2.3　网约车

移动互联、全球定位系统（GPS）和大数据技术的不断普及，推动了共享出行方式的创新，特别是动态匹配算法的运用，使得实时的手机在线约车成为一种新的出行手段。2009 年，Uber 公司成立，首先推出了 Uber Black 业务，雇佣专业的司机提供高端的出行服务。

2012 年，Zimride 在合乘共享模式的基础上进行了改进，吸引私家车主利用空余时间充当兼职司机，向无车乘客提供出行服务，根据订单接送乘客。随后，Uber 推出 UberX 业务，与 Zimride 进行直接竞争，且价格低于 UberBlack 和出租车（Farzad A. et al.，2018）。这种新模式通过平台连接了乘客和司机，其司机往往是有本职工作的私家车主，通过网络预约的方式实现供需匹配。但是，与合乘共享不同的是，网约车是以营利为目的的，平台根据里程和时间价格，每单收取 20% 的

① 嘀嗒出行. 2014—2020 年中国顺风车行业发展蓝皮书 [R/OL]. 嘀嗒出行官网，2020 - 06 - 09.

抽成费用。私家车主也不是出于顺路载客、分摊油费的互助目的，而是将其作为获得额外收益的工作（Anderson D. N.，2014）。网约车最初是在没有合法授权的情况下推出的，冲击了传统的出租车市场份额，并带来了政府监管的难题（Flores O. & Rayle L.，2017）。

随着用户规模的扩大和匹配算法的优化，2014 年，Lyft 和 Uber 相继推出 Lyft Line 和 Uberpool 业务，允许多笔订单的乘客同乘一辆（Yang L. et al.，2018），以增加车辆使用率并提供更实惠的出行服务（Farzad A. et al.，2018）。除了与出租车直接竞争，Uber 还推出 Uber Taxi 业务，出租车司机也可以通过其手机软件接单，帮助传统出租车行业网约化，以降低空驶率。

与国外的发展历程不同，中国的网约车市场首先是从出租车行业打开的。2012 年滴滴、快的打车先后上线，为出租车司机提供免费的在线抢单服务。2014 年 7 月，快的和滴滴推出中高端专车服务。为争夺基础用户规模，抢占市场份额，各平台开始大规模的“补贴大战”。2015 年 2 月，滴滴与快的合并，成为网约车主流平台。同年 5 月，推出滴滴快车，吸引大批私家车主成为网约车司机，价格比专车和出租车更便宜。7 月推出“合乘拼车”系统，滴滴成为集出租车、快车、拼车、专车于一体的多元共享出行平台。2016 年 8 月，Uber 中国的业务交由滴滴运营，滴滴出行成为中国的网约车巨头。此外，还有易到、神州、首汽约车等其他公司瓜分剩余市场份额，形成“一超多小”的竞争格局（甄艺凯，2017）。综上，中国网约出行市场经历了从网约出租车到多元网约出行方式、从补贴竞争到稳定市场的变化。

2.2　分享行为与共享经济

2.2.1　分享行为

在界定共享经济（sharingeconomy）之前，必须界定“sharing”这个词的含义。为了与后文共享经济的定义相区别，本书将 sharing 翻译成“分享”。分享是一种意识和行为，而共享经济则是一种商业模式。只谈“分享”会导致对共享经济这一概念的理解过于狭隘，而过于强调“经济”则会导致概念的泛化，必须将二者统一起来。

2.2.1.1　分享行为的含义

分享首先是一种意识。就分享行为的提供方而言，他愿意将原本属于自己的东西无偿地、不计回报地提供给别人（Price J. A.，1975），进而产生一种非互惠的、利他的行为（Benkler Y.，2004）。“分享”作为一种理念内嵌在人们的价值观中，并外化到行为上（Belk R.，2007）。

分享（sharing）一词的英文词根是指“把土地向两边分开”；中文含义里，“分”是把自己的一部分切割出来，“享”则是同别人一同享受（李文明等，2015）。可见，分享以“共有”为基础，更倾向于“我们的”（Belk R.，2007；Cohen B. & Kietzmann J.，2014）。在分享的过程中，两个或两个以上的人可能会一同享受到一件东西所带来的好处或成本（Belk R.，2007）。

“分享”“共有”自人类产生之初就已经存在，但近年来“共享”一词被重新提及，并被赋予了新的含义。讨论共享经济的相关概念，必须抓住两点：一是从演化和发展的角度看，而不能单纯静态地从当前的现象看；二是从个体间行为互动的角度看，而不是从单一的个体行为看。

2.2.1.2 分享范围的拓展

分享是几十万年来古人类社会最基本的经济分配形式（Price J. A.，1975）。分享行为首先发生在家庭中，家庭成员一起分享衣食住行等，这离不开家庭成员之间的关爱（Belk R.，2010）。关爱可以导致分享，分享即是关爱（Stone & Deborah.，2005），以血缘或亲情关系为纽带，是亲族选择的结果（Nowak M.，2007）。其次，分享行为发生在朋友或熟人之间。例如，朋友之间互相倾诉分享快乐的经历、同事上下班免费搭便车等。再次，分享行为可以发生在社区邻里之间。例如，社区内的闲置物品分享平台，在提高利用率的同时，也让原本互不相识的街坊有了联系，加速熟人社区的发展。可见，分享的范围是随着个体的社交范围不断向外延伸的，分享行为的接受者是提供者的自我扩展和“泛家庭”的组成部分（Belk R.，2010；Belk R.，2014）。虽然分享范围在拓展，但分享的利他属性没有发生变化，人们都从分享行为中获得好处。

传统的分享是家庭、朋友、熟人、社区之间的自组织行为，是建立在互相信任的基础上的（刘根荣，2017；Frenken K. & Schor J.，2017）。随着分享范围的拓展，信任风险也在增大，因此，传统的分享行为很少发生在陌生人之间（Belk R.，2014；Frenken K. & Schor J.，2017）。家庭成员之间的分享行为是不计回报的、非互惠的，但随着分享范围的拓展，这种非互惠属性开始向互惠属性转变。传统的分享行为不追求直接的货币收益（通常是免费的、无偿的），而是出于互帮互助的间接互惠（Nowak M.，2007），是依托于非价格的社会关系调节的（Benkler Y.，2004）。从单次的分享行为看，从提供方 A 到接收方 B，是非互惠的，反之亦然。但是从个体间双向互动的角度来看，分享行为是互惠的，"你帮我，我帮你"，"这次你帮我，下次我帮你"。

互联网（特别是 Web 2.0）的应用与普及，推动了各种平台企业的诞生，使分享范围拓展到更大的社会规模（Belk R.，2014；Frenken K. et al.，2017）。贝尔克（Belk，2007）认为，互联网环境下的分享行为带动社会进入利他主义的新时代。一方面，分享平台降低了人们搜索的成本，使得陌生人之间的匹配变得更容易；另一方面，平台记录用户的历史行为，依托信誉评价体系对其进行等级评估，降低了陌生人之间分享的风险。

随着分享范围从家庭、熟人拓展到陌生人，分享行为也逐步从无偿向有偿转变。[①] 这里说的有偿，并不是说双方的付出和收益是对等的，更不是以营利为目的的，其本质还是一种利他的、互助的行为，靠社会网络和信任机制自发调节。这种"有偿"的分享行为成为共享经济产生和演变的雏形，分享行为的间接互惠变为货币形式的直接互惠（Nowak M.，2007）。

---

① 比如，张三有一辆车，某同事住得离他家很近，张三有时上下班会顺路捎着他。再比如，张三在开车的路上，遇到一个人在路边，求他帮忙顺路带他一程，张三出于助人为乐的心态，把他送到目的地。这两种行为都是无偿的、不计报酬的，但后者却存在另一种"有偿"的可能性。比如，到达目的地后，搭便车的人会给张三一些"小费"作为报酬，因为人们总是不愿意"欠人情"，总希望能够当场就把人情给还了，支付一定的现金就"两清"了。

2.2.1.3 分享的内容

除了分享的范围从家庭、熟人拓展到陌生人，分享的内容也在不断丰富。本克勒（Benkler Y.，2004）关注于有形产品的分享，认为可分享的产品具有不可分割的属性，人们可以将过剩产能通过分享行为加以利用。例如，人们可通过拼车，分享车内闲置的座位，实现位移目标。进一步地，本克勒（2004）将有形产品划分为：不排他、完全排他、部分排他。其中，部分排他又细分为无选择性排他（先到先得）、选择性排他（社会调节和市场调节）。例如：如果私家车主自驾出行，则是完全排他的；而私家车主在途中将空余座位提供给顺路的人，则属于选择性排他，并且是通过社会关系自发调节的，而非市场价格调节。

互联网及通信技术简化了有形和无形的产品和服务的分享（Hamari J. et al.，2016）。贝尔克（2016）认为，无形产品（如观念、信息、图片、视频、音频等）的线上分享变得更容易，以数字化的形式存储的时候，无形产品传播范围更广且不易丢失。各种在线分享平台的出现，通过足够大的用户规模，使得分享的边际成本近乎为零，用户可以自发地发布各类信息，同时也可以免费获取这些信息。贝尔克（2007）对可分享的有形产品的界定比较宽泛：既包括人们的私有财产（如私家车、房屋），也包括企业所有的财产（如共享汽车），还包括博物馆等机构、森林公园等公共资源。该定义有个共同点：分享行为的接受者只在乎其使用权带来的好处，而不考虑所有权（Belk R.，2014）。

利姆（Lim W. M.，2020）将分享的内容从信息视角和实体视角进行划分。信息视角与信息交流的类型有关，包括情感、思想、音频、视频等，它们可以无限次地复制，并且在分享给别人的同时，自己也不会丧失其所有权。实体视角包含两大类：一类是实体产品，分享给别人多一点儿则自己就少一点儿（如食物），或者别人用的时候自己就不能用（如汽车）；另一类是基于实体的抽象资源，如房间、车内空座等，可以和别人同时分享，但所有权不变（Wilhelms M. – P. et al.，2017a）。利姆（2020）认为，通过分享可以创造和调节社会联系，并为市场上的生产和消费活动作出贡献。在技术的推动下，分享的内容和规模会不断扩大。

本书主要关注的是交通出行领域，着重讨论的是汽车这种有形的产品，以及车内座位空间的分享行为。

2.2.2 共享经济

贝尔克（2010）认为，分享是一种基本的消费行为，却受到日益增长的市场商品化的挑战。而本克勒（2004）则认为，与基于价格的市场一样，社会分享和交换是一种未被充分重视的经济生产[①]方式，但它们在经济中的重要性对技术条件十分敏感。技术的发展推动了分享行为向共享经济的转变，催生了多样的共享经济商业模式。为解释多元的共享经济现象，学者们提出了不同的观点和见解，如协同消费、基于使用权的消费等。

博茨曼和荣格（Botsman & Rogers，2010）最早提出了协同消费的概念：有组织的分享、以物易物、借贷、贸易、租赁、馈赠和交换的系统。尽管这一概念比较宽泛，但是他们观察到“分享”对传统的购买行为和所有权观念的冲击，强调“我的就

① 经济生产（economic production），指的是提供人们所看重的商品和服务。

是你的"，通过自助服务和协作，达到节约成本、提高资源利用率以及减轻环境压力的目的（Bardhi F. & Eckhardt G. M.，2012）。

他们将协同消费系统划分为产品服务系统、再分配市场和协同生活方式三大类（Botsman R. & Rogers R.，2010）。其中，产品服务系统以有形产品的按需分时租赁为主：一种是平台负责信息发布和匹配，由消费者提供其闲置物品；另一种是平台自有资产，向消费者提供分时租赁服务。

贝尔克（2010）在讨论共享经济的概念时，重点强调分享行为的本质，他认为，最基础的分享是发生在家庭中的，非货币的、非互惠的。即使分享行为发生在家庭之外（如朋友、熟人），那也是个人延伸自我的体现，强调"我们的"共同所有权，称为 sharing-in；他将陌生人之间的分享行为称为 sharing-out，这些人已经超出了延伸自我的边界，并且分为明确的提供者和接受者，更像是市场交换行为或赠与行为。因此，他认为，现在很多共享经济的案例是以功利主义和经济动机为核心的，看似共享的东西，实际上是一种利己主义的商品交换（Belk R.，2010），是"伪分享"（Belk R.，2014）。尽管如此，贝尔克 R. 肯定了当前共享经济的两个特征：一是互联网技术的推动作用，二是在没有所有权的情况下获取使用权。

巴尔西和埃克哈特（Bardhi F. & Eckhardt G. M.，2012）提出了基于使用权的消费，是一种依托市场调节但不发生所有权转移的交易，消费者为暂时获得某一商品的体验过程付费，而不是选择购买并拥有它们。贝尔克（2014）认为，很多"伪分享"（如 Zipcar）其实是一种协同消费行为，是人们为了节省费用或其他补偿而协调获取和分配资源的行为，是分享和市场交换的中间地带。

伯努瓦等（Benoit et al.，2017）将协同消费进行了重新定义，并对分享、基于使用权的消费等相关概念进行了对比，如表 2－1 所示。首先强调了协同消费最大的特点在于其“三元主体”模式，包括平台、供给侧和消费者。实际上，供给侧既是消费者和资产所有者，又是产品或服务的提供者，可称之为“产销者”（Ritzer G. & Jurgenson N.，2020）。

表 2－1　　协同消费及其相关概念

	买卖	租赁	基于使用权的服务	协同消费	分享
行为主体类型及数量	二元（供给侧和消费者）			三元（平台、供给侧和消费者）	两个或多个个体（例如家庭或朋友）
交换的性质	所有权转移，通常是为了经济利益而交易的资产	无所有权转移，长期固定时间消费	无所有权转移，短时间消费，资源为平台所有	无所有权转移，短时间消费，来自个人的闲置资源	无所有权转移
调节机制	市场价格机制调节				社会机制调节
举例	购买私家车	赫兹租车 神州租车	Zipcar Car2go	嘀嗒顺风车	同事搭便车

其次，协同消费是基于消费者的临时、短期需求，没有所有权的转移，但需要提供一定的货币补偿。与基于使用权的服务的区别在于，协同消费提供的产品或服务来自个体消费者，而非由公司所有，平台本身也不拥有资源，也称为点对点的资产共享

(Wilhelms M. – P. et al., 2017b)。

最后，协同消费是依托市场机制进行调节的，平台制定价格规则、促成交易并收取佣金，而分享是靠社会机制进行调节，并发生在相互联系的社会群体中，比如家庭、朋友、同事等。因此，协同消费与分享行为也是不同的。整合巴尔西和埃克哈特（2012）以及伯努瓦等（2017）的观点，本书把表2–1中的协同消费和基于使用权的消费统称为协同消费，二者存在共同特点，即使用权的短暂获取和市场价格机制调节。

表2–2列举了部分学者对共享经济的定义。谢志刚（2015）指出，当前共享经济的本质是资源的高效利用，为了实现这一目的，既可以通过分享行为来实现，也可以通过市场调节来完成。弗洛里斯和雷利（Flores & Rayle, 2017）虽然看到了共享经济非所有权的属性，但所定义的“分享”实际上与简单的租借或租赁没有区别。李文明和吕福玉（2015）将共享经济归结为短期租赁模式，强调闲置物品的使用权在陌生人之间的转移。弗兰肯和朔尔（Frenken & Schor, 2017）强调，共享经济应具备三个特征：消费者对消费者的互动、临时使用和实物商品。与李文明和吕福玉（2015）不同的是，弗兰肯和朔尔（2017）认为共享经济的供给方，不一定为了获取报酬，更出于一种社交互动的社会动机（如在爱彼迎平台结交朋友和认识他人）。李晓华的定义将共享经济的客体从个人的闲置资源扩展到任何未加充分利用的资源，强调共享经济是信息技术下资源配置的新手段。荣朝和的定义强调了信息化手段与物信关系匹配的关系，而交通出行是实体位移与状态信息密不可分的时空活动。因此，该定义更适合于解释共享出行领域。

表 2 - 2　　　　　　　　共享经济的部分定义

作者	年份	对共享经济的概念描述
谢志刚	2015	共享经济并不排斥市场和产权，其核心特征并不在于所谓的“分享”，通过共享经济平台也可以达到提高资源利用效率的目的①
李文明和吕福玉	2015	共享经济通过第三方互联网平台让个人或机构所拥有的闲置资源，以获得一定报酬为主要目的，基于陌生人且存在物品使用权暂时转移的一种短期租赁商业模式②
弗兰肯和朔尔	2017	共享经济是消费者相互允许暂时使用未充分利用的实物资产（“闲置产能”），可共享商品是指在本质上为所有者提供了闲置产能的商品，为消费者提供了将其商品出借或出租给其他消费者的机会③
李晓华	2017	共享经济就是利用信息技术平台，将个人或企业等组织闲置或未加充分利用的商品、技能、时间、生产设施等资源，以较低的价格甚至免费的方式提供或转让给需要的个人或企业使用的一种新型的资源配置方式④
弗洛里斯和雷利	2017	在共享经济商业模式下，参与者借入或租赁他人拥有的资产，通常情况下这些资产价格昂贵且未充分利用⑤
荣朝和	2018	共享经济是不同主体在不改变资源所有权的前提下，借助信息化手段在新的时空结构中实现共用，通过改善了的匹配物信关系提高资源的使用效率⑥

里特尔和尚茨（Ritter & Schanz，2019）从价值创造和交付、价值捕获两个维度，构建了一个包含多种商业模式的共享经济框架，分为单一交易模式（出租车）、基于订购的模式（Zipcar）、基于佣金的

① 谢志刚．“共享经济”的知识经济学分析——基于哈耶克知识与秩序理论的一个创新合作框架［J］．经济学动态，2015（12）：78 - 87.

② 李文明，吕福玉．分享经济起源与实态考证［J］．改革，2015（12）：42 - 51.

③ Frenken K，Schor J. Putting the sharing economy into perspective［J］. Environmental Innovation and Societal Transitions，2017，23：3 - 10.

④ 李晓华．分享经济的内涵与特征探析［J］．商业研究，2017（7）：119 - 126.

⑤ Flores O，RAYLE L. How cities use regulation for innovation：The case of uber，lyft and sidecar in san francisco［J］. Transportation Research Procedia，2017，25：3756 - 3768.

⑥ 荣朝和．互联网共享出行的物信关系与时空经济分析［J］．管理世界，2018，34（4）：101 - 112.

平台（滴滴快车）和无限获取平台（维基百科）4类。其中，前两者是二元的重资产模式，后两者是三元的轻资产模式。在三元模式中，共享经济平台负责信用评级、标准的制定（如价格和服务质量）、调节交易冲突、解决信息和地理障碍、充当中间人。

综上，共享经济已经突破了传统分享行为熟人间、非互惠、社会调节的限制，依托于互联网技术，广泛地发生在陌生人之间，可以引入市场价格机制对供需进行调节，但提高资源利用率的目的和利他属性没有发生变化。本书在综合以上观点的基础上，对共享经济进行一个界定，如图2-2绿色部分所示。第一，在共享经济中，分享行为是发生在陌生人之间的；第二，共享经济是依托市场机制进行调节的，同时具备社会关系中的利他属性；第三，共享经济追求的是使用权的短暂获取，没有所有权的转移；第四，共享经济依托于第三方互联网平台，是一种轻资产模式；第五，共享经济能够提高资源利用效率。[①]

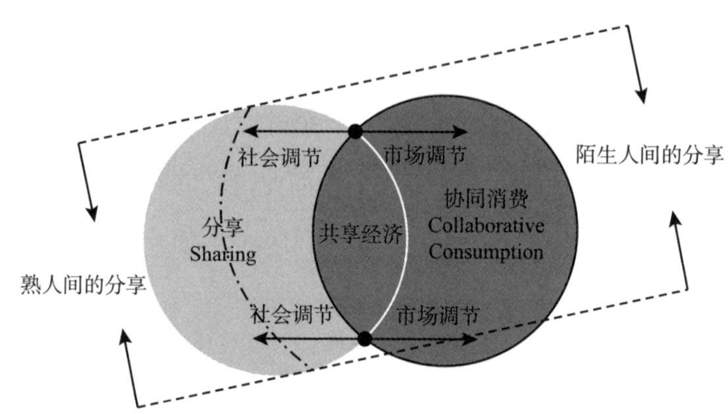

图2-2　分享、协同消费与共享经济概念界定示意图

① 以上是本书对共享经济的一个狭义的界定，而广义的共享经济还涉及传统的分享行为和其他的协同消费行为，涵盖更广泛的商业模式类型，可参考里特尔和尚茨（2019）的分类。

2.3　网约出行方式的相关概念

汽车出行分为自驾和非自驾两类，本书将非自驾的网约出行方式划分为合乘共享服务（顺风车）、网约车服务（网约专车和网约快车）、网约出租车等，均属于准公共交通领域（荣朝和，2018）。本节从“四端”（管理端、司机端、汽车端和乘客端）、性质、目的等维度，结合相关文献，对以上几种网约出行方式作概括对比，如图2－3所示。

2.3.1　合乘共享服务

在厘清私家车合乘共享的发展脉络的基础上，结合分享行为和共享经济的定义，对合乘共享服务进行界定。

传统的合乘也称为拼车，主要发生在家庭成员或熟人之间（Chan N. D. & Shaheen S. A.，2012；Mou Z. et al.，2020）。出行者之间往往有相同的出行目的或时间安排，并且是经常性的、有规律的出行，如一家人驾车出游或探亲、与住所相近的同事一起上下班等。在共享出行平台出现之前，合乘共享也偶尔发生在陌生人之间（如在路边伸出大拇指来搭便车）。这种合乘共享是无偿的、利他的，依靠社会关系进行自发调节，属于典型的分享行为，称为公益性合乘（孙玉荣，2014）。

而合乘共享服务是基于移动互联技术的共享经济新业态，从熟人之间的规律性出行行为拓展为陌生人之间偶然的、单次的出行行为，通过第三方平台将私家车主和无车乘客连接起来，并由

管理端（Regulator）	司机端（Driver）	汽车端（Vehicle）	乘客端（Passenger）	性质（Nature）	目的（Intention）	模式（Mode）
出租汽车公司	出租车司机（个人/挂靠/承包）	出租汽车	乘客	巡游揽客提供乘客运输服务	营利	出租车
出租车公司 互联网平台	出租车司机（个人/挂靠/承包）	出租汽车	乘客	在线接单提供乘客运输服务	营利	网约出租车 如滴滴出租车、Uber Taxi等
私家车主	私家车主	车主购买	无 合乘乘客：家人/朋友/同事	自驾	出行代步 免费合乘	私家车出行 如拼车（Carpool）、搭便车
互联网平台	私家车主	车主购买	合乘乘客：陌生人	自驾	出行代步，有偿合乘，分摊出行费用	合乘共享服务（顺风车） 如滴滴顺风车、嘀嗒顺风车
互联网平台	私家车主（取得网约车司机资质）	车主购买或租赁（取得网约车资质）	乘客	在线接单提供乘客运输服务	营利	网约快车 如滴滴快车/优享、UberX
互联网平台	平台全职司机	平台自有车辆	乘客	在线接单提供乘客运输服务	营利	网约专车 如曹操出行、神州专车

图 2-3　现有小型载客汽车出行方式对比

平台制定价格和运营规则。虽然是有偿的，但其费用仅用来弥补私家车主的部分成本，仍是一种非营利的分享行为（孙玉荣，2014），具备自发的利他主义特征（Neoh J. G.，2018）。合乘共享服务强调车辆的私有属性，利用的是私家车的闲置空间（空余座位），私家车主与平台相连，但不同于共享汽车和出租车的重资产模式（Monchambert G.，2020）。合乘共享服务以提供服务的私家车主到达目的地为前提的（伏创宇，2019），属于“好意同乘”而不是“专程接送”。因此，合乘共享服务符合本书给出的共享经济的定义，也被部分学者称为网约顺风车（伏创宇，2019；刘大洪，2020），常见的案例有滴滴顺风车，嘀嗒顺风车等。

综上，本书对合乘共享服务作出如下定义：私家车主和乘客有相同或相近的起讫点，乘客向私家车主支付一定的费用，以弥补私家车主的部分出行成本（燃料费和通行费）的协同消费行为（Chan N. D. & Shaheen S. A. 2012；Furuhata M. et al.，2013），它依托共享平台盘活分散的闲置资源，并通过市场机制完成实时的供需匹配（Benoit S. et al.，2017），能为乘客提供高效且廉价的非营利性出行服务（Perlacia A. et al.，2017；Levin M. W. et al.，2017）。

2.3.2　网约专车、快车和拼车

2.3.2.1　网约出行的概念梳理

智能手机、GPS和动态匹配算法提高了供需匹配效率，催生很多交通网络公司（transportation network company，TNC）。福田M. 等（Furuhata M. et al.，2013）将TNC划分为服务运营商和匹配机构两类：前者接受乘客的请求，根据订单信息指派公司自有的车辆和司机，为乘客提供专属的用车服务，是一种单边匹配模式；后者不提供车辆和司机，而是私家车主和乘客发送信息，平台完成供需任意匹配，是一种双边匹配模式。

从最早熟人之间的搭便车（carpooling）到互联网时代陌生人之间的合乘（ride-sharing），私家车合乘出行在美国已经深入人心。随着 TNC 的发展和商业模式创新，合乘的含义也产生了变化和拓展。古畑等（2013）提出的双边匹配模式符合本书提出的合乘共享服务概念，但采取单边匹配模式的公司虽然也标榜自己提供合乘服务，而司机本身并不是出行者，只是受雇于公司指派，更类似于出租车。

Uber 和 Lyft 的出现，推动共享出行从非营利性的合乘共享服务向营利性的网约出行服务转变。董等（Dong et al.，2018）根据司机的行为特征，将合乘划分为两类：一类是司机上下班顺路提供服务，有固定的起讫点；另一类是司机不定时间、无固定起讫点的服务，甚至是全天在城市中接单。科恩和基茨曼（Cohen & Kietzmann，2014）提出点对点合乘的概念，依托私家车及车主，通过智能手机软件和 GPS 技术向无车乘客提供有偿的出行服务，平台扮演中介角色并从每笔交易中提取 20% 的佣金。与合乘共享服务不同的是，新模式中司机是以营利为目的提供服务的，并非以个人出行为前提，安德森（Anderson，2014）称之为营利性合乘（for-probitride-sharing）。为了与合乘共享服务区别，雷利等（Rayle et al.，2016）将这种营利性的动态匹配服务称为 ride-sourcing，因为所有的出行信息都来源于平台的司机池。这种基于智能手机软件的在线叫车方式常被称为在线 car-hailing 或 ride-hailing，即网络预约（WANG T et al.，2019），因此，交通网络公司也被称作网约车平台（王静，2016；信息社会50人论坛，2015）。本书将所有通过网络预约实现供需匹配的出行服务统称为网约出行方式，既包括非营利性的合乘共享服务，也包括营利性的网约车模式。

2.3.2.2 营利性网约车模式的分类

根据车辆与司机来源的不同，结合中国网约出行实际，本书将营利性网约车模式划分为网约专车和快车两类，二者的比较如图2-3所示。

网约专车是一种B2C模式，运营车辆由相互合作的汽车制造商提供，平台负责信息匹配服务，如曹操出行（吉利汽车）、享道出行（上汽集团）等。该模式类似于出租车的公司制，司机受雇于平台从事运营活动，收入分固定工资和接单奖励两部分。虽然也被归为共享出行方式之一，但这种重资产模式并不符合本书对共享经济的定义，实际上是一种基于使用权的服务。

网约快车是一种点对点模式，司机和乘客通过智能手机软件直接连接起来，平台负责将乘客订单信息与附近的司机实现最优匹配，从每笔交易中收取佣金和管理费。该模式是一种三元的轻资产模式，平台既不拥有车辆的所有权，也无须承担车辆的维护成本，符合本书对共享经济的定义。

网约快车发展初期，供给侧的司机是利用其私家车直接接入平台提供出行服务的（董成惠，2016），往往是在闲暇时间专门“接送”乘客到他们的目的地，赚点“外快”作为金钱补偿（Alemi F et al.，2018）。平台为了规避传统出行市场的监管政策，借着合乘共享的市场定位与出租车直接竞争（Young M. & Farber S.，2019）。但实际上，由于该模式的价格远高于合乘共享服务，且平台为司机提供倾斜补贴，吸引了大批私家车主放弃了原本的工作，用自有车辆甚至租用车辆从事运营活动，转为全职司机。

随着中国网约车新政的出台，网约车被正式划归于出租汽车运营模式，与合乘共享服务进行区别管控，“双证”（网约车驾驶员证和网约车运输证）齐全才能从事合法的网约车运营。网约车管理办法的出台，加大了网约车的准入门槛，使得大量的“兼职”司机和私家车被排除在外，导致短期内网约车供给减少。

此外，在网约快车的基础上，平台利用其大数据技术和算法的优化，推出了网约拼车服务。乘客在发送订单时，可以选择网约拼车选项，平台可以将起讫点或路线相似的多个订单分配给同一个司机和车辆完成，从而降低乘客的整体费用水平（Chen X.，2017）。例如，Uberpool，Lyft line，滴滴青菜拼车等。网约拼车与合乘共享服务有两点不同：一是网约拼车是乘客之间共同分享行程和车内空间，在等待或接送其他乘客时，会额外增加出行距离和时间延迟；二是网约拼车是营利性的出行方式，司机可以在一次服务中同时完成多笔订单，从而降低空驶率，提高平台运营效率（Gurumurthy K. M. & Kockelman K. M.，2018）。

2.3.3 网约出租车

传统出租车的供需匹配方式以巡游为主，还包括蹲点趴活、电话预约等。与网约车相比，巡游是其独有的方式。出租车主要分为个体、挂靠、承包和企业经营等四类。其中，85%的城市采用承包经营模式（郭锐欣和张鹏飞，2009；商晨，2016），经营权和车辆归出租车公司所有，个人需要向公司支付“份子钱”。

网络预约技术推动了出租车供需匹配方式的变革，出租车司机也可以通过平台 App 终端接受网络预约的乘客订单，本书称这种在线打车服务为网约出租车（Chen X. et al.，2017）。与传统的路边招手打车方式相比，打车软件减少了乘客与出租车司机之间的信息不对称性（Wang X. et al.，2016），降低了乘客等待的不确定性，司机也不必盲目地巡游揽客，降低了车辆空驶里程，从而进一步提高了出租车运营效率。

出租车司机可以依托第三方网约车平台，免费（零抽成）获得订单匹配服务（Chen X. et al.，2017），如滴滴出租车和 Uber Taxi。这一变革也推动了传统出租车公司向网约车平台化转型。首汽约车就是成功的案例，旗下的自营车队都是政府许可并有北京牌照的出租车，司机需要具备出租车从业许可证，但无须交份子钱，收入构成为底薪加绩效。与其他营利性网约出行相比，网约出租是以传统巡游出租车及专职的出租车司机为依托的，除了可以利用平台在线接单之外，还保留了巡游揽客等传统的供需匹配方式（郭锐欣和张鹏飞，2009）。

第3章　乘客网约出行选择动机分析及出行收益模型构建

本章通过深度访谈进行数据采集，运用手段目的链构建价值层级图，探索与出行选择有关的属性、结果和价值要素，并分析了乘客网约出行的感知导向与主要动机。乘客的出行方式选择是对效用和成本综合权衡的结果，结合乘客感知导向，并参考相关文献，构建了出行收益模型，为后文演化博弈模型的构建提供依据。

3.1　深度访谈样本的基础特征描绘

3.1.1　样本的出行方式偏好

根据相关研究，在作深度访谈时，50~60个参与者可以产生足够的信息（Reynolds T. J. & Gutman J. J.，1988）。中国网约车用户在20~29岁年龄段网民中的使用率为74.0%，明显高于其他年龄段①。因此，本次访谈共有 53 名受访者参加，年龄在 20～30 岁之间，其中，女性 23 人（43%），男性 30 人（57%），从 T_{01} 至 T_{53} 进行编号，隐去其真实姓名。在深度访谈正式开始之前，先对受访者的基本出行特征作统计分析，如出行方式偏好、打车频率、打车场景及原因、打车方式等（Schaefers T.，2013），结果发现，受访者的出行行为具有多样性。

本章研究的是中短途出行方式选择问题。受访者对 3 种出行方式的偏好进行排序，如图 3－1 所示。26 名受访者选择公共交通作为第一选择，占 49.05%，相比之下，只有 15 名受访者（占比 28.30%）将打车服务作为自己的首选。然而，有 26 名受访者（占比 49.05%）将打车放在次要位置，作为公共交通的替代方式。12 名受访者拥有私家车，并将自驾出行作为出行的第一选择，41 名受访者不拥有私家车，但有 8 名受访者愿意将自驾出行作为第二选择，并表示将来会买车。

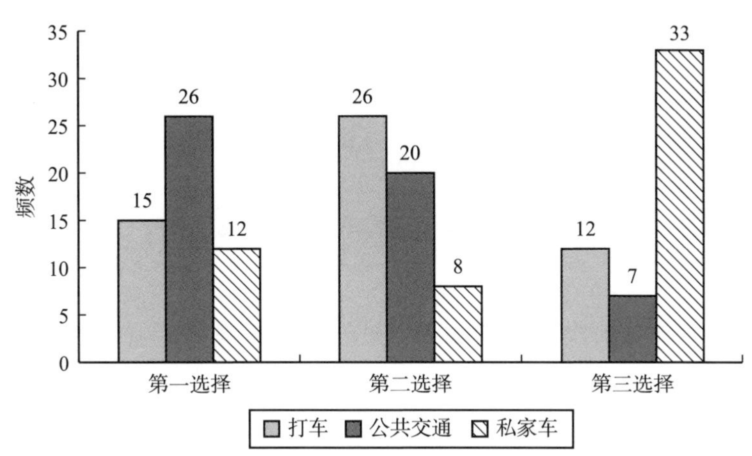

图 3－1　3 种中短途出行方式偏好排名

① 中华人民共和国国家互联网信息办公室．第 44 次中国互联网络发展状况统计报告［R/OL］．中华人民共和国国家互联网信息办公室网站，2019－08－30.

3.1.2 受访者打车的频率和场景

由图 3－2 可知，超 6 成的受访者每周都会打车。其中：70% 的受访者每周至少打车 1 次；18.87% 的受访者打车时间和打车频率不固定，但对打车出行并不排斥，偶尔会选择打车；7.55% 的受访者明确表示自己平时很少打车。进一步整理出受访者提到的主要打车场景，如表 3－1 所示，根据单次出行平均费用区间，可推算出受访者打车平均出行距离在 5 至 10 千米。[①]

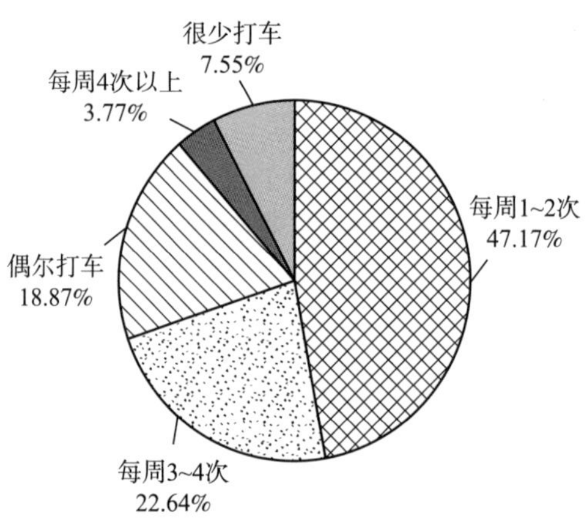

图 3－2 受访者每月打车出行频次比例分布

受访者提到次数最多（34 次）的打车场景是临时有事情要办的时候，着急赶时间。21 名受访者提到，在有些情况下公共

① 滴滴快车普通型（青岛市）的计价规则为：普通时段（9∶30～17∶00）基础费 9 元，里程费 1.7 元/千米，时长费 0.35 元/分钟。按 50.00km/h 计算，则 5 千米总费用为 10.6 元，10 千米总费用为 21.2 元。对比青岛市出租车计价规则，3 千米基价为 10 元，超过部分每千米 2 元（不足 1 千米按 1 千米计价），因此，4 千米的总费用为 12 元，9 千米为 22 元。由此，可以推断受访者的平均出行距离在 5～10 千米。

汽车是不可获得的，例如当公共汽车在夜间停止运行时，或者公交车站离出发点较远时，打车会是一种很好的替代方式。与公共汽车相比，打车的等待时间更短，并且打车可以缩短额外的步行时间，实现点对点直达，从而节省时间。

表3-1　主要打车场景及平均费用区间

状态		频数
办事		34
休闲游玩		21
公交不可获得		21
结伴出门		19
长距离		9
下班应酬		7
行李太多		5
陌生地点		4
天气不好		3
单次出行平均费用	下限	11.04元
	上限	21.97元

当受访者独自出去玩，如看电影、购物等休闲娱乐活动（21次），或者与几个朋友一起外出（19次），且人数不超过4人时，他们会考虑打车。9名受访者提到，当目的地距离较远，且公共交通路线较曲折、停靠站点较多时，会考虑到打车出行。有7名受访者提到，如果要参与喝酒应酬时，就会选择打车而不是开私家车。当对周围环境陌生时，很难弄清公共汽车的路线和站点分布，而打车可以帮助出行者准确地到达目的地。一方面，司机对周边的道路交通和地理位置比较熟悉；另一方面，网约车平台也会为司机提供导航和路径规划功能。此外，行李数量多、天

气不佳也是受访者考虑的两类场景。

3.1.3 受访者的打车方式与决策偏好

3.1.3.1 受访者的打车方式

如图 3-3 所示，7.55% 的受访者习惯了最传统的打车方式：站在路边，等待出租车经过，挥手让空驶的巡游出租车停下，上车出发。与路边招手相比，选择网络预约方式打车的受访者比例为 92.45%。

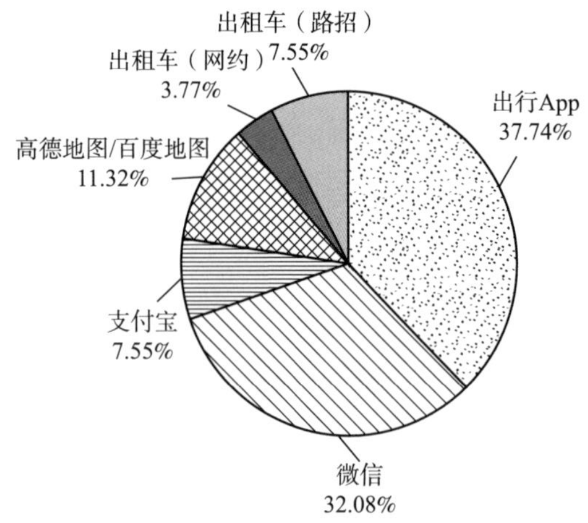

图 3-3 受访者首选打车方式比例分布

（1）37.74% 的受访者表示，他们的手机里已经下载了独立的第三方出行平台提供的 App。值得注意的是，这些受访者的手机上安装的都是滴滴出行客户端。

（2）由于网约车采取手机在线支付方式，因此出行平台也与其他平台企业（例如，微信或支付宝）合作，将打车功能嵌入他们的应用程序中，以扩大其用户规模。32.08% 的受访者习

惯于使用微信在线叫车，而使用支付宝的比例为 7.55%。

（3）一些 GPS 导航平台（例如高德地图或百度地图）将不同品牌的网约车服务整合到了一起。以高德地图为例，既有出租车，也有滴滴、曹操和首汽等多家服务商。在出行者确定了路径之后，既可以选择“同时叫车”功能，也可以根据自身需要选择经济型、舒适型或者豪华型。

（4）3.77% 的受访者倾向于用网络预约传统的巡游出租车，均表示最常用的还是滴滴平台提供的叫车服务。但其中一位曾经在出租车司机的推荐下，尝试下载使用过嘀嗒出行 App。[①]

3.1.3.2　受访者的决策偏好

艾媒咨询于 2018 年对消费者打车出行的主要因素进行了调研（有效样本 1 284）[②]。其中：出行者选择打车出行时考虑最多的是便捷度，占受访者的 76.5%，其后依次为安全、舒适和价格，如图 3－4 所示。

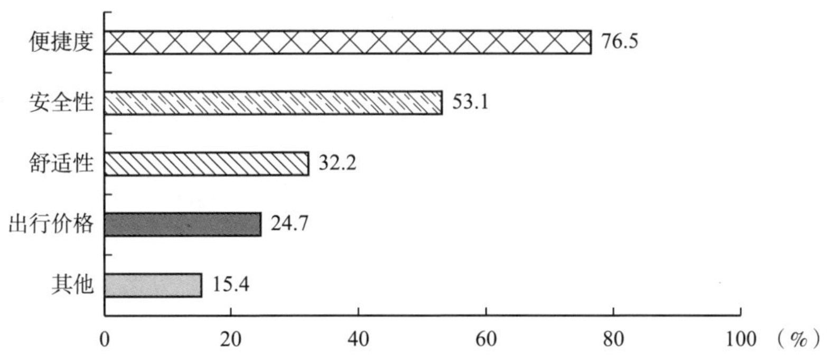

图 3－4　2018 年中国受访网民打车出行方式选择考虑因素分布

---

① 该受访者提到：嘀嗒出行市场开拓期，采取了高额的补贴，优惠券减免之后首笔订单费用很低；感觉其平台定位不够准，在司机接单之后，还要打电话沟通具体位置；再加上首笔订单之后，优惠力度大大减小，最终卸载该软件。

② 艾媒咨询．2018 年中国打车出行专题监测报告［R/OL］．艾媒网，2019－03－15.

在访谈的准备阶段，每个受访者也都被问及这样一个问题："在进行打车决策时，以下 4 个维度（便利、价格、服务和安全），哪一个是你首要考虑的?"如表 3－2 所示：50.94% 的受访者将便捷放在首位；其次是安全，占 26.42%；以服务为首的受访者比例最低，只有价格导向的受访者的一半。这一分布与艾媒咨询的调研结果基本一致，但价格和舒适性的排序有所差异。从性别比例来看，女性受访者中关注安全的比例最高，达到 47.83%，而男性仅为 10%。注重便捷的男性受访者占 60%，女性占 39.13%。此外，男性在价格和服务的比例上均高于女性。

表 3－2　决策偏好比例分布　单位：%

决策偏好	总体	男性	女性
便捷	50.94	60.00	39.13
安全	26.42	10.00	47.83
价格	15.09	20.00	8.70
服务	7.55	10.00	4.5

3.2　数据收集及价值层级图

3.2.1　数据收集过程

为了让受访者批判性地思考不同出行方式的具体属性与其个人动机之间的联系，本书采取阶梯式访谈，平均耗时 60 分钟。每个受访者按顺序进入一个讨论室里进行一对一的采访，以保证受访者不受干扰并保持放松舒适的状态。

首先，向受访者提供几种常用的打车出行方式，包括路边打车（巡游出租车）、网约出租车、网约快车（如滴滴快车）、顺风车等，并要求受访者根据偏好进行排序。然后，访谈者追问："为什么你更喜欢这个而不是那个？"受访者通常会通过两两比较他们的不同之处并给出一些理由。在得到答案后，访谈者接着问："为什么这对你很重要？"重复这个问题，打破砂锅问到底，直到受访者无法给出进一步的答案。由于每次访谈中检索到的新信息的数量随着样本量的增加而显著下降，因此，可以判定样本量足以运用手段目的链进行定性研究（Schaefers T.，2013）。对每次访谈全过程进行录音，并对录音进行整理，用直接抽取法进行编码（Reynolds T. J. & Gutman J. J.，1988），将相似的编码合并，最终得到42个要素，如表3－3所示。访谈编码抽取示例见附录。

3.2.2 价值层级图

在抽象出要素编码的基础上，还要理顺要素之间的关系。如表3－3所示，将要素划分为属性、结果、价值3个级别。根据每一个关系被提到的次数，构建连接含义矩阵记为 M_{ij}，i 和 j 对应要素的序号，如表3－4所示。当某一个直接关系被提到，例如，出行平台提供的折扣券（A008）可以节省出行费用（C004），则对应矩阵中 $M_{8,22}$ 的值加1。表3－4中带括号的数字表示间接关系，也就是在所有提到的手段目的链中，某个属性要素与某个价值要素分别为起点和终点时，该链条出现的次数。例如，$M_{1,30}=(1)$ 表示以第1个要素（A001）为起点并以第30个要素为终点（V0001）的链条一共出现了1次。接下来，根据直接关系权重进行计算。

表3-3　内容编码汇总

序号	编码	属性	序号	编码	结果	序号	编码	价值
1	A001	车辆规模	19	C001	节省时间	30	V001	有规律的生活
2	A002	定位功能	20	C002	节省体力	31	V002	声誉
3	A003	最优路径规划	21	C003	从容不迫/不着急	32	V003	节俭
4	A004	在线预约	22	C004	节省费用	33	V004	信任
5	A005	专用App	23	C005	公平交易	34	V005	生活品质
6	A006	在线支付	24	C006	愉快	35	V006	互相尊重
7	A007	标准化定价	25	C007	不眩晕恶心	36	V007	社交
8	A008	折扣券	26	C008	舒适放松	37	V008	满意
9	A009	拼车	27	C009	低事故率	38	V009	健康卫生
10	A010	费用预估	28	C010	人身安全	39	V010	家庭生活
11	A011	服务态度	29	C011	聊天	40	V011	自我实现
12	A012	服务评价机制				41	V012	自我保护
13	A013	驾驶技术和习惯				42	V013	保持和恢复精力
14	A014	车内环境						
15	A015	司机资质考核						
16	A016	汽车质量						
17	A017	服务过程监控						
18	A018	保险责任						

表3－4　　链接含义矩阵

序号	19	20	21	22	23	24	25	26	27	28	29	30	31	32	33	34	35	36	37	38	39	40	41	42	OD	
1	6	0	0	2	0	1	0	0	0	0	0	(1)	0	(1)	0	(4)	0	0	(3)	0	0	0	0	0	9	(9)
2	8	7	4	0	0	0	0	0	0	0	0	(6)	(1)	(1)	0	0	0	0	(4)	0	0	0	0	(7)	19	(19)
3	15	1	1	0	1	0	0	0	0	0	0	(12)	(2)	0	(1)	(1)	0	0	(1)	0	0	0	0	(1)	18	(18)
4	35	0	19	0	0	0	0	0	0	0	0	(25)	(3)	0	(1)	(2)	0	(1)	(19)	0	(1)	(2)	0	0	54	(54)
5	5	0	3	0	0	0	0	0	0	0	0	(3)	0	0	0	0	0	0	(5)	0	0	0	0	0	8	(8)
6	3	0	12	0	0	0	0	0	0	0	0	(1)	0	0	(8)	0	0	0	(6)	0	0	0	0	0	15	(15)
7	0	0	0	5	3	0	0	0	0	0	0	0	0	(3)	(3)	0	0	0	0	0	(2)	0	0	0	8	(8)
8	0	0	0	3	0	2	0	0	0	0	0	0	0	(1)	0	(1)	0	0	(3)	0	0	0	0	0	5	(5)
9	1	0	0	6	0	1	0	0	0	2	1	0	0	(4)	0	(1)	0	(1)	(2)	0	(2)	0	(1)	0	11	(11)
10	0	0	0	3	3	0	0	0	0	0	0	0	0	(2)	(3)	(1)	0	0	0	0	0	0	0	0	6	(6)
11	0	0	0	0	0	7	0	2	0	0	3	0	0	0	0	(1)	(3)	(3)	(5)	0	0	0	0	0	12	(12)
12	0	0	0	0	0	1	0	0	0	3	0	0	0	0	0	0	0	0	(1)	0	(1)	0	(2)	0	4	(4)
13	0	0	0	0	0	1	1	5	4	3	0	0	0	0	0	0	0	0	(5)	(2)	(1)	0	(6)	0	14	(14)
14	0	0	0	0	0	0	3	4	0	0	0	0	0	0	0	(1)	0	0	(3)	(3)	0	0	0	0	7	(7)
15	0	0	0	0	0	0	0	0	3	16	0	0	0	0	(2)	0	0	0	0	0	(5)	0	(12)	0	19	(19)
16	0	0	0	0	0	1	0	1	3	3	0	0	0	0	0	(1)	0	0	(1)	0	(2)	0	(4)	0	8	(8)

续表

序号	19	20	21	22	23	24	25	26	27	28	29	30	31	32	33	34	35	36	37	38	39	40	41	42	OD	
17	0	0	0	0	0	0	0	0	0	18	0	0	0	0	(1)	0	0	0	0	0	(6)	(2)	(9)	0	18	(18)
18	0	0	0	0	0	0	0	0	0	2	0	0	0	0	0	0	0	0	0	0	0	0	(2)	0	2	(2)
19	0	0	0	0	0	0	0	0	0	0	0	48	6	0	2	6	0	1	7	0	1	2	0	0	73	
20	0	0	0	0	0	0	0	0	0	0	0	0	0	1	0	0	0	0	0	0	0	0	0	7	8	
21	0	0	0	0	0	0	0	0	0	0	0	0	0	0	7	0	0	0	31	0	0	0	0	1	39	
22	0	0	0	0	0	0	0	0	0	0	0	0	0	11	0	4	0	0	1	0	3	0	0	0	19	
23	0	0	0	0	0	0	0	0	0	0	0	0	0	0	7	0	0	0	0	0	0	0	0	0	7	
24	0	0	0	0	0	0	0	0	0	0	0	0	0	0	0	1	3	0	10	0	0	0	0	0	14	
25	0	0	0	0	0	0	0	0	0	0	0	0	0	0	0	0	0	0	0	4	0	0	0	0	4	
26	0	0	0	0	0	0	0	0	0	0	0	0	0	0	0	2	0	0	9	1	0	0	0	0	12	
27	0	0	0	0	0	0	0	0	0	0	0	0	0	0	0	0	0	0	0	0	1	0	9	0	10	
28	0	0	0	0	0	0	0	0	0	0	0	0	0	0	3	0	0	0	0	0	15	2	27	0	47	
29	0	0	0	0	0	0	0	0	0	0	0	0	0	0	0	0	0	4	0	0	0	0	0	0	4	
ID	73	8	39	19	7	14	4	12	10	47	4	48	6	12	19	13	3	5	58	5	20	4	36	8	474	
												(48)	(6)	(12)	(19)	(13)	(3)	(5)	(58)	(5)	(20)	(4)	(36)	(8)		(237)

注：为方便起见，不存在关系的部分单元格被删除。

绘制价值层级图，可以将各要素连接成若干条有意义的路径，便于理解和分析（Reynolds T. J. & Gutman J. J.，1988）。本章将表 3－4 导入 Ucinet 软件，从而画出价值层级图，如图 3－5 所示。不同类型的要素编码可以通过使用不同的形状来区分：圆角正方形表示属性，圆圈表示结果，三角形表示价值。任意两个节点之间的箭头表示两个要素之间的逻辑指向关系，箭头都是单向的，箭头的粗细表示关系的重要程度（通过该关系被受访者提到的次数来度量）。如表 3－4 所示，有的编码之间的关系被提到的次数很低，低频关系可以删除，当样本容量为 50 至 60 时，通常可将删除标准定为 3 至 5（Reynolds T. J. & Gutman J. J.，1988）。因此，在绘制价值层级图时，将权重小于 3 的箭头删除。

接着引入两个概念：入度和出度。某一要素的入度是指向该要素的所有关系箭头的权重之和，即表 3－4 中每行数字之和，用 ID 表示。出度是从该要素出发指向其他要素的所有关系箭头的权重之和，即表 3－4 中每列数字之和，用 OD 表示。由此可以计算每一个要素的抽象性、中心度、声望值，分别用 AB、CE、PR 表示，如表 3－5 所示。

抽象性是指该要素的入度除以入度与出度之和，$ID/(ID+OD)$。编码的得分越高，对应的要素层级越高。中心度是指该要素的入度与出度之和除以总入度之和，$(ID+OD)/\sum ID$。编码得分越高，表明与该要素相连接的其他要素数量越多。声望值是指该要素的入度与入度之和的比值，$ID/\sum ID$，该要素被箭头指向的数量越多，影响力越高。表 3－5 的下半部分给出了抽象性、中心度和声望值之间的相关性。其中：抽象性与声望值之间的相关性显著（$p<0.01$），相关系数 0.469；中心度与声望值之间的相关性也显著（$p<0.01$），相关系数 0.861。

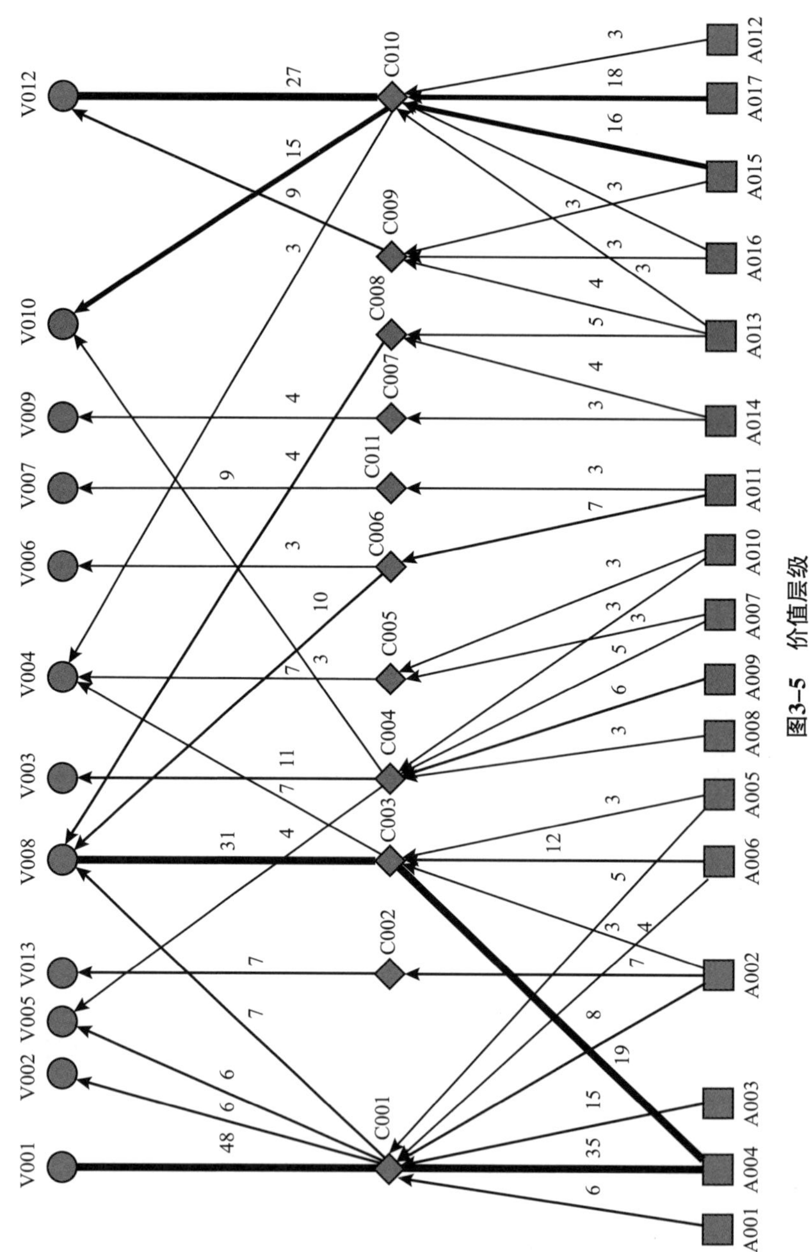
V012
V010
V009
V007
V006
V004
V003
V008
V013
V005
V002
V001
C010
C009
C008
C007
C011
C006
C005
C004
C003
C002
C001
A012
A017
A015
A016
A013
A014
A011
A010
A007
A009
A008
A005
A006
A002
A003
A004
A001

图3-5　价值层级

表3-5　编码的抽象性、中心度和声望值的相关度及其显著性检验

属性	*AB*	*CE*	*PR*	结果	*AB*	*CE*	*PR*	价值	*AB*	*CE*	*PR*
A001	0	0.0190	0	C001	0.5	0.3080	0.1540	V001	1	0.1013	0.1013
A002	0	0.0401	0	C002	0.5	0.0338	0.0169	V002	1	0.0127	0.0127
A003	0	0.0380	0	C003	0.5	0.1646	0.0823	V003	1	0.0253	0.0253
A004	0	0.1139	0	C004	0.5	0.0802	0.0401	V004	1	0.0401	0.0401
A005	0	0.0169	0	C005	0.5	0.0295	0.0148	V005	1	0.0274	0.0274
A006	0	0.0316	0	C006	0.5	0.0591	0.0295	V006	1	0.0063	0.0063
A007	0	0.0169	0	C007	0.5	0.0169	0.0084	V007	1	0.0105	0.0105
A008	0	0.0105	0	C008	0.5	0.0506	0.0253	V008	1	0.1224	0.1224
A009	0	0.0232	0	C009	0.5	0.0422	0.0211	V009	1	0.0105	0.0105
A010	0	0.0127	0	C010	0.5	0.1983	0.0992	V010	1	0.0422	0.0422
A011	0	0.0253	0	C011	0.5	0.0169	0.0084	V011	1	0.0084	0.0084
A012	0	0.0084	0					V012	1	0.0759	0.0759
A013	0	0.0295	0					V013	1	0.0169	0.0169
A014	0	0.0148	0		*AB*	*CE*	*PR*				
A015	0	0.0401	0								
A016	0	0.0169	0	*AB*	1			$^{**}p<0.01$			
A017	0	0.0380	0	*CE*	0.114	1					
A018	0	0.0042	0	*PR*	0.469**	0.861**	1				

由表3-5可知，抽象性为0对应了价值层级图中底层的属性要素；抽象性得分为1，对应了顶层的价值要素；而结果要素的抽象性得分为0.5，据此划分为自下而上的3个层次。在价值层，满意（V008）的中心度和声望值最高，节省时间（C001）是中心度和声望值最高的结果要素，而在线预约（A004）是中

心度最高的属性要素。

在结果层 11 个要素中，中心度大于 0.05 的要素包括：节省时间、人身安全、从容不迫、节省费用、愉快和舒适。在接下来的分析中，分别以这几个要素为核心，结合图 3 – 5，剖析属性、结果和价值 3 个层级的关键感知要素之间的联系，探讨乘客网约出行的选择动机和主要的感知导向。

3.3 乘客网约出行的感知导向及主要动机

以结果层为乘客网约出行的感知导向，每条自下而上的路径都是一个完整的动机，以产品或服务的具体属性为手段，最终实现抽象的价值目标。下面以感知导向为依据，结合价值层级图，分析乘客网约出行的主要动机。

3.3.1 以节省时间为导向

3.3.1.1 与节省时间有关的属性

等待时间和车辆行驶时间是出行成本的两个主要组成部分。为了达到节省时间（C001）的目的，访者最常提到的属性是网约车平台提供的在线预约（A004）功能（中心度为 0.1139），如表 3 – 6 所示，关系权重为 35。平台响应能力是指平台提供实时服务的能力，保证网约车交易的及时匹配（Cheng X. et al.，2018）。在线预约功能提高了平台对供需匹配的响应能力，从而节省了出行者的等待时间。受访者 T_{02}说：

通常用滴滴 App 发送预约订单后，1～2 分钟内就会找到匹配的司机和车辆。如果选择路边招手，虽然有时候碰巧就会遇到一辆空的出租车，但概率非常低，大多数情况下等待出租车的时间是不确定的。我的个人经验，路边招手的等待时间一般在 5～10 分钟，遇到高峰期或者下雨天，则时间更长，甚至打不到车。

表3－6　　以节省时间为导向的手段目的链

<table>
<tr><th>属性</th><th>关系权重</th><th>结果</th><th>关系权重</th><th>价值</th></tr>
<tr><td rowspan="2">车辆规模（A001）</td><td rowspan="2">→6→</td><td rowspan="12">节省时间（C001）</td><td rowspan="3">→48→</td><td rowspan="3">有规律的生活（V001）</td></tr>
<tr></tr>
<tr><td rowspan="2">定位功能（A002）</td><td rowspan="2">→8→</td></tr>
<tr><td rowspan="3">→6→</td><td rowspan="3">声誉（V002）</td></tr>
<tr><td rowspan="2">最优路径规划（A003）</td><td rowspan="2">→15→</td></tr>
<tr></tr>
<tr><td rowspan="2">在线预约（A004）</td><td rowspan="2">→35→</td><td rowspan="3">→6→</td><td rowspan="3">生活品质（V005）</td></tr>
<tr></tr>
<tr><td rowspan="2">专用 App（A005）</td><td rowspan="2">→5→</td></tr>
<tr><td rowspan="3">→7→</td><td rowspan="3">满意（V008）</td></tr>
<tr><td rowspan="2">在线支付（A006）</td><td rowspan="2">→3→</td></tr>
<tr></tr>
</table>

附近的司机在接到订单后，需要赶往乘客所在的位置。所有网约车应用都配备了 GPS 定位和导航功能（A002），乘客可以准确地设置自己的位置，这样司机就可以快速找到他们，从而进一步节省了等待时间（C001），关系权重为 8。车辆规模（A001）越大，用户打到车的概率越大，越节省时间（C001）（Schaefers T.，2013），反映了用户“随时随地”获得打车服务的程度（Lee S. H. et al.，2019）。正如受访者 T33 所说：

在我看来，青岛的出租车数量还不够多，等待出租车的时间很长。而网约车规模更大，在一定程度上弥补了传统出租车供应的不足。当我通过 App 打车时，无论何时何地，总有网约车司机在附近接单。我习惯在出发前提前提交订单，当我到达出发点的时候，司机正好在路边等我。

当起点和终点不变时，车辆的行驶时间受行驶路线影响很大。网约车平台为司机和乘客提供了可视化的最优路线规划（A003），不仅可以避开拥堵路段节省时间，还可以防止司机为了赚更多的钱而故意绕行。路径规划功能更多地体现在网约拼车上，平台将路径相近的多笔订单由一辆车完成，这也在一定程度上减轻了高峰期因运力不足导致的等待时间长的问题。最优路线规划与节省时间之间的关系权重为 15，仅次于在线预约。

与使用微信等兼容平台提供的网约车功能相比，部分消费者更倾向于将专门的网约车 App（A005）直接下载到手机桌面，操作步骤更简便，进一步缩短了下单时间。但是，为了节省存储空间，防止手机卡顿，一些受访者并不愿意下载专门的 App。

当车辆到达目的地时，乘客必须支付费用才能完成该订单。网约车采用在线支付功能（A006），可以直接输入准确的车费金额，避免现金找零的麻烦，从而节省支付时间。此外，平台还具有免密支付功能，即完成订单后自动从乘客账户中扣费，从而进一步节省支付时间。但是，很多受访者出于个人财产安全考虑，不愿意开通免密支付功能。

3.3.1.2 节省时间带来的价值

受访者之所以在乎出行时间的节省，最重要的是由于他们习惯于合理管理时间，追求有规律的生活（V001），关系权重为 48。通过在线预约功能确定行程后，乘客可以获得整个行程预计消耗的总时间，有利于日常事务的安排，避免迟到。特别是对于单位时间价值较高的乘客，节省时间显得格外重要。

部分受访者认为节约时间非常重要，因为迟到会给别人留下不好的印象，影响自己的声誉（V002），关系权重为6。还有的受访者提到网约车是一种创新、灵活和高效的出行方式，这对提高生活品质（V005）至关重要，被提到6次。部分受访者是因为网约车节省了自己的出行时间而感到满意（V008），关系权重为7。

3.3.2　以人身安全为导向

安全是影响消费者出行决策的重要前提，特别是对女性而言，安全尤为重要。从访谈结果中可知，降低交通事故率（C009）和保障人身安全（C010）都是与安全有关的结果要素，但从中心度来看，后者更受出行者关注（0.0422 < 0.1983）。表 3 – 7 反映了以该结果要素为导向的手段目的链。

表 3 – 7　　以人身安全为导向的手段目的链

属性	关系权重	结果	关系权重	价值
司机资质考核（A015）	→16→	人身安全（C010）	→15→	家庭生活（V010）
服务过程监控（A017）	→18→		→27→	自我保护（V012）

3.3.2.1　与人身安全有关的属性

与巡游出租车相比，网约出行平台的优势之一是可以实现整个服务过程的实时监控（A017）：包括在服务开始前对司机身份的识别、向乘客提供司机及车辆的全部资料、平台对车辆的起止点和路线进行定位和跟踪、车内录音和摄像功能等。除了对服务过程的实时监控外，网约车平台还提供了制度保障，以保护用户的人身安全

(Cheng X. et al. , 2018)。由于提供网约车服务的司机很多是由私家车主转化而来，因此，对司机的资质考核（A015）是确保乘客安全的必要条件。当前很多网约车司机是兼职，资格要求相对宽松，潜在风险依然存在。[①] 若要成为合法的专职网约车司机，必须满足平台的基本准入条件，并取得从业资格证书。因此，加强兼职司机的资格背景调查是进一步保障乘客人身安全的关键，这比服务过程监控和事后道歉补偿更有效果。

3.3.2.2 保障人身安全带来的价值

父母非常关心孩子的出行安全（特别是独自出行时），因为孩子是他们生活的中心。因此，保证人身安全（C010）不仅是为了自我保护（V012），也是为了维护家庭生活（V010）的稳定和幸福。网约车平台一旦发生不利于乘客安全的时间，必然会受到媒体的关注及社会舆论的压力。因此，必须加强网约车服务的事前预防和事中监控。艾媒咨询市场调研显示，有 33.6% 的受访用户认为网约车的打车安全度有所提升，仅有 7.6% 的受访用户认为出租车的打车安全度有所提升。由此可见，乘客对网约车平台的安全保障措施的认可度相对较高（Shewmake S. & Jarvis L. , 2014)。

3.3.3 以从容不迫为导向

3.3.3.1 与从容不迫有关的属性

在过去，想打车的消费者不得不在路边等候，这让他们感到焦虑和不安。特别是在下雨天或者遇到紧急情况时，长时间的等

① 滴滴平台的就业具有灵活性，能够满足不同人群在不同时空环境下的就业需求。据《2017 年滴滴出行平台就业研究报告》统计，每天活跃时间少于 2 小时的司机所占比例最高，为 50.67%。

待会让消费者感到束手无策。正如受访者 T_{27}所说：

> 网约车平台会根据最优匹配算法，优先选择离你最近的司机。司机收到订单后，我只需要耐心等待，并可以随时观察司机的位置。通常，司机会在收到订单后5分钟内到达我的出发地点。如果司机由于交通堵塞等客观原因不能准时到达，司机会打电话询问是继续等待还是取消订单。这样，我就可以自己作决定，而不是惴惴不安地等着。

平台提供的在线预约（A004）和定位功能（A002）可以显示司机的位置和预计到达时间，降低了网约车过程中的信息不对称，减少了在上车前等待的不确定性。同时，乘客可以实时与司机沟通，提高了决策的自主权。因此，就打车体验上看，网约车让人感觉到安心、淡定、从容不迫（C003）。此外，还有部分受访者提到，在手机桌面下载专用的打车 App（A005），除了操作简便、节省时间之外，其功能要更加全面和完善一些，从而更让人放心。例如，专用 App 提供了包车或6座车等选项，当同行人较多时，可以预约一辆更大的车，而省去了打多辆车的麻烦，使得出行更加方便省心。

与从容不迫（C003）相关的另一个重要属性是在线支付（A006）功能，其关系权重为12（见表3-8）。在线支付功能除了简化支付过程、提供免密支付之外，还能延时支付，也就是说，不必在下车前立即支付，可以在规定的时间期限支付。受访者 T_{52}谈了他的经历：

> 有一次坐出租车去车站，我的行李很多，背包、电脑加

上后备箱里的旅行箱。由于车站规定，车辆停靠不得超过3分钟，我一边让司机打开后备箱，一边掏出100元现金给司机，还要等司机找我零钱、等待机打发票。这个过程感觉手忙脚乱，还差点将手机遗忘在车上。此后，我都会选择网约车，有了延迟支付功能，可以先带着行李到车站过安检，等到自己进站后，再完成在线支付。

表3-8　以从容不迫为导向的手段目的链

属性	关系权重	结果	关系权重	价值
定位功能（A002）	→4→	从容不迫（C003）	→7→	信任（V004）
在线预约（A004）	→19→			
专用App（A005）	→3→		→31→	满意（V008）
在线支付（A006）	→12→			

3.3.3.2　从容不迫带来的价值

在个人价值层面，如表3-8所示，乘客不用过分担心长时间打不到车而束手无策，也不用因为不确定性而感到焦虑，网约车平台让打车出行变得从容不迫（C003），因此感到满意（V008），关系权重为31。另外，从容不迫（C003）的打车体验进一步增强了乘客对网约车平台的信任（V004），关系权重为7，乘客认可了网约出行是一种值得信赖的高效打车方式，并表示以后都会优先选择网约出行。

3.3.4　以节省费用为导向

对乘客而言，网约车服务是一种更经济灵活的消费形式，他们追求以一个可接受的价格水平从出发地到目的地。节省费用（C004）中心度为0.0802，声望值为0.0401。

3.3.4.1 与节省费用有关的属性

为了节省出行费用，乘客最愿意选择拼车（A009），关系权重为6。网约车平台构建了陌生人之间更加灵活高效的实时拼车系统（Cohen B. & Kietzmann J.，2014），可以将行程相似的订单合并，由一辆车同时完成。由于一辆车通常最多可以容纳4名乘客，一个消费者可以在App上选择拼车功能，与其他乘客共享同一辆车，并得到一定的价格优惠。

标准化定价（A007）和费用预估（A010）这两个属性也与出行费用的节省（C004）有关。以滴滴出行为例，乘客可以在用户中心查到具体的计价规则，并且不同的地市、不同的时间段，价格水平不同。通过研究标准化的定价规则，可以计算出不同出行方式（如出租车、快车、优享等）的费用金额。当乘客通过App确定出发点和目的地时，平台还会自动返回一个预计费用作为参考。乘客可以根据自己的出行情境，对比不同出行方式的费用，判断出价格最省的方案。

折扣券（A008）是另一个与节省费用相关的属性，被提及3次。一般而言，网约车平台会向新用户提供较大的折扣，使用频率高、累计里程长的老用户也会获得不同金额的折扣券。当前，过度“烧钱”的高额补贴阶段已经过去，网约车市场逐步降温且趋于稳定，乘客也养成了固定的行为习惯，折扣券对决策的影响逐步减弱。

3.3.4.2 节省费用带来的价值

使用网约车能够节省费用（C004），符合节俭（V003）这一健康的消费习惯，关系权重为11。由于出租车与网约车的相似性非常高，对价格敏感的乘客会选择价格更低的。由于网约车与出租车相比在便捷性方面更具优势，即使网约车价格略高，乘客也会认为网约车更划算。如表 3－9 所示，节省费用还与生活品质（V005）和家庭生活（V010）有关，关系权重分别为 4 和 3。正如 20 岁的男生 T42 所说：

> 我认为网约车服务的价格通常比出租车低，尤其是当平台发放优惠券的时候。从我很小的时候，父母就教育我要养成存钱的好习惯，因为节俭是一种美德。我不想在出行费用上花太多的钱。相反，我更喜欢把省下来的钱花在学习、休闲、娱乐等方面来提高生活质量。另外，虽然我偶尔会做一些兼职工作，但我的日常开支基本上是由我的父母提供的，所以存钱也可以在一定程度上减轻我父母的负担。

表 3－9　以节省费用为导向的手段目的链

<table>
<tr><th>属性</th><th>关系权重</th><th>结果</th><th>关系权重</th><th>价值</th></tr>
<tr><td>标准化定价（A007）</td><td>→5→</td><td rowspan="4">节省费用（C004）</td><td rowspan="2">→11→</td><td rowspan="2">节俭（V003）</td></tr>
<tr><td>折扣券（A008）</td><td>→3→</td></tr>
<tr><td>拼车（A009）</td><td>→6→</td><td>→4→</td><td>生活品质（V005）</td></tr>
<tr><td>费用预估（A010）</td><td>→3→</td><td>→3→</td><td>家庭生活（V010）</td></tr>
</table>

3.3.5 以愉快和舒适为导向

3.3.5.1 与愉快和舒适有关的属性

司机的服务态度（A011）包括电话沟通时的态度、语气，服务过程中的动作（如开车门、放行李），专业话术等各方面，该属性的中心度为0.253。“顾客是上帝”，司机良好的服务态度和标准的服务动作与话术，能够带来愉悦（C006）的心情，关系权重为7，如表3-10所示。

表3-10　以愉快和舒适为导向的手段目的链

属性	关系权重	结果	关系权重	价值
服务态度（A011）	→7→	愉快（C006）	→3→	尊重（V006）
			→10→	满意（V008）
司机驾驶技术与习惯（A013）	→5→	舒适（C008）	→9→	满意（V008）
车内环境（A014）	→4→			

司机的驾驶技术和习惯（A013）、车内环境（A014）是与舒适放松（C008）有关的两个属性。一个好的司机能让车平稳地行驶，不颠簸，不超速，使乘客身心都得到放松。一个良好的车内环境，如宽敞的空间和舒适的座椅，也可以为乘客带来轻松的乘坐体验。

3.3.5.2 愉快和舒适带来的价值

满意（V008）是价值层面中心度最高的要素。一方面，满意源于乘客舒适放松的体验（C008），关系权重为9；另一方面，司机良好的服务态度让乘客感到心情愉悦（C006），进一步提高乘客对服务的满意度（V008），关系权重为10。司机的服务态度也能满足乘客被尊重的需求（V006）。例如，司机会主动为乘客打开车门，手部遮挡住车门上部边缘，或者帮忙存取行李，都体现了对乘客的尊重。

3.3.6 其他感知导向

以上是按照结果要素的中心度大小顺序进行讨论的，但还有部分结果要素的中心度小于0.05。虽然与之有关的关系权重不大，但仍能反映出部分乘客所关注的属性与价值追求，为了全面了解网约出行动机，下面将其他一些感知导向进行汇总梳理。

平台提供的定位功能（A002）可以准确定位起点和目的地，使司机不仅能到达乘客的确切出发点，还可以精确地在指定地点下车。该属性导致乘客不用走额外的距离，节省体力（C002），从而使得整个出行过程不会太累，有利于保持和恢复体力（V013）。

安全是出行的重要保障，乘客出于自我保护（V012）的目的，除了人身安全外，还关注于低交通事故率（C009）。驾驶技术和习惯（A013）、司机资质考核（A015）和汽车质量（A016）是与交通事故率有关的3个属性。

在很多情况下，出租车司机会向乘客多收费，并拒绝按计价器收费。相比之下，网约车服务严格按照标准化定价规则（A007）收费，保证了价格的公正透明。交易的公平性（C005）能够影响消费者对网约车服务的信任（V004）。当出行费用存在疑问时，消费者会联系平台客服中心，当问题特别严重且无法解决时，乘客不再信任平台。

一些司机还会主动与乘客聊天（C011），特别是提供合乘共享服务的私家车主，工作性质和阅历等各不相同，有时候乘客还可以与之互加微信成为朋友，从而满足了一定的社交需求（V007）。健康和卫生（V009）对部分受访者也很重要，当车内环境（A014）脏乱时，乘客会感到恶心（C007），甚至有染病的风险。

3.4 乘客的出行收益模型构建

不同出行方式的发展和演变，从根本上说是由出行者的选择决定的，而出行决策就是在不同出行方式所带来的效用和成本之间进行权衡的过程。本节在出行动机分析的基础上，结合相关文献观点，对出行收益进行解构，为第 4 ~ 6 章作准备。出行收益模型是一般性的，而乘客在不同市场阶段、不同出行方式间作出选择时，考虑的核心决策变量不尽相同。因此，在后续演化博弈模型构建时，要具体问题具体分析。

3.4.1 出行效用及构成

出行效用是某一具体的出行方式对出行者的出行诉求的满足程度，是一种主观的心理感知。本书将出行效用划分为位移效用和位移伴生效用两大类。

3.4.1.1 位移效用

出行是实体位移与状态信息密不可分的时空活动，出行服务的生产和消费在空间上是同步的，要求相对准确的时间点和空间位置信息（张爱萍等，2017）。出行的功能必须完成空间位移才能真正实现（Levin M. W. et al.，2017），位移效用是出行效用的基础（荣朝和，2018）。位移效用与位移精确度正相关，精确度取决于出行者实际上（下）车点与期望起（终）点的重合程度（杨学成等，2017）。如表3－5所示，定位功能和最优路径规划是中心度较高的属性要素，位移精确度与二者密切相关。

图3－6是对位移精确度的一种抽象，起点A和终点B是乘客主观期望上车和下车的位置，而上车点（A或C）和下车点（D或B）是实际上车和下车的位置。若出行者在A点上车，恰好在B点下车，车辆与乘客的起讫点完全吻合，则位移的精准度为1。在其他3种情况下，精准度均小于1：①出行者需要通过步行或其他方式从起点A到达C点上车，到终点B下车；②出行者从起点A上车，至D点下车，再用步行或其他方式到达终点B；③上车点C和下车点D均偏离起点和终点。在后面的3种情况必然导致乘客对位移效用评价的降低。与路边招手打车方式相比，基于智能手机App的网络预约方式具有更好的时空匹配效率（He F. & Shen Z. －J. M.，2017；荣朝和，2018）。

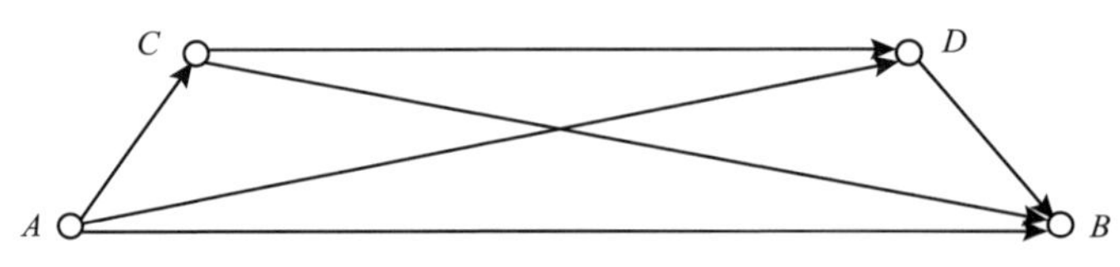

图3－6　乘客出行位移路径与位移精确度示意图

位移效用不仅体现在位移的精确度，更体现在由此带来的位移过程中从容不迫的心理体验。通过网络预约能够降低等待的不确定性，定位功能也能让司机准确地到达指定位置。这样乘客不会因为等待而焦虑，也不用担心司机找不到自己（Wang T. et al.，2019），这种心态也会影响到乘客对位移效用的评估。

3.4.1.2　位移伴生效用

位移伴生效用是指出行方式能够为乘客带来的附加价值，包括私密性效用、舒适性效用、社交效用（Acheampong R. A. et al.，2020）。

（1）私密性效用。私密性效用首先与车辆的所有权与使用权有关，私家车由消费者所有并自由支配，公交车和出租车都只有使用权没有所有权（Belk R.，2010；Bardhi F. & Eckhardt G. M.，2012）。其次，人们总会追求合适的心理距离，当出行者和陌生人共乘时，私密性会受到影响（孙玉荣，2014）。从访谈中也发现，拥有私家车的人优先选择自驾出行，而不会考虑公交，部分习惯打车的人也有购买私家车的倾向，这都与出行的私密性有关。因此，出租车或网约车的私密性效用介于私家车和公交车之间。[①]

（2）舒适性效用。舒适性效用受车辆品牌价值和出行服务质量影响（Bardhi F. & Eckhardt G. M.，2012）。车辆品牌价值越高，车辆行驶性能和车内环境越好，舒适性效用越高。出租车与网约车都有司机提供驾驶服务，出行服务质量与司机的服务态度、驾驶水平等有关。舒适性效用直接影响到乘客的出行体验，好的出行体验将给乘客带来愉快的心情，最终带来乘客满意。

（3）社交效用。很多平台以及市场双方的参与者都强调用户的“共同利益”，即认识他人、结交朋友的好处（Frenken K. & Schor J.，2017）。例如，Lyft 公司的口号“一个有车的朋友”，突出其社交定位。社交也是乘客追求的价值要素之一，特别是随着非营利性的合乘共享服务的普及，私家车主与乘客可以在路程中通过彼此的沟通，从而放松心情，逐步建立信任。

---

① 对乘客而言，无论是选择出租车还是网约车，都是由单一的司机提供出行服务，因此，可以将二者的私密性看成相同的。但为了后文演化博弈模型构建的完整性和一致性，仍保留私密性作为出行效用的组成部分。但是，当私家车主若要提供合乘共享服务，私密性效用必然会下降，这将影响到合乘共享服务的供给比例。

3.4.2 出行成本及构成

出行成本是出行者在单次出行过程中所付出的代价，包括时间成本、出行费用和安全风险。

3.4.2.1 时间成本

节省时间是乘客网约出行最主要的动机，而乘客出行的总时间成本与乘客的单位时间成本和出行时间有关。

（1）单位时间成本。假定乘客在出行时均处于闲暇状态，单位时间成本则是乘客每闲置一单位时间所带来的机会成本。收入水平是影响乘客单位时间成本的决定因素，二者呈正相关。

（2）出行时间。出行时间包括供需匹配时间、等待时间和行驶时间 3 部分（Bardhi F. & Eckhardt G. M.，2012；Long J. et al.，2018）。理论行驶时间等于全程车千米数除以自由流车速[①]，与车辆运行速度和路程远近有关，但受到城市交通拥堵的影响，实际行驶时间更长。就网约出行而言，供需匹配时间是指从乘客发出用车需求至司机接单的时间，它受到车辆供给数量的影响，供给越多，供需匹配时间越短。等待时间是指从司机接单到乘客上车的时间，它首先与车辆供给数量负相关[②]，其次，交通越拥堵，司机到达乘客位置的时间越长。但对于传统的路边招手打车方式而言，在路边等待的过程就是供需匹配的过程，可以统称为供需匹配时间，交通越拥堵，乘客所花费的打车时间越长。

---

① 自由流车速是指 0：00～6：00 的平均车速，此时交通路况好，不拥堵。

② 供需匹配以乘客出发点为圆心由近及远进行搜索，所以，车辆供给数量越多，则匹配成功的车辆与乘客距离越近。

3.4.2.2　出行费用

出行费用是出行者所花费的金钱成本，不同出行方式的出行费用构成不同。

（1）持有成本。持有成本是乘客前期投入的固定成本（Yang L. et al.，2018）。私家车是车主自己购买并使用的，因而有较大的固定投资，如裸车价、购置税等。而对于网约出行的乘客而言，不需要承担任何固定成本，只需要为每次服务支付使用成本。

（2）使用成本。使用成本是每次出行过程中花费的变动成本（Yang L. et al.，2018）。使用成本与出行距离和出行拥堵时间密切相关。就乘客而言，选择网约车或出租车的出行费用只有使用成本，即享受出行服务所支付的车费，但定价机制有所差异。网约拼车是一种节省成本的重要属性，多名乘客拼单合乘可以获得一定的价格优惠。对私家车主而言，必须承担驾驶成本，如油耗或电耗等燃料费用（Long J. et al.，2018；Du M.，2020），而乘客如果选择合乘共享服务，可以支付一定的费用以分摊私家车主的驾驶成本。

3.4.2.3　安全风险

安全是乘客打车决策的重要动机，乘客关注的安全问题包括两方面：一是司机的违法违规行为，二是车辆的交通事故。这不仅涉及个人的自我保护，更关系到整个家庭生活。因此，安全风险是乘客在出行方式选择时考虑的成本要素之一（Meshram A. et al.，2020）。

对出行效用和出行成本的解构，为讨论出行者的出行方式选择行为演化奠定了基础。但在不同的市场发展阶段，竞争的焦点不同，出行者进行出行方式选择的核心决策变量是有差异的。

3.5 本章小结

本章的主要结论如下：

（1）节省时间是乘客网约出行的首要感知导向，有利于出行者合理安排行程，保持有规律的生活习惯。从具体属性看：在线自动派单提高了供需匹配效率；定位功能提供了准确的起始位置信息，节省了司机寻找乘客的时间；路径规划则降低了司机绕路的可能性，节约了总行驶时间。

（2）安全是出行的前提条件和必要保障，乘客重点关注于人身安全，既出于自我保护的目的，也与家庭生活有关，为了顾及家人的感受。而平台对网约车司机的资质审核，以及对服务过程的实时监控是乘客最关注的两大属性。因此，为了保障人身安全，既要把好入口关，又要加强过程控制。

（3）网约出行降低了打车的不确定性，是一种安心、从容不迫的出行方式，这种新的出行体验提高了乘客出行的满意度，并增加了乘客对网约车平台的信任。

（4）价格直接涉及乘客的出行费用问题，对价格敏感的消费者会注意出行费用的节省，这符合他们勤俭节约的生活习惯和消费观念。拼车可以将路程相近的订单合并，乘客可以享受拼车优惠，达到节省费用的目的。折扣券对新用户和打车频率高的出行者补贴力度较大，但对于大多数乘客而言，折扣券并不是影响其决策的重点。

（5）舒适愉快也是重要的感知导向：一方面，整洁的车内环境和专业的服务水平给乘客带来舒适放松的感觉；另一方面，司机良好的服务态度让乘客感到心情愉悦从而进一步提高乘客对服务的满意度。

（6）节省体力、低交通事故率和公正透明的交易也是乘客在意的感知导向。还有部分乘客提到了网约出行的社会交往功能，这也是未来网约车服务特别是顺风车业务发展的重要定位，有利于鼓励全民互助共享出行。

本章在出行动机分析的基础上，结合相关文献梳理，构建了一般性的出行收益模型。该模型认为乘客总是在权衡效用和成本的基础上进行出行决策的。将出行效用分为位移效用和位移伴生效用，将出行成本分为时间成本、出行费用和安全风险 3 类，为后续章节演化博弈的收益矩阵构建提供依据。但在不同的市场发展阶段，竞争的焦点不同，乘客出行选择的核心决策变量是有差异的，应具体问题具体分析。

第4章　基于乘客选择的出租车与网约车的演化博弈

网约车平台的出现，不仅带来了打车方式的转变，还为乘客提供了新的出行选择。网约车与出租车是直接竞争替代关系，从而导致巡游出租车的市场份额下降。当前，地方政府对网约车的监管政策偏紧，一定程度上与中央发展共享经济的定位不符。那么，在市场竞争和乘客选择下，出租车和网约车是优胜劣汰，还是共生共存？本章围绕这一问题，对出租车和网约车的竞争演化趋势进行分析，以明确未来网约车的发展方向。

本章首先根据中国网约车发展历程及特点，将出租车与网约车的竞争演化划分两个阶段：一是供需匹配方式的演化，即在传统出租车服务模式下，乘客选择路边招手还是网络预约的方式打车；二是网约出租车和网约快车两类营利性网约出行方式的演化。其次，在出行收益模型的基础上，找出乘客出行选择的核心决策变量。最后，运用单总体演化博弈方法分别构建各阶段的收益矩阵与复制动态方程，并对演化结果进行仿真分析与讨论。

4.1　供需匹配方式的演化博弈及仿真

为了使模型既能反映客观实际，又能相对简化，本章作出 4 点基本假设：(1) 乘客属于同一类收入群体，单位时间成本相同；(2) 每个时间状态下，个体只能采取唯一一种策略；(3) 每个时间状态开始之前，个体都不知道其他个体的决策和收益，只能通过不断试错的方式调整自己以后的出行决策；(4) 群体中两个随机个体之间比较收益大小，每个时间状态下，每一个体只参与一次竞争。

要保证网约车平台的运营效率，必须有足够多的司机和配套车辆接入。在第一阶段，其他网约出行方式还未形成规模，出租车是平台进行市场推广的核心和重点（王静，2016），通过向出租车司机提供优惠补贴吸引其加入平台，通过手机 App 直接向出租车司机提供免费的抢单服务。此时，平台的关键目标有两个：一是以现有的出租车供给存量带动需求侧，完成平台用户的初始积累，从而形成足够大的供需规模；二是引导乘客打车行为习惯的养成，完成供需匹配方式从路边招手向网络预约的转变。

那么，乘客打车时选择路边招手还是网络预约？主要考虑哪些变量？本节重点关注于出租车运营模式下，两类供需匹配方式的演化。

4.1.1　出租车供需匹配方式的演化模型分析

4.1.1.1　供需匹配方式演化的核心决策变量

在第一阶段，出租车是唯一的运营模式，但存在两种供需匹配方式，$S=\{1.\ 路边招手，2.\ 网络预约\}$。

π_{ij}表示在对手采取第j种供需匹配方式下，乘客选择第i种供需匹配方式时，该乘客的匹配收益（$i=1，2；j=1，2$）。同理，u_{ij}^0表示在对手采取第j种供需匹配方式下，乘客选择第i种供需匹配方式时，该乘客的位移效用（$i=1，2；j=1，2$）。ξ_{ij}表示在对手采取第j种供需匹配方式下，乘客选择第i种供需匹配方式时，该乘客所花费的供需匹配时间。对于路边招手而言，只有当乘客上车才算匹配成功，其他时间都处于不确定的等待过程。而对于网络预约而言，供需匹配时间是指从发出订单请求到司机接单的时间。β表示乘客的单位时间成本，由于单总体中乘客的收入水平都相同，故β为固定的常数。

这一阶段，乘客的关键需求在于高效打车，解决打车难、等待时间漫长的问题①，乘客选择匹配方式的评判标准就在于“又快又准”。乘客供需匹配收益为：

$$\pi_{ij}=u_{ij}^0-\xi_{ij}\beta \tag{4-1}$$

4.1.1.2 对收益矩阵的讨论

收益矩阵如表4-1所示。由于数量管制，在一定的时空内，可供匹配的出租车数量是有限的。π_{ij}越大，乘客又快又准地打到车的可能性越大。

（1）当乘客1和对手都选择路边招手时，二者是相同匹配方式间的公平竞争，匹配收益都是π_{11}，$\pi_{11}=u_{11}^0-\xi_{11}\beta$。如果对手仍选择路边招手，而乘客1采用网络预约，则该乘客的匹配收益为$\pi_{21}=u_{21}^0-\xi_{21}\beta$。由于网络预约高准确率、高匹配效率的优势，并且能够降低不确定性，缓解等待焦虑，因此，有$u_{11}^0<$

① 艾媒生活与出行产业研究中心，艾媒咨询.2017~2018中国网约车行业研究专题报告［R/OL］. 艾媒网，2018-04-03.

u_{21}^0，$\xi_{11} > \xi_{21}$，故 $\pi_{11} < \pi_{21}$。

表 4-1　　出租车供需匹配方式的演化博弈收益矩阵

乘客 1	乘客 2	
	1 路边招手 x	2 网络预约 y
1 路边招手 x	π_{11}，π_{11}	π_{12}，π_{21}
2 网络预约 y	π_{21}，π_{12}	π_{22}，π_{22}

（2）如果乘客 1 坚持采用路边招手，而对手采用网络预约，则该乘客的匹配收益为 $\pi_{12} = u_{12}^0 - \xi_{12}\beta$。而当乘客 1 和对手同时选择网络预约方式时，该乘客的匹配收益为 π_{22}，$\pi_{22} = u_{22}^0 - \xi_{22}\beta$。此时，乘客 1 的位移效用提高，匹配时间缩短，$u_{12}^0 < u_{22}^0$，$\xi_{12} > \xi_{22}$，因此，$\pi_{12} < \pi_{22}$。

（3）不论对手作何选择，乘客 1 坚持路边招手，其位移效用不变，$u_{11}^0 = u_{12}^0$。同样，不论对手作何选择，乘客 1 坚持网络预约，位移效用也不变，$u_{22}^0 = u_{21}^0$。

4.1.1.3　演化稳定均衡点

假设初始时间状态 $t=0$ 时，群体中有 x 的比例选择路边招手，有极小的比例 y 选择网络预约，$x+y=1$，x 和 y 都为非负。

路边招手和网络预约两种供需匹配方式的竞争优势取决于各自的适应度。哪种供需匹配方式给乘客带来的收益更多，其市场适应度就会更强，在以后的时间状态下就会有更多的个体采用这种匹配方式。

令 $W_i(i=1, 2)$，表示第 i 种供需匹配方式的适应度，$\overline{W}$ 表示平均适应度，有：

$$W_1 = x(t)\pi_{11} + y(t)\pi_{12} \tag{4-2}$$

$$W_2 = x(t)\pi_{21} + y(t)\pi_{22} \tag{4-3}$$

$$\overline{W} = x(t)W_1 + y(t)W_2 \tag{4-4}$$

$$x(t+1) = \frac{x(t)W_1}{\overline{W}} \tag{4-5}$$

$x(t+1)$ 表示下一时间状态采取策略 1 的个体比例。公式（4-4）、（4-5）描述了整个群体的动态变化。那么，

$$\Delta x = x(t+1) - x(t) = \frac{x(t)(W_1 - \overline{W})}{\overline{W}} = \frac{x(t)y(t)(W_1 - W_2)}{\overline{W}} \tag{4-6}$$

当策略 1 是稳定的，则 x 的比例不会发生变化，即 $\lim\limits_{t\to\infty}\Delta x = 0$。设：$f(x) = x(1-x)(W_1 - W_2) = x(1-x)[x(\pi_{11} - \pi_{21}) + (1-x)(\pi_{12} - \pi_{22})]$，$g(x) = f'(x)$。那么，策略 1 为演化稳定策略必须同时满足：

$$f(x) = 0 \tag{4-7}$$

$$g(x) < 0 \tag{4-8}$$

因此，公式（4-7）、（4-8）是判别策略 1 是否为演化稳定策略的两大必备条件。

令，$\pi_{11} - \pi_{21} = a$，$\pi_{12} - \pi_{22} = b$。a 表示对手采用路边招手时，乘客采取路边招手和网络预约的相对收益。同理，b 表示对手采用网络预约时，乘客采取路边招手和网络预约的相对收益。因此，复制动态方程变为：

$$f(x) = x(1-x)[ax + b(1-x)] \tag{4-9}$$

$$g(x) = (1-2x)[ax + b(1-x)] + x(1-x)(a-b) \tag{4-10}$$

由公式（4-7）、（4-9）可得，$x=1$，$x=0$，$x=\frac{b}{b-a}$，分别代入公式（4-10）进行检验。由于 $a<0$，$b<0$，当 $x=0$

时，满足 $g(x)=b<0$，当 $x=1$ 时，$g(x)=-a>0$ 不满足公式（4-8）。若 $x=\frac{b}{b-a}$ 存在，必须满足 $x\in(0,1)$。假设 $0<\frac{b}{b-a}<1$，可得 $\frac{b}{b-a}>0$，$\frac{a}{b-a}<0$，则 a 和 b 异号。这与 $a<0$，$b<0$ 相矛盾。因此，$x=\frac{b}{b-a}$ 也不是演化稳定解。综上，$x=0$ 是唯一的演化稳定解。这意味着，乘客会逐步舍弃路边招手，最终接受网络预约的方式。

4.1.2　供需匹配方式演化仿真模拟及结果讨论

第一阶段的演化博弈结果是唯一的，位移效用和匹配时间直接影响到 a 和 b 的取值，并进一步影响到总体演化趋势。本章运用 Matlab 软件进行了仿真模拟，将 x 的初始值设为 0.9，表示演化开始时，只有 10% 的乘客选择网络预约。

4.1.2.1　网络预约的位移效用对演化结果的影响

假设 $u_{11}^0=u_{12}^0=10$，$\xi_{11}=12$，$\xi_{12}=6$，$\xi_{21}=1$，$\xi_{22}=2$，$\beta=0.25$①，讨论乘客选择网络预约时的位移效用（$u_{22}^0=u_{21}^0$）变动对演化结果的影响。如图 4-1 所示，虽然演化初始状态下，选择路边招手的乘客占 90%，而网络预约的乘客只占 10%，但达到稳定状态时，曲线收敛于 0，所有的乘客都接受了网络预约。在其他条件不变的情况下，网络预约的位移效用越高，则演化速

① 以青岛市为例，根据《2020 年青岛市国民经济和社会发展统计公报》显示，青岛市居民年均可支配收入为 47 156 元/人，按 8 小时/天计算，人均可支配收入为 0.269 元/分钟。方便起见，设单位时间成本 β 为 0.25 元/分钟。

度越快。如图 4 – 1 所示，当网络预约和路边招手的位移效用取值相同时，达到稳定状态的演化时间为 5 个单位，但当网络预约的位移效用是路边招手的 2 倍（$u_{22}^0 = u_{21}^0 = 20$）时，演化时间缩短为 1 个单位。

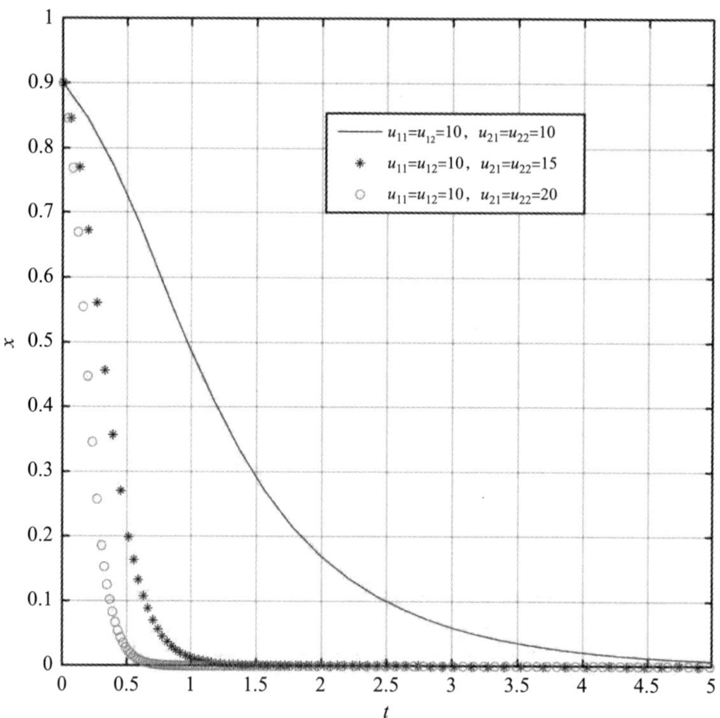

图 4 – 1　匹配方式的演化随网络预约位移效用的变化趋势

4.1.2.2　网络预约的匹配时间对演化结果的影响

假设 $u_{11}^0 = u_{12}^0 = 10$，$u_{21}^0 = u_{22}^0 = 15$，$\xi_{11} = 12$，$\xi_{12} = 6$，$\beta = 0.25$，讨论乘客选择网络预约的匹配时间（ξ_{21}和 ξ_{22}）变动对演化结果的影响。如图 4 – 2 所示，演化趋势同样是趋于 0，路边招手被网络预约替代。网络预约的匹配时间越长，曲线向

左移动，则演化时间也越短，但图中曲线分布密集，说明乘客对匹配时间的变化不敏感，在网络预约具备位移效用优势的情况下，只要网络预约的匹配效率高于路边招手，则乘客会很快转变策略。

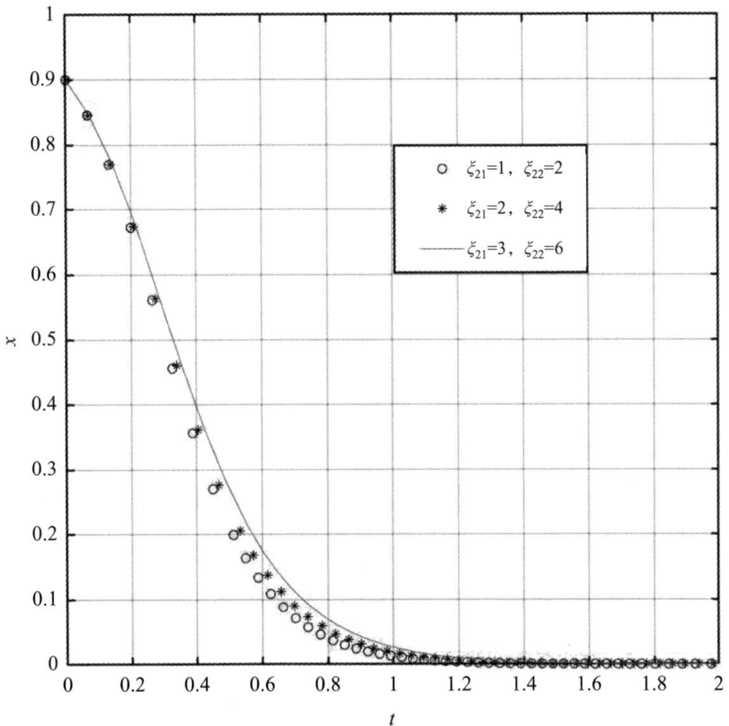

图 4－2　匹配方式的演化随网络预约匹配时间的变化趋势

由此可见，网络预约替代路边招手是技术革新与市场选择的必然趋势。从长远来看，一味强调出租车的巡游属性是没有意义的，政府必须正视变化，鼓励出租车向网约化的方向转变。

4.2 网约出租车与网约快车的演化博弈模型构建

经过第一阶段，网络预约被供需双方快速接受。截至2015年，中国第三方出行平台的网约出租车用户达2.5亿人，注册出租车司机达153万人①，完成供需两侧用户规模的原始积累，平台对出租车的“烧钱”补贴策略也逐渐紧缩，重心转移到网约车新模式的推广上。

第二阶段的市场主要有两大特征：(1) 出行方式多元化，既包括常规的快车、优享，也包括拼车、顺风车等；(2) 网约车平台数量增加，一超多小局面形成，网约快车成为市场主流（甄艺凯，2017）。这一阶段，出租车与网约车的矛盾加剧（马亮和李延伟，2018）。原因有二：(1) 双边补贴政策驱动大量非出租司机和车辆进入平台，供给增加直接导致出租车司机接单量降低（马亮和李延伟，2018；杨浩雄和魏彬，2019）；(2) 出行方式多元化以及平台间激烈的市场竞争，为乘客带来更多选择和实惠，间接导致出租车市场份额下降（甄艺凯，2017；马亮和李延伟，2018）。

那么，乘客在网约出租车与网约快车之间如何选择？要考虑哪些核心决策变量？这些变量对演化结果有何影响？这些是本节要回答的问题。值得注意的是，平台在这一阶段采用高额补贴吸引乘客选择网约快车，那么，这一补贴策略对演化结果有何影

① 艾瑞咨询.2015年中国网络约租车服务用户研究报告［R/OL］. 艾瑞网，2015-12-17.

响？这一问题将在后文讨论。

4.2.1　核心决策变量

网约快车是市场规模最大、用户最常用的网约出行方式，本节探讨网约出租车和网约快车的演化博弈。这一阶段，乘客都以网络预约的方式打车，但有两种策略可供选择，$S=\{1.$ 网约出租车，2. 网约快车$\}$。π_{ij}表示在对手采取第 j 种出行方式下，乘客选择第 i 种出行方式时，乘客的出行总收益（$i=1$，2；$j=1$，2），主要核心决策变量汇总如表 4－2 所示。

$$\pi_{ij}=u_i^0+u_i^1+u_i^2-(\beta\xi_{ij}+\beta\delta\omega_{ij}+p_i)-\sigma_i r_s \qquad (4-11)$$

表 4－2　　乘客出行选择的决策变量

变量	变量含义	变量	变量含义	变量	变量含义
u_0	位移效用	ξ	供需匹配时间	p_1	网约出租车的价格
u_1	私密性效用	ω	等待时间	p_2	网约快车的价格
u_2	舒适性效用	δ	交通运行指数	r_s	安全风险损失
k	舒适性效用系数	β	乘客的单位时间成本	σ_1	网约出租车的安全风险发生概率
θ	网约出租车和网约快车的供给数量比			σ_2	网约快车的安全风险发生概率

4.2.1.1　乘客的出行效用方面的核心决策变量

u_i^0 表示选择第 i 种出行方式时，乘客获得的位移效用（$i=1$，2）。由于两种出行方式都采用网络预约的供需匹配方式，位移效用是相同的，令 $u_1^0=u_2^0=u_0$。u_i^1 表示选择第 i 种出行方式时，乘客获得的私密性效用，由于网约出租车和网约快车都是由司机提供出行服务，对乘客来说私密性也相同，令 $u_1^1=u_2^1=u_1$。u_i^2 表示选择第 i 种出行方式时，乘客获得的舒适性效用，但网约出租车和网约快车在司机服务水平、车内环境等方面是存在差异的，令网约出租车的舒适性效用 $u_1^2=u_2$，网约快车的舒适性效用 $u_2^2=ku_2$，k 为舒适性效用系数，$k>0$。综上，在出行效用方面，乘客权衡的是两种出行方式的舒适性效用差异。

4.2.1.2 乘客在出行成本方面的核心决策变量

网约出租车与网约快车虽然都通过平台完成供需匹配，但二者独立运营，且一定时空内的供给量是不同的，本章假定网约出租车与网约快车的数量比为 θ，$\theta>0$。

ξ_{ij}表示在对手采取第 j 种出行方式下，乘客选择第 i 种出行方式时，所花费的供需匹配时间（$i=1$，2；$j=1$，2）。ω_{ij}表示在对手采取第 j 种运营模式下，乘客选择第 i 种运营模式时，所花费的等待时间（$i=1$，2；$j=1$，2）。车辆供给数量越多，供需匹配和等待的时间越短。当订单匹配成功后，交通越拥堵，车辆到达乘客所在位置的时间越长，交通拥堵情况可以用交通运行指数①来衡量。但在同一时空下，网约出租车和网约快车所面对的路况是相同的，记为 δ，$\delta\geqslant 1$，乘客实际耗费的等待时间应为 $\delta\omega_{ij}$。β 为乘客的单位时间成本。

p_i 表示选择第 i 种运营模式时，乘客的使用成本，即乘客所支付的乘车费用，$i=1$，2。SR_i 表示选择第 i 种出行方式时，乘客要承担的安全风险成本，$SR_i=\sigma_i r_s$，其中，σ_i 表示安全风险概率，即乘客选择第 i 种出行方式时发生不安全事件的可能性，而风险一旦发生，无论哪种方式给乘客带来的损失是相同的，记

① 交通运行指数（travel time index）是衡量交通状态的指标，由实际出行耗时除以自由流速度下出行耗时得出。$\delta=1$ 表示城市交通处于最佳状态。

为 r_s，$i=1$，2。

4.2.2 收益矩阵及演化稳定策略

4.2.2.1 收益矩阵分析

在第二阶段，网络预约成为唯一的供需匹配方式，乘客会在网约出租车和网约快车两种出行方式之间作出决策（见表4-3）。

表4-3 网约出租车与网约快车的演化博弈收益矩阵

乘客1	乘客2	
	1 网约出租车 x	2 网约快车 y
1 网约出租车 x	π_{11}，π_{11}	π_{12}，π_{21}
2 网约快车 y	π_{21}，π_{12}	π_{22}，π_{22}

（1）网络预约是唯一的供需匹配方式，匹配效率与供给数量有关。车队规模越大，供给越充足，打车时间越短。一定时空内，网约出租车与网约快车的数量比为 θ，当乘客和对手的选择相异时，二者互不干涉，那么，有 $\theta\xi_{12}=\xi_{21}$。

（2）当对手和乘客同时选择网约出租车时，二者直接竞争，供需匹配时间延长，$\xi_{11}=2\xi_{12}$。同理，当对手和乘客都选择网约快车时，其供需匹配时间应该满足 $\xi_{22}=2\xi_{21}$。令 $\xi_{11}=\xi$，$\xi>0$，则 $\xi_{12}=\frac{\xi}{2}$，$\xi_{21}=\frac{\theta\xi}{2}$，$\xi_{22}=\theta\xi$。

（3）当对手和乘客同时选择网约出租车时，二者直接竞争，其等待时间应该满足 $\omega_{11}=2\omega_{12}$。同理，当对手和乘客都选择网约快车时，其等待时间应该满足 $\omega_{22}=2\omega_{21}$。令 $\omega_{11}=\omega$，$\omega>0$，

则 $\omega_{12}=\frac{\omega}{2}$，$\omega_{21}=\frac{\theta\omega}{2}$，$\theta_{22}=\theta\omega$。因此，有：

$$\pi_{11}=u_0+u_1+u_2-(\beta\xi+\beta\delta\omega+p_1)-\sigma_1 r_s \tag{4-12}$$

$$\pi_{12}=u_0+u_1+u_2-\left(\frac{\beta\xi}{2}+\frac{\beta\delta\omega}{2}+p_1\right)-\sigma_1 r_s \tag{4-13}$$

$$\pi_{21}=u_0+u_1+ku_2-\left(\frac{\theta\beta\xi}{2}+\frac{\theta\beta\delta\omega}{2}+p_2\right)-\sigma_2 r_s \tag{4-14}$$

$$\pi_{22}=u_0+u_1+ku_2-(\theta\beta\xi+\theta\beta\delta\omega+p_2)-\sigma_2 r_s \tag{4-15}$$

可以得出：$\pi_{11}<\pi_{12}$，$\pi_{22}<\pi_{21}$。

4.2.2.2 演化稳定策略

假设初始时间状态 $t=0$ 时，群体中有 x 的比例选择网约出租车，有极小的比例 y 选择网约快车，$x+y=1$，x 和 y 均为非负。

网约出租车和网约快车的竞争优势取决于各自的适应度。哪种运营模式给乘客带来的总收益更多，其市场适应度就会更强，在以后的时间状态下就会被更多个体选择。

令，$\pi_{11}-\pi_{21}=a$，$\pi_{12}-\pi_{22}=b$，则：

$$a=(1-k)u_2+\left(\frac{\theta}{2}-1\right)\beta\xi+\left(\frac{\theta}{2}-1\right)\beta\delta\omega+(p_2-p_1)+(\sigma_2-\sigma_1)r_s \tag{4-16}$$

$$b=(1-k)u_2+\left(\theta-\frac{1}{2}\right)\beta\xi+\left(\theta-\frac{1}{2}\right)\beta\delta\omega+(p_2-p_1)+(\sigma_2-\sigma_1)r_s \tag{4-17}$$

a 表示对手选择网约出租车时，乘客选择网约出租车和网约快车的相对收益。同理，b 表示对手选择网约快车时，乘客选择网约出租车和网约快车的相对收益。从 a 和 b 的变量构成来看，主要包括舒适性效用、匹配和等待时间、价格和安全风险，概括而言，就是乘客以“省时省钱、安全舒适”为决策标准。根据公式（4－16）、(4－17）可得，$a-b=-\left(\frac{\theta}{2}+\frac{1}{2}\right)(\xi+\delta\omega)\beta<0$，

因此，$a<b$。复制动态方程满足公式（4－9），以公式（4－7）、（4－8）为标准，讨论演化稳定解的情况。

命题 1：当 $a>0$，$b>0$ 时，存在唯一演化稳定解 $x=1$，表明网约出租车保持垄断地位，而网约快车昙花一现。

证明：令 $f(x)=x(1-x)[ax+b(1-x)]=0$，则求出 $x=1$，$x=0$，$x=\frac{b}{b-a}$。将这 3 个解分别代入公式（4－10）。

先考虑 $x=1$ 时，$g(x)=(1-2x)[ax+b(1-x)]+x(1-x)(a-b)=-a<0$，满足公式（4－8）。因此，$x=1$ 是一个演化稳定解。再考虑 $x=0$ 时，$g(x)=b>0$，不满足公式（4－8）。最后考虑 $x=\frac{b}{b-a}$，由于 $x\in(0,1)$，若存在演化稳定多态，必须满足 $0<\frac{b}{b-a}<1$，可得出 $\frac{b}{b-a}>0$，$\frac{a}{b-a}<0$，a 和 b 异号。但是，当 $a>0$，$b>0$ 时并不满足这一条件，所以，$x=\frac{b}{b-a}$ 不是演化稳定解。证毕。

命题 2：当 $a<0$，$b<0$ 时，存在唯一演化稳定均衡点，$x=0$ 表明网约出租车最终被市场淘汰。证明略。

命题 3：当 $a<0$，$b>0$ 时，存在演化稳定多态，演化稳定均衡点 $x=\frac{b}{b-a}$，此时，网约出租车和网约快车共生共存，网约出租车的乘客比例在 $\frac{b}{b-a}$ 趋于稳定。

证明：由于 $x\in[0,1]$，若存在演化稳定多态，必须满足 $0<\frac{b}{b-a}<1$，可得出 $\frac{b}{b-a}>0$，$\frac{a}{b-a}<0$。当 $a<0$，$b>0$ 时，$g(x)=\frac{ab}{b-a}<0$。而 $x=1$，$x=0$ 的情况下，都有 $g(x)>0$，二者都不是演

化稳定解。因此，存在唯一演化稳定解 $x=\frac{b}{b-a}$。证毕。

4.3 网约出租车与网约快车的演化仿真分析

4.3.1 车辆供给差异对演化结果的影响

节省时间是最关键的感知导向，在一定的时空范围内，乘客附近的车辆是有限的，对于网约出租车和网约快车而言，哪一种出行方式的车辆供给规模越大，供需匹配时间和等待时间越短。

网约出租车与网约快车的数量比为 θ，$\theta>0$，在仿真过程中，分情况讨论 θ 变化对演化结果的影响。假设网约出租车与网约快车的安全风险概率相等，$\sigma_2=\sigma_1$，也就是说，二者是同样安全的，$SR_1=\sigma_1 r_s=\sigma_2 r_s=SR_2$。其他主要参数取值如表 4-4 所示，假设网约出租车和网约快车在舒适性效用系数、路况以及价格等方面是相同的，比较当车辆供给存在差异时，乘客实际耗费的匹配时间和等待时间的差异，以及演化结果的变化情况。

表 4-4　　θ 变动时其他主要参数取值

k	u_2	β	ξ	δ	ω	$p_1$①	p_2
1	20	0.25	4	1	4	24	24

① 根据《青岛市物价局青岛市交通运输委员会关于调整市区巡游出租汽车运价政策的通知青价费〔2017〕21 号》规定：普通型巡游出租汽车基价里程 3 公里的起租费 10 元，超过基价里程后 2.00 元/车公里，那么，10 公里的价格为 24 元。

（1）当 $a>0$，$b>0$ 时。

将仿真数据代入公式（4－16）、（4－17），可得 $\theta>2$。在这种情况下，网约出租车的供给数量是网约快车的 2 倍，在演化初期虽有 10% 的乘客尝试了网约快车，但由于其供给不足，整个群体仍保持原有的网约出租车的习惯，最终网约快车推广失败并退出市场，演化收敛于 1。如图 4－3 所示。

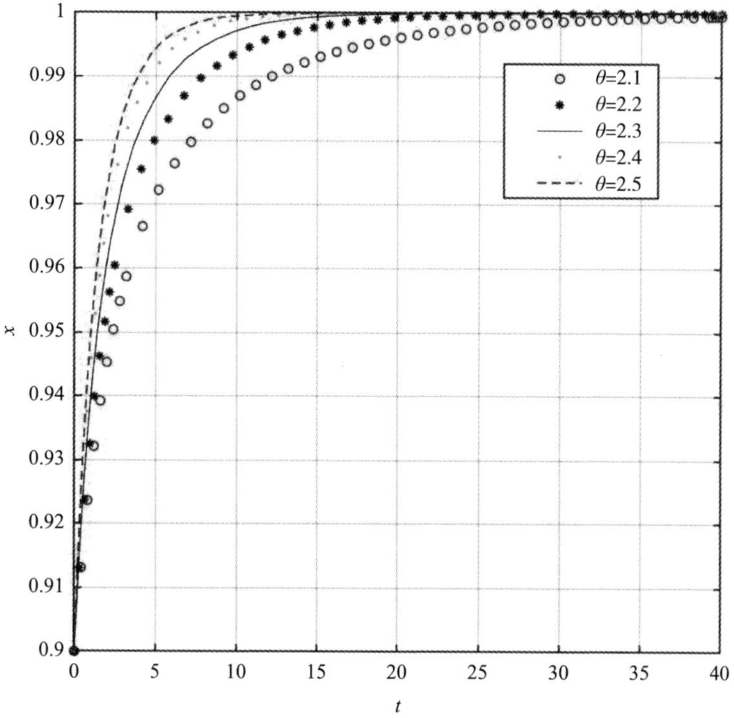

图 4－3　$a>0$，$b>0$ 时，出行方式的演化随 θ 变化趋势

（2）当 $a<0$，$b<0$ 时。

当 $a<0$，$b<0$ 时，可得 $\theta<\frac{1}{2}$。乘客会逐渐接受供给充足的

网约快车，网约出租车最终因为供需匹配时间和等待时间过长而被完全取代，演化收敛于0。如图4－4所示。此时，网约出租车供给数量不足网约快车的一半，但θ越大，演化时间会越延长，被替代的速度越慢。也就是说，保证网约出租车的供给数量能够抑制被替代的速率。

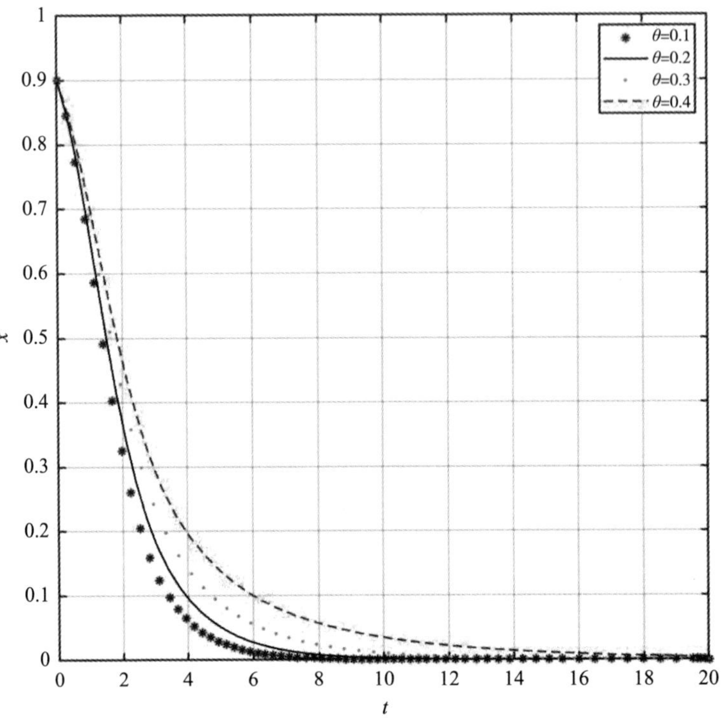

图4－4　$a<0$，$b<0$时，出行方式的演化随θ变化趋势

（3）当$a<0$，$b>0$时。

当$a<0$，$b>0$时，可得$\frac{1}{2}<\theta<2$，演化可达到稳定多态，如图4－5所示。也就是说，在其他条件相同的情况下，将网约

出租车与网约快车的供给数量比控制在合理的范围内，可实现两种出行方式的共生共存。

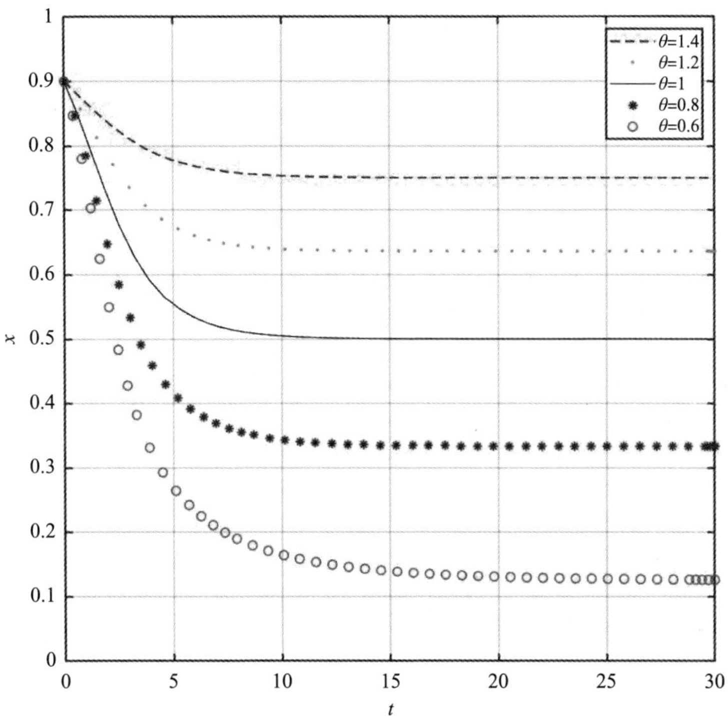

图 4－5　$a<0$，$b>0$ 时，出行方式的演化随 θ 变化趋势

当 $\theta>1$ 时，网约出租车具备供给数量优势，虽然市场被网约快车抢占一部分，但仍占据大部分市场。例如，当 $\theta=1.4$ 时，稳定状态下网约出租车市场比重为 75%。当 $\theta=1$ 时，网约出租车与网约快车在车辆供给上是相等的。在这种情况下，二者将平分市场。当 $\theta<1$ 时，网约快车的供给优势明显，供需匹配时间和等待时间相对更短一些，从而使得网约出租车的市场份额从演化初期的 90%，下降到 50% 以下。当 $\theta=0.6$

时，稳定状态下网约出租车的比例降为12.5%。因此，当$\frac{1}{2}<\theta<1$时，虽然网约快车在供给数量方面有优势，但始终不能完全替代网约出租车。

4.3.2 价格差异以及平台补贴对演化结果的影响

4.3.2.1 价格差异对演化结果的影响

网约出租车的价格由政府统一制定，相对稳定，而网约快车的价格则是由平台制定的，定价更加灵活，接下来分情况讨论网约快车价格p_2变化对演化结果的影响。假设网约出租车与网约快车的安全风险概率相等，$\sigma_2=\sigma_1$，其他主要参数取值如表4-5所示。

表4-5　　p_2变动时其他主要参数取值

k	u_2	θ	β	ξ	δ	ω	p_1
1	20	1	0.25	4	1	4	24

（1）当$a>0$，$b>0$时。

当$a>0$，$b>0$时，可得$p_2>25$，此时，网约快车的价格过高，演化收敛于1。如图4-6所示，虽然演化初期网约快车作为一种新事物出现，有10%的乘客愿意尝试，但由于其价格过高，导致选择网约快车的乘客占比越来越少，最终竞争不过网约出租车，被市场淘汰。此外，网约快车价格越高，退出市场的速度越快。

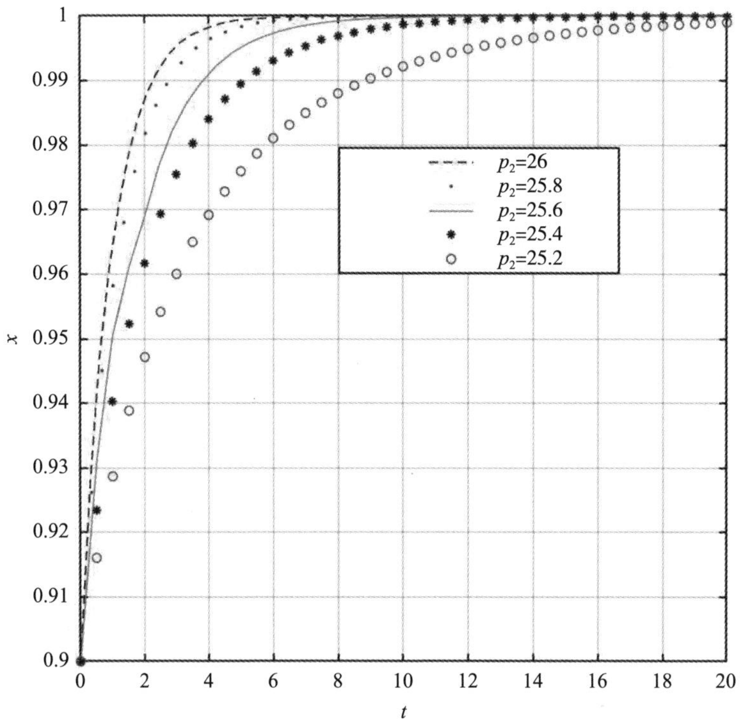

图 4-6　$a>0$，$b>0$ 时，出行方式的演化随 p_2 变化趋势

（2）当 $a<0$，$b<0$ 时。

当 $a<0$，$b<0$ 时，可得 $p_2<23$，演化收敛于 0。如图 4-7 所示，网约快车的价格优势非常明显，网约出租车难以与之竞争，虽然演化初期有 90% 的乘客使用网约出租车，但达到稳定状态后，乘客全部转变为网约快车。可以看出，p_2 越小，演化速度越快。当 $p_2=22.9$ 时，演化时间为 20 个单位；但当 $p_2=22.5$ 时，演化时间缩短为 10 个单位。

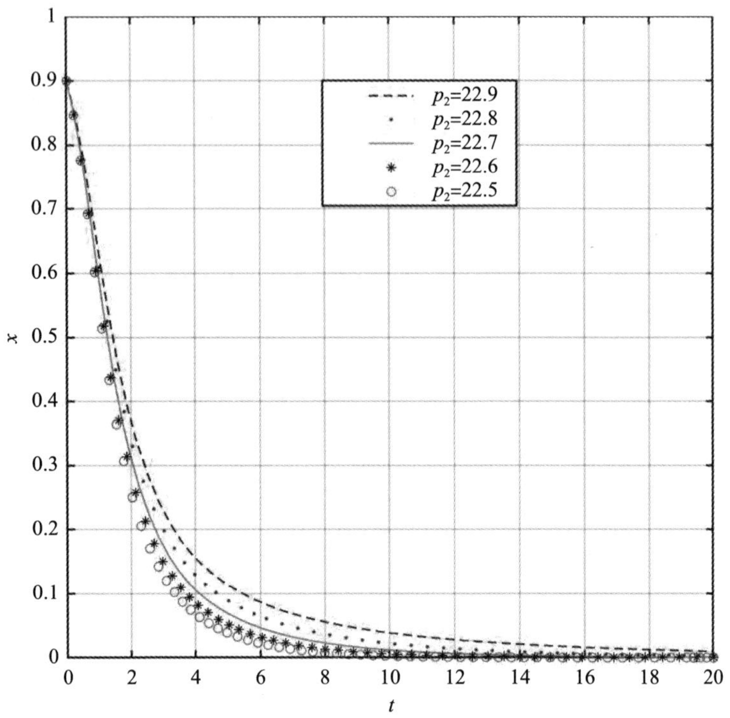

图 4-7　$a<0$，$b<0$ 时，出行方式的演化随 p_2 变化趋势

（3）当 $a<0$，$b>0$ 时。

当 $a<0$，$b>0$ 时，可得 $23<p_2<25$。在这种情况下，网约快车与网约出租车的价格差控制在一定的范围内，二者可实现共生共存。如图 4-8 所示，假设演化初期，只有 10% 的乘客选择网约快车，随着时间的推移，两种出行方式的市场份额会随着价格的差异而变化。当二者价格相同（$p_1=p_2=24$）时，两种出行方式最终各有 50% 的乘客选择，平分市场份额。随着 p_2 价格进一步下降，网约快车的价格优势进一步体现，当达到稳定状态时，将抢占更大的市场份额。当 $p_2=23.2$ 时，到达稳定状态时将有 90% 的乘客选择网约快车，而选择网约出租车的乘客只占 10%。当网约快车的价格略高 $p_2=24.4$

时，仍会有部分乘客逐步选择网约快车，稳定状态下，网约出租车的比例从 90% 降至 70%。

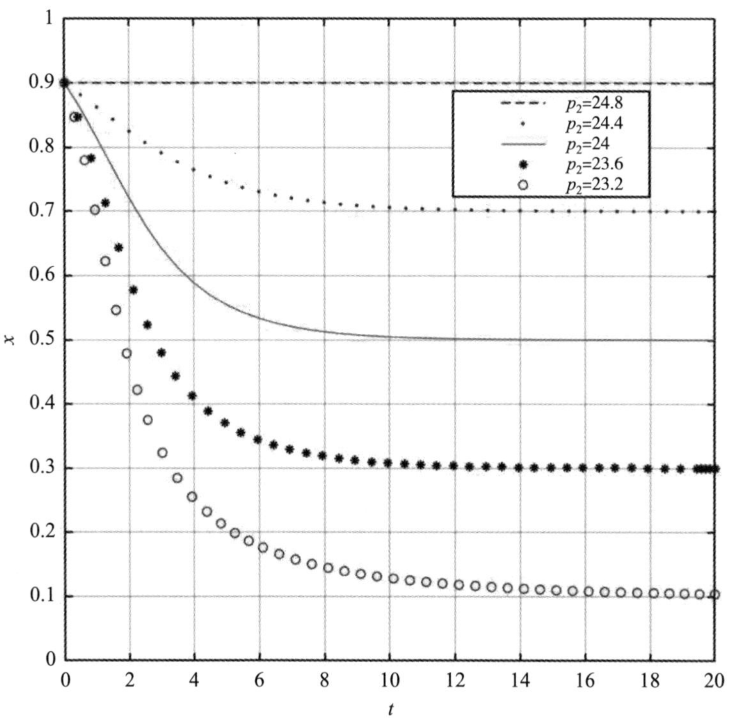

图 4－8　$a<0$，$b>0$ 时，出行方式的演化随 p_2 变化趋势

4.3.2.2　平台补贴对演化结果的影响

接下来，考虑平台补贴对演化结果的影响。假设平台对网约快车的每笔订单的平均补贴金额为 p_{bt}，那么，选择网约快车的乘客将会收到额外的优惠，在订单结束的支付环节当期抵扣。但是，平台的补贴力度是动态变化的，随着网约快车用户规模的扩大，补贴逐渐减少。任何一个时间点，乘客实际获得的补贴金额为 xp_{bt}。因此，π_{21} 和 π_{22} 变为：

$$\pi_{22} = u_0 + u_1 + ku_2 - (\theta\beta\xi + \theta\beta\delta\omega + p_2) - \sigma_2 r_s + xp_{bt} \tag{4-18}$$

$$\pi_{21} = u_0 + u_1 + ku_2 - \left(\frac{\theta\beta\xi}{2} + \frac{\theta\beta\delta\omega}{2} + p_2\right) - \sigma_2 r_s + xp_{bt} \tag{4-19}$$

令 $\pi_{11} - \pi_{21} = A$，$\pi_{12} - \pi_{22} = B$，π_{11} 和 π_{12} 见公式（4－12）、（4－13）。对比公式（4－16）、（4－17），可知，$A = a - xp_{bt}$，$B = b - xp_{bt}$，因此，复制动态方程变为：

$$f(x) = x(1-x)[(A-B)x + B] = x(1-x)[(a-b-p_{bt})x + b] \tag{4-20}$$

令 $f(x)=0$，可得：$x = \dfrac{b}{b-a+p_{bt}}$ 或 $x=0$ 或 $x=1$。

$g(x) = (1-2x)[x(a-b-p_{bt}) + b] + (x-x^2)(a-b-p_{bt})$。由于 $a<b$，则 $b-a+p_{bt}>0$。可以判断出演化稳定解的情况。

命题4：当 $a>0$，$b>0$ 时，若 $a>p_{bt}$，$x=1$ 是唯一演化稳定解，若 $0<a<p_{bt}$，则 $x=\dfrac{b}{b-a+p_{bt}}$ 是唯一演化稳定解。

证明：当 $x=0$ 时，$g(x)=b>0$，舍去。当 $x=1$ 时，$g(x) = -a+p_{bt}$，又分两种情况：若 $a>p_{bt}$，则 $g(x)<0$，$x=1$ 是演化稳定解，网约快车昙花一现；若 $0<a<p_{bt}$，则 $g(x)>0$，舍去。最后考虑 $x=\dfrac{b}{b-a+p_{bt}}$ 的情况，由于 $x\in(0, 1)$，若存在演化稳定多态，必须满足 $0<\dfrac{b}{b-a+p_{bt}}<1$，可得出 $\dfrac{b}{b-a}>0$，$\dfrac{a-p_{bt}}{b-a+p_{bt}}<0$，进一步得出 $a<p_{bt}$。因此，当 $0<a<p_{bt}$ 时，$x=\dfrac{b}{b-a+p_{bt}}$ 是演化稳定解，否则舍去。证毕。

也就是说，当网约出租车的收益要大于网约快车（$a>0$）

时，如果平台对后者的补贴 p_{bt} 能够弥补这一收益差距时，演化结果就不再是 $x=1$，反而能够实现混合多态 $x=\frac{b}{b-a+p_{bt}}$，使得网约快车抢占一部分市场。

命题 5：当 $a<0$，$b>0$ 时，$x=\frac{b}{b-a+p_{bt}}$是演化稳定解。证明略。

命题 6：当 $a<0$，$b<0$ 时，$x=0$ 是演化稳定解。证明略。

接下来着重讨论命题 4，通过仿真模拟，p_{bt}的变化对演化结果的影响如图 4－9 所示。在没有补贴时，$p_1=24$，$p_2=26$，$x=1$ 是演化稳定解。在这种情况下，网约快车是没有价格优势的，最终会

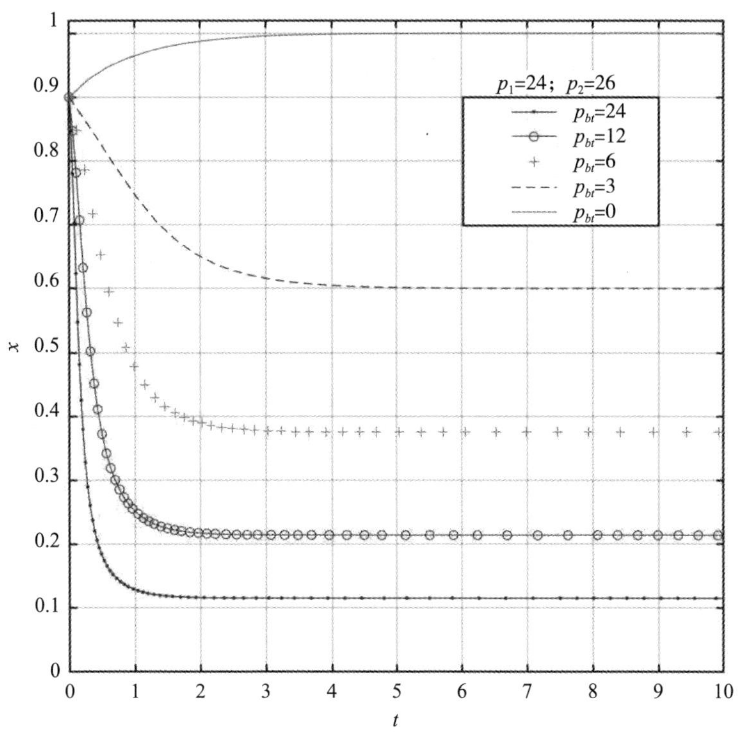

图 4－9　平台补贴对演化结果的影响

退出市场。但是，如果平台在演化初期对网约快车实行高额补贴 $p_{bt}=24$ 时，演化方向发生变化，最终占据88.46%的市场份额。当平台的初始补贴力度减小，虽然也能实现与网约出租车的共生共存，但演化时间延长，最终抢占的市场比例也会缩小。例如，当 $p_{bt}=3$ 时，需5个时间单位达到稳定，$x=0.6$，网约快车的市场份额为40%。所以，初始补贴力度越大，抢占的市场份额就越高。

如图4-8所示，当 $p_1=24$，$p_2=23.2$ 时，需要20个单位达到稳定状态，网约快车最终占比90%。如表4-6所示，当网约快车初始补贴为24元时，则乘客实际支付的价格只有2元，达到稳定状态 $x=0.1154$ 时，网约快车的实际价格为23.23元，此后，补贴金额保持在2.7692元。对比图4-8和图4-9可知，虽然网约快车的价格最终都保持在23.2元左右，且市场份额近90%，但演化时间却从20缩短为2。因此，可以得出结论，在初始阶段的高额补贴能够大大加快平台规模扩张速度。

表4-6　不同补贴力度下的网约快车市场份额与稳定价格

网约出租车价格	网约快车价格	演化稳定解	网约快车市场份额	初始补贴	网约快车稳定价格
24	26	0.1154	88.46%	24	23.2308
		0.2143	78.57%	12	23.4286
		0.3750	62.50%	6	23.7500
		0.6000	40.00%	3	24.2000

值得注意的是，平台不可能始终保持高额补贴，随着乘客规

模的扩大，必然要持续缩减补贴金额。如果平台在短期高额补贴后又恢复原价，则抢占的市场又会快速流失。因此，平台如果要保持稳定的市场规模，要做到三个方面：一要继续保持稳定状态下的补贴额度；二要通过降低运营成本，进而降低 p_2，缩小与网约出租车的价格差距；三要通过优质高效的服务培养用户习惯，增加用户黏性。

4.3.3　舒适性效用系数对演化结果的影响

舒适性效用与出行方式的服务水平密切相关，能够让乘客获得舒适放松的心情和良好的乘车体验。网约出租车的舒适性效用为 u_2，网约快车的舒适性效用是网约出租车的 k 倍，k 为舒适性效用系数，$k>0$。演化结果取决于 k 取值的变化，与 u_2 的取值大小无关。同样假设两种出行方式的安全风险概率相同，$\sigma_2=\sigma_1$，其他参数的取值如表 4－7 所示。

表 4－7　　k 变动时其他主要参数取值

u_2	β	ξ	δ	ω	p_1	p_2	θ
20	0.25	4	1	4	24	24	1

（1）当 $a>0$，$b>0$ 时。

当 $a>0$，$b>0$ 时，可得 $k<0.95$，演化结果收敛于 1。这说明，当网约快车的舒适性效用不及网约出租车的 0.95 倍时，网约快车昙花一现，最终全部的乘客仍然都选择网约出租车。在这种情况下，提高网约快车的舒适性效用虽然不能改变演化方向，但可以延长演化时间。如图 4－10，当 $k=0.5$ 时，网约快车的舒

适性效用仅为网约出租车的一半，演化时间为 1 个单位，当 $k=0.9$ 时，在 6 个时间单位才达到稳定状态。

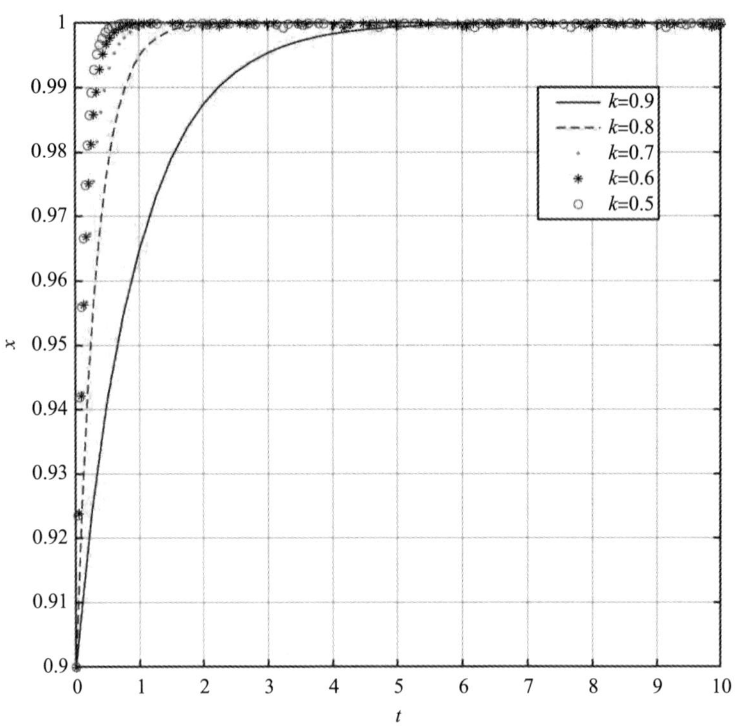

图 4－10　$a>0$，$b>0$ 时，出行方式的演化随 k 变化趋势

（2）当 $a<0$，$b<0$ 时。

当 $a<0$，$b<0$ 时，$k>1.05$，演化结果收敛于 0。在这种情况下，网约快车凭借其明显的舒适性效用优势，迅速抢占出租车市场，最终把网约出租车淘汰。在这种情况下，网约快车的舒适性效用越高，对网约出租车的替代速度越快。如图 4－11，当 $k=1.1$ 时，需要 5 个时间单位收敛于 0；但 $k=1.5$ 时，演化时间缩短为 1 个单位。

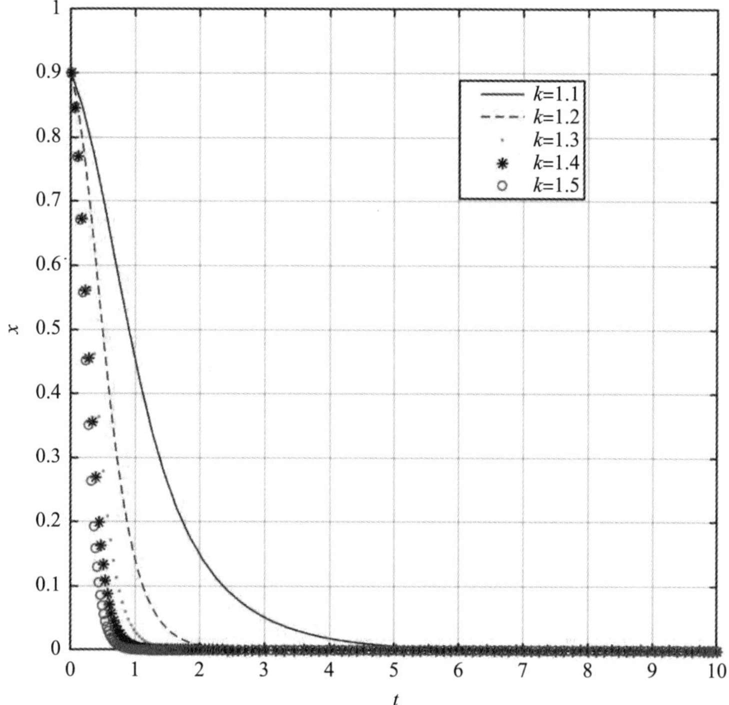

图 4－11　$a<0$，$b<0$ 时，出行方式的演化随 k 变化趋势

（3）当 $a<0$，$b>0$ 时。

当 $a<0$，$b>0$ 时，$0.95<k<1.05$，这种情况下，达到稳定多态。也就说，当网约快车和网约出租车的舒适性效用控制在一定的范围之内，两者可以实现共生共存。根据图 4－12 对比发现：当 $k=1$ 时，对乘客而言，两种出行方式是无差异的，比例各占 50%；当 $k<1$ 时，网约快车的舒适性要稍逊于网约出租车，网约快车的市场份额会从原来的 10% 不断增大，在一定程度区域稳定，但不会超过 50%；当 $k=0.96$ 时，选择网约快车的乘客比例恰好为 10%，并且保持稳定；当 $k>1$ 时，网约快车的舒适性要稍微优于网约出租车，当达到演化稳定时，网约快车的市场份额会超过 50%；当 $k=1.04$ 时，选择网约快车的乘客

比例从 10% 增长到 90%，网约出租车的市场份额被压缩至 10%。从演化结果可以看出，舒适性效用很小的变动会引起两种出行方式市场份额较大变动，k 每增长 1%，达到演化稳定时，网约出租车的比例 x 就会下降 10%。

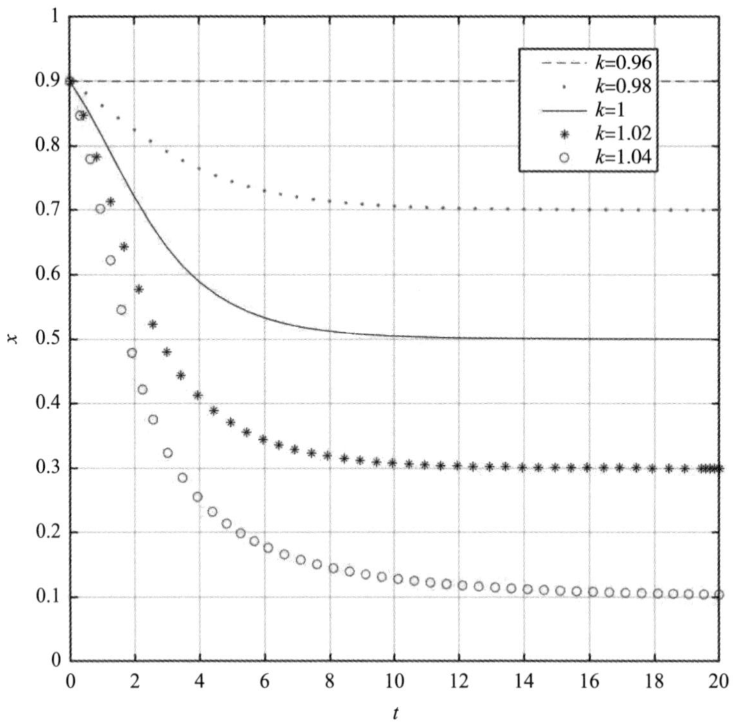

图 4－12　$a<0$，$b>0$ 时，出行方式的演化随 k 变化趋势

4.3.4　安全风险概率对演化结果的影响

不安全事件一旦发生，必然会给乘客带来巨大的损失，无论选择哪种出行方式，带来的损失是相同的，记为 r_s。在乘客出行过程中，这一事件的发生是存在一定概率的，并且乘客对这一概率会有一个主观判断，用 σ_1 和 σ_2 分别指网约出租车和网约快车的安全风险概率。前面的讨论都是假定网约出租车和网约快车是一样安全的，接下来探讨安全风险概率相对大小变化对乘客出行选择的影响。r_s 的实际值虽然无法确定，但并不影响本书演化总体趋势的判断，设安全损失为固定值，$r_s = 10\ 000$。2017 年，中国网约车万人案发率为 0.048，巡游出租车万人案发率为 0.627，后者是前者的 13 倍。在演化仿真时以此为依据，假设每个乘客单次出行时选择不同出行方式的安全风险概率分别为 $\sigma_2 = 0.000005$ 和 $\sigma_1 = 0.00006$。其他参数取值如表 4－8 所示。

表 4－8　　σ_2 和 σ_1 变动时其他主要参数取值

k	u_2	β	ξ	δ	ω	p_1	p_2	θ
1	20	0.25	4	1	4	24	24	1

（1）当 $a<0$，$b>0$ 时。

先考虑存在稳定多态的情况。将表 4－8 的数字代入公式（4－16）、（4－17），可得 $-1<(\sigma_2-\sigma_1)r_s<1$，移项得 $-\frac{1}{r_s}<\sigma_2-\sigma_1<\frac{1}{r_s}$。若要实现共生共存，$r_s$ 越大，$\sigma_2-\sigma_1$ 的范围就越小，也就是说，只有当两种出行方式的安全风险之差控制在一定范围内，才可以实现长期的共生共存。

如图 4－13 所示，当网约出租车与网约快车共生共存时，演化结果随 σ_2 变动的变化趋势。尽管演化初期网约出租车占据了市场 90% 的份额，但由于网约快车在安全风险发生概率方面要低于网约出租车，因此，网约出租车的市场份额逐步缩小。例如，当 $\sigma_2=0.000005$，$\sigma_1=0.00006$ 时，x 最终收敛于 0.225，也就是说，当市场趋于稳定时，只有 22.5% 的乘客选择网约出租车，其余 77.5% 的乘客选择网约快车。当 σ_1 不变，随着 σ_2 越小，网约快车的安全优势越明显，未来占据的市场份额就越大，并且 σ_2 越小，演化速度越快。当 $\sigma_2=\sigma_1$ 时，选择网约出租车和网约快车的乘客比例各占 50%。而当网约快车的安全风险高于网约出租车时，二者虽然能够共生共存，但网约快车的市场份额要少。例如，当 $\sigma_2=0.00008$ 时，稳定状态下网约快车的比例为 40%。

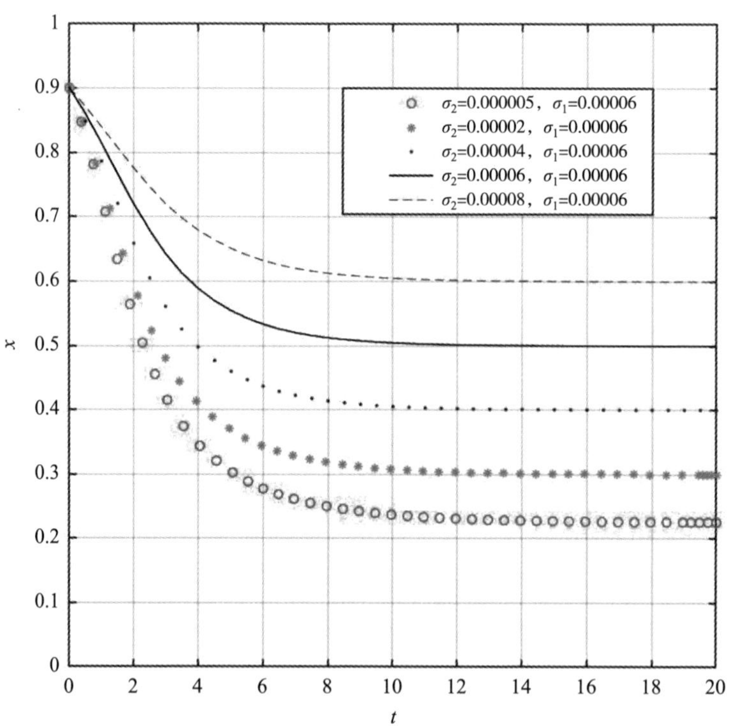

图 4-13　$a<0$，$b>0$ 时，出行方式的演化随 σ_2 变化趋势

（2）当 $a>0$，$b>0$ 时。

将表 4－8 的数字代入公式（4－16）、（4－17），可得 $\sigma_2-\sigma_1>\frac{1}{r_s}$，此时演化收敛于 $x=1$。如图 4－14 所示，设 $r_s=10\ 000$，$\sigma_1=0.00006$，分析 σ_2 变动对演化结果的影响。图中 σ_2 的取值已经超过 σ_1 的 3 倍，在这种情况下，网约快车安全风险更大，虽然在演化初期有 10% 的乘客选择这一出行方式，但随着时间的推移，比例逐渐减少，最终被市场淘汰。σ_2 越大，网约快车的安全劣势越明显，退出市场的速度越快。当 $\sigma_2=0.00022$ 时，演化时间从 30 个时间单位缩短为 10 个单位。

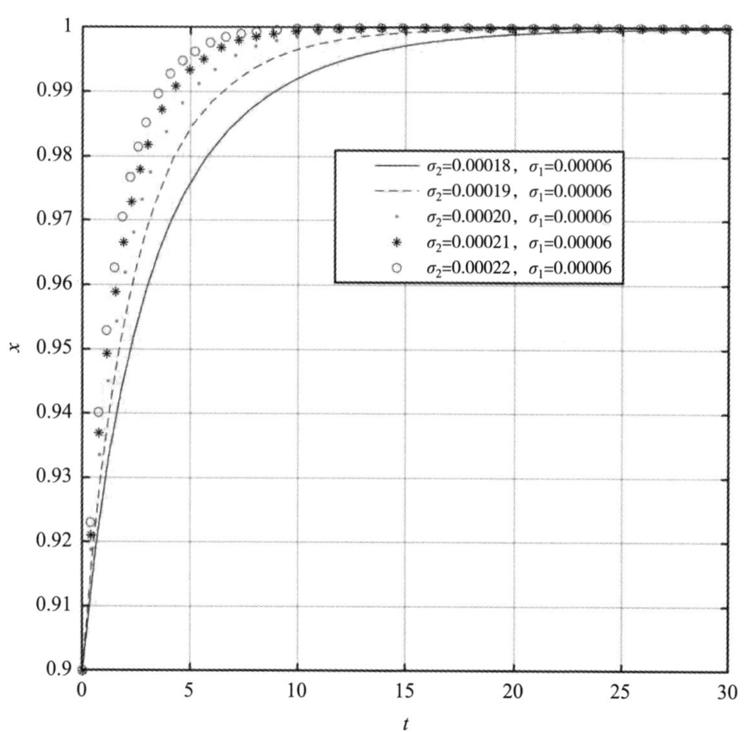

图 4－14　$a>0$，$b>0$ 时，出行方式的演化随 σ_2 变化趋势

（3）当 $a<0$，$b<0$ 时。

将表 4-8 的数字代入公式（4-16）、（4-17），可得 $\sigma_2-\sigma_1<-\frac{1}{r_s}$，此时演化收敛于 $x=0$。如图 4-15 所示，设 $r_s=10\ 000$，$\sigma_2=0.000005$，分析 σ_1 变动对演化结果的影响。这里假设网约快车的安全风险概率保持很低的水平，而网约出租车的安全风险概率进一步变大。尽管演化初期只有 10% 的乘客选择网约快车，然而，当网约快车的安全风险概率明显低于网约出租车时，网约快车会迅速抢占市场，最终导致网约出租车被取代。σ_1 越大，网约出租车的安全劣势越明显，被替代的速度越快。当 σ_1 从 0.00011 扩大到 0.00015 时，网约出租车被彻底替代的时间从 40 个单位缩短至 10 个单位。

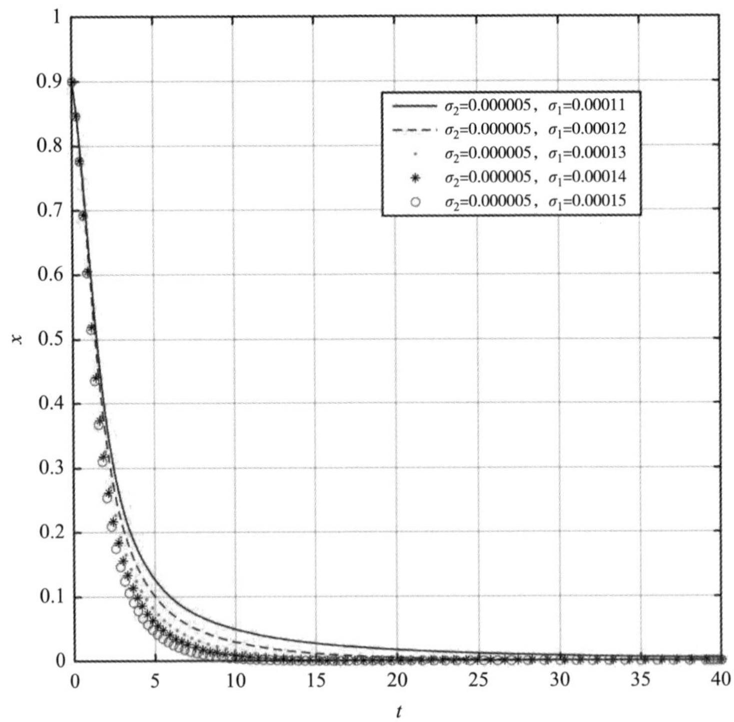

图 4-15　$a<0$，$b<0$ 时，出行方式的演化随 σ_1 变化趋势

4.4 本章小结

本章主要探讨了乘客选择视角下，出租车与网约车的演化趋势。主要内容及观点总结如下：

（1）在网约车市场发展初期，平台依托出租车司机完成供给侧规模的用户积累，有打车需求的乘客既可以选择路边招手的方式，也可以通过手机 App 进行网络预约。在供需匹配方式选择时，乘客以“又快又准”为原则，主要考虑位移效用和供需匹配时间两个变量。网络预约方式以其精准的定位和匹配算法优势，提高了位移效用并缩短了供需匹配时间。通过构建演化博弈收益矩阵和复制动态方程，得出网络预约替代路边招手是技术革新与市场选择的必然趋势。

（2）随着网络预约乘客规模的扩大，网约车平台推出新的网约快车模式，与网约出租车展开直接竞争。这一阶段，乘客出行既要考虑舒适性效用，还要考虑时间成本、出行费用以及安全风险，即“省时省钱、安全舒适”。通过对复制动态方程进行仿真模拟，得出 3 种演化结果：网约快车昙花一现、网约出租车快速消亡、二者长期共生共存。演化结果受到以下 4 个核心决策变量的影响：

①在同时采用网约供需匹配方式时，网约出租车和网约快车的供需匹配和等待时间直接受到车辆供给数量的影响。仿真结果表明，在其他条件不变时，当网约出租车供给数量不足网约快车的一半时，网约出租车最终因为供需匹配时间和等待时间过长而被完全取代；反之，网约出租车的供给数量是网约快车的 2 倍，

整个群体仍保持原有的网约出租车的习惯。

②网约出租车与网约快车的价格差控制在一定的范围内，二者可实现共生共存。在共生共存的情况下，两种出行方式的市场份额会随着价格的差异而变化。当二者价格相同时，平分市场份额。随着网约快车价格的下降，其价格优势进一步体现，当达到稳定状态时，将抢占更大的市场份额。

③用舒适性效用系数衡量两种出行方式的舒适性效用之比。仿真结果显示，在其他条件不变的情况下，只有在二者的舒适性效用很接近时，才能实现共生共存，且舒适性效用较高的会占据较大的市场份额。

④用万人案发率衡量网约出租车和网约快车的安全风险。在其他条件不变的情况下，两种出行方式的安全风险之差保持在一定区间范围内，可实现共生共存，并且安全损失越大，该区间范围越小。出行方式的安全风险相对较低，达到演化稳定时的比例就越大。

此外，本章还讨论了平台对网约快车的补贴政策对演化的影响。仿真结果表明：平台在初始阶段的补贴力度越大，则抢占的市场份额越大；在相同的市场份额目标下，平台采取补贴政策能够大大缩短演化时间。但平台不可能长期维持高额补贴，随着规模扩大，补贴逐渐收缩。因此，要维持市场份额的稳定，必须保持价格水平的稳定，降低运营成本，增加用户黏性，将短期补贴与长效营销策略相结合。

第5章　基于乘客选择的网约拼车行为演化博弈

随着网约车新政的合规约束不断收紧，网约车平台既要响应合规新政倡议，又要采取措施提高运营效率，以弥补供给的减少。与此同时，随着平台市场规模的扩大，乘客也需要更优惠的网约车服务。在此背景下，平台在网约快车的基础上推出了网约拼车服务。本章以滴滴青菜拼车业务为例，分析乘客的核心决策变量以及行为演化趋势。

5.1　网约拼车的特点、类型及定价规则

5.1.1　网约拼车的特点

出租车和网约车具有相对排他属性，乘客有权选择是否允许与其他乘客拼车，一旦拼车成功，则属于分割空间条件下的同时共用性租赁行为（荣朝和，2018）。

在传统出租车模式下，司机主要采取巡游的方式搜寻乘客，在已经载有一名乘客的非空车情况下，见到路边招手或有可能有

打车意向的人时，还会主动停车询问其目的地，以及是否愿意拼车。对于先上车的乘客，很多情况下是不愿意拼车的，但常常不会选择拒绝，这在很大程度上影响了乘车体验。这种由司机主导的拼车行为，还有可能导致绕路拉客、不打表计价等情况，增加了乘客的出行费用和时间成本。虽然法规明令禁止，但此类现象屡禁不止。

在网络预约方式下，拼车行为发生了变化。①乘客在出行前，用手机通过乘客端软件进行定位并发布出行信息，在发送订单前，可以选择是否接受拼车。②对于司机而言，每一笔订单都是由平台根据大数据算法自动匹配的，有可能是拼车订单，也有可能是非拼车订单。一般情况下，司机没有拒绝的权限，只能接受并执行该订单。③计价规则是透明的，在订单开始前平台会提供一个预估费用，订单结束后平台展示计费明细。④起讫点和路线是由平台设定好的，司机只能根据平台安排的路线行使和接送拼车乘客。因此，网约拼车模式已经由司机主导转变为平台统一协调，是否拼车由乘客自主决定，解决了传统出租车存在的违规经营行为。为了方便起见，本章后续提到的拼车都是指网约拼车。

节省费用是乘客出行选择的重要感知导向，因为出行路线相似的乘客可以获得拼车优惠，从而比单独乘车花费更少。那么，就乘客而言，价格是不是影响其拼车决策的唯一因素？乘客拼车决策还要考虑哪些核心变量？这些变量对乘客拼车行为的发展趋势有何影响？本章以滴滴出行旗下的青菜拼车为例，分析其拼车模式和定价规则，探讨乘客对网约拼车选择行为的演化规律。

5.1.2　网约拼车的类型及定价规则

5.1.2.1　立即出发与拼成出发

滴滴拼车分为立即出发和拼成出发两种模式，二者的服务供给方都是网约快车司机。

立即出发模式针对的是实时出行。在【快车】选项卡下，选择“接受拼车”。则平台为该乘客优先匹配车辆，上车出发后可以沿途寻找顺路的拼友，若拼车成功，则可以获得一定比例的车费减免，未拼成则按照快车实时用车计价。

拼成出发模式既可以是实时出行，也可以是非实时的预约出行。在【拼车】选项卡下，首先输入起讫点，然后选择出发时间（既可以是现在出发，也可以选择指定的时间段再出发）和拼车人数（默认 1 人，上限 4 人）。单击【呼叫青菜拼车】，系统开始匹配顺路好友，拼成之后系统为乘客派车，未拼成无法派车。在这种情况下，系统会提示一个预计时间：预计多长时间找到拼友（6 分钟），如果在系统阈值时间内未找到，则匹配不成功，乘客可以选择继续等待或者重新打车。此外，该模式还提供了一个策略转换选项，如果在 3 分钟内没有找到拼友，乘客可以选择转为立即出发，先派车路上拼。本书关注的是实时出行，即满足乘客当下的用车需求，暂不考虑非实时的预约出行。

5.1.2.2　定价规则

若拼车未拼成，按滴滴快车模式实时计价，包括起步价、里程费和时长费等，表 5 – 1 选取了青岛市工作日期间的 3 个主要出行时段的滴滴快车（普通型）计费标准。

表 5－1　　　　　　　　　　滴滴快车计费标准

出行时段	起步价	里程费	时长费	远途费
7：00～9：30	9.80 元	2.30 元/千米	0.60 元/分钟	15～41 千米，加收 0.93 元/千米
9：30～17：00	9.00 元	2.00 元/千米	0.38 元/分钟	超过 41 千米，加收 1.20 元/千米
17：00～21：00	9.80 元	2.20 元/千米	0.55 元/分钟	

值得注意的是，起步价包含里程 3 千米，包含时长 9 分钟，包含里程或包含时长（相当于时速 20 千米的低速时长）任意超出时，将在起步价基础上累加计费。里程费与时长费合计不足起步价时，按起步价收费。

如果拼车成功，则采取平台一口价，即“堵车不加价”，也就节省了因交通拥堵而增加的时长费。一口价与滴滴快车的实时价格保持一定的比例，但也会根据实际情况波动。一般来说，拼成出发一口价的价格更低，而立即出发一口价的价格相对高一些。如图 5－1 所示，该订单总里程 6.4 千米，耗时 15 分钟，分

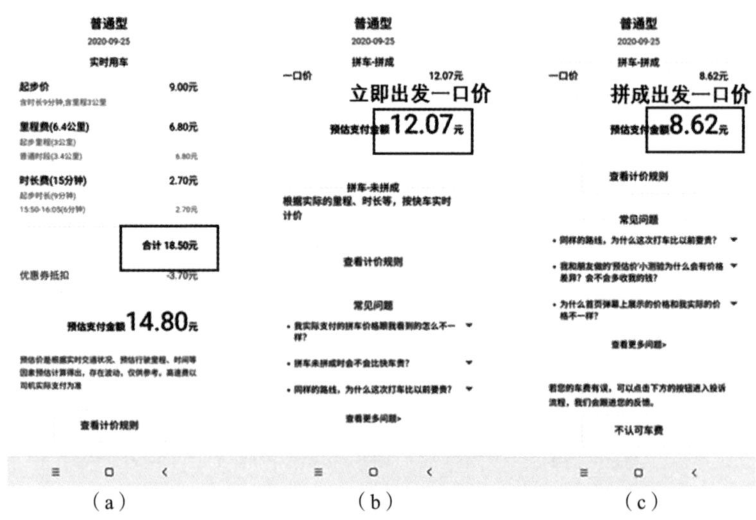

图 5－1　滴滴快车与拼车预估费用对比

图 a 显示不拼车的费用为 18.50 元（不计优惠），分图 b 为立即出发的一口价 12.07 元，分图 c 为拼成出发的一口价 8.62 元。

5.2　网约拼车的演化博弈模型构建

5.2.1　变量含义及收益矩阵

乘客有两种策略选择，$S=\{1.$ 立即出发，2. 拼成出发$\}$。假设乘客选择两种策略的总效用是相同的，记为 U，主要比较两种策略在出行成本上的差异。

5.2.1.1　立即出发的出行收益

若乘客选择立即出发，则该乘客首先要耗费一个匹配时间 ξ_1，然后等待司机接驾，等待时间为 $\delta\omega$，上车之后，立即出发。如果没有拼友，只能按照网约快车价格独自承担全部出行费用，计价规则为：

$$P=\max\left\{p_{\min},\ p_{\min}+p_l(l_0-l_{\min}),\ p_{\min}+p_l(l_0-l_{\min})+p_t\left(\frac{\delta l_0}{v_0}-t_{\min}\right)\right\} \tag{5-1}$$

其中，$p_{\min}$表示起步价，$l_{\min}$表示起步里程，$t_{\min}$表示起步时长①。因此，这种情况下，乘客的出行收益为 $U-\xi_1\beta-\delta\omega\beta-P$，$\beta$ 表示乘客的单位时间成本。

① 起步价包含里程或包含时长（低速时长）任意一项超出时，将在起步价基础上累加计费。

在乘客上车后，如果平台发现附近有顺路的拼车乘客，则会耗费额外的时间成本 $\delta t_e\beta$ 去接另一位乘客。此时，按照立即出发拼车成功时的一口价平台规则计费，$P_1 = \phi_1 P_0$，其中，P_0 表示的是在不拥堵（$\delta = 1$）的情况下网约快车的价格，即网约快车一口价：

$$P_0 = \max\left\{p_{\min},\ p_{\min} + p_l(l_0 - l_{\min}),\ p_{\min} + p_l(l_0 - l_{\min}) + p_t\left(\frac{l_0}{v_0} - t_{\min}\right)\right\} \tag{5-2}$$

其中，ϕ_1 表示立即出发拼车成功一口价 P_1 占 P_0 的比例，$P_1 = \phi_1 P_0$，$\phi_1 \in (0,\ 1)$。因此，在这种情况下，乘客的出行收益为 $U - \xi_1\beta - \delta\omega\beta - \delta t_e\beta - P_1$。

5.2.1.2 拼成出发的出行收益

如果乘客选择拼成出发策略，则该乘客首先要有一个匹配时间 ξ_2；如果和另外一个拼友匹配成功，则司机按照平台规定的顺序接驾；如果司机先来接该乘客，则乘客在上车之前有一个等待时间 $\delta\omega$，在该乘客上车后，要前往另一乘客的出发位置，所以此次行程多花费一个额外的时间成本 $\delta t_e\beta$，t_e 是额外耗费的时间；如果司机先去接另外一个乘客，则该乘客在上车之前一直处于等待状态，其等待的时间成本等于 $\delta\omega\beta + \delta t_e\beta$。

当拼成出发的订单匹配成功后，会按照一口价 P_2 计费，$P_2 = \phi_2 P_0$，$\phi_2 < \phi_1$，拥堵时间不计费。也就是说，在同样的情况下，拼成出发要比立即出发的一口价的价格更低。因此，这种情况下，乘客的出行收益为 $U - \xi_2\beta - \delta\omega\beta - \delta t_e\beta - P_2$。如果匹配时间超过平台规定的阈值，乘客可以在平台的引导下转变策略，改为立即出发。如果拼车成功，则按照立即出发拼车成功的一口价 P_1，如果拼车不成功，则平台会按照 P_0 进行收费，而不考虑堵

车的时长费。决策变量及含义如表 5－2 所示。

表 5－2　　　　网约拼车的演化博弈变量汇总

变量	变量含义	变量	变量含义
ξ_1	立即出发策略下的供需匹配时间	P_{min}	起步价
ξ_2	拼成出发策略下的供需匹配时间	P_l	单位里程费
ω	等待时间	P_t	单位时长费
t_e	拼成后额外花费的时间	ϕ_1	$\frac{P_1}{P_0}$
β	单位时间成本	ϕ_2	$\frac{P_2}{P_0}$
P	滴滴快车实时价格	l_0	出行距离
P_0	滴滴快车一口价（不计拥堵）	v_0	平均速度
P_1	立即出发策略下拼成一口价	α	拼车成功率
P_2	拼成出发策略下拼成一口价	δ	交通运行指数

5.2.1.3　网约拼车演化博弈的收益矩阵

如表 5－3 所示，收益矩阵考虑的是群体中任意两个个体之间策略选择的相互影响，所以，当乘客 1 和乘客 2 都选择策略 1——拼车立即出发，则两个乘客分别需要匹配一辆车。由于二者是直接的竞争关系，各自乘车出发，无法实现拼车，所花费的供需匹配时间变为 $2\xi_1$，并按照网约快车标准计价出发，出行收益 $\pi_{11} = U - 2\xi_1\beta - \delta\omega\beta - P$。

当乘客 1 选择拼车立即出发，而乘客 2 选择拼成出发时，如果拼车成功（概率为 α），则乘客 1 必须花费额外的时间成本 $\delta t_e\beta$ 去接驾乘客 2，并按照立即出发拼车成功的一口价标准 P_1 计费，其收益为 $\pi_{12}^S = U - \xi_1\beta - \delta\omega\beta - \delta t_e\beta - P_1$，后上车的乘客 2 则按照拼成出发拼车成功的一口价标准 P_2 计费，其收益为 $\pi_{21}^S = U - \xi_2\beta - \delta\omega\beta - \delta t_e\beta - P_2$。

表 5-3　　乘客网约拼车选择演化博弈收益矩阵

乘客 1	乘客 2	
	1 立即出发（x）	2 拼成出发（$1-x$）
1 立即出发（x）	π_{11}，π_{11}	$\pi_{12} = \alpha\pi_{12}^S + (1-\alpha)\pi_{12}^F$，$\pi_{21} = \alpha\pi_{21}^S + (1-\alpha)\pi_{21}^F$
2 拼成出发（$1-x$）	$\pi_{21} = \alpha\pi_{21}^S + (1-\alpha)\pi_{21}^F$，$\pi_{12} = \alpha\pi_{12}^S + (1-\alpha)\pi_{12}^F$	$\pi_{22} = \alpha\pi_{22}^S + (1-\alpha)\pi_{22}^F$，$\pi_{22} = \alpha\pi_{22}^S + (1-\alpha)\pi_{22}^F$

如果拼车不成功（概率为 $1-\alpha$），则乘客 1 独占一辆车出发，按照网约快车计价标准 P 计费，其收益为 $\pi_{12}^F = U - \xi_1\beta - \delta\omega\beta - P$。此时，乘客 2 已经花费了一个供需匹配时间 ξ_2，不得不转变策略，再花费 ξ_1 的时间让平台重新匹配另外一辆车独自出发（为方便起见，不再考虑乘客 2 沿途另外找到其他拼友的情况），平台按照网约快车的一口价 P_0 进行收费，而不考虑堵车的时长费，乘客 2 的收益为 $\pi_{21}^F = U - \xi_1\beta - \xi_2\beta - \delta\omega\beta - P_0$。因此，综合考虑到拼车成功率 α，有 $\pi_{12} = \alpha\pi_{12}^S + (1-\alpha)\pi_{12}^F$，$\pi_{21} = \alpha\pi_{21}^S + (1-\alpha)\pi_{21}^F$。

当两个乘客都选择策略 2 拼成出发时，如果拼车成功，则二者共享一辆车，收益为 $\pi_{22}^S = U - \xi_2\beta - \delta\omega\beta - \delta t_e\beta - P_2$。如果拼车不成功，则不得不转变策略，各自让平台重新匹配一辆车，$\pi_{22}^F = U - \xi_1\beta - \xi_2\beta - \delta\omega\beta - P_0$。因此，综合考虑到拼车成功率 α，有 $\pi_{22} = \alpha\pi_{22}^S + (1-\alpha)\pi_{22}^F$。

5.2.2　复制动态方程及演化稳定解

如表5－3所示，有 x 比例的乘客选择立即出发策略，其适应度为 W_1，其余乘客可选择拼成出发策略，其适应度为 W_2。

$$W_1 = x\pi_{11} + (1-x)\pi_{12} \tag{5-3}$$

$$W_2 = x\pi_{21} + (1-x)\pi_{22} \tag{5-4}$$

$$\overline{W} = xW_1 + (1-x)W_2 = x^2\pi_{11} + x(1-x)\pi_{12} + x(1-x)\pi_{21} + (1-x)^2\pi_{22} \tag{5-5}$$

$$f(x) = x(W_1 - \overline{W}) = x(1-x)[x(\pi_{11} - \pi_{21}) + (1-x)(\pi_{12} - \pi_{22})] \tag{5-6}$$

令 $\pi_{11} - \pi_{21} = a$，$\pi_{12} - \pi_{22} = b$。则 $f(x) = x(1-x)[ax + b(1-x)]$。

$$a = [\xi_2 - (1+\alpha)\xi_1 + \alpha\delta t_e]\beta - P + (1-\alpha)P_0 + \alpha P_2 \tag{5-7}$$

a 表示的是，当乘客2选择策略1立即出发时，乘客1分别选择策略1立即出发和策略2拼成出发所获得的出行收益之差。

$$b = (1-\alpha)(P_0 - P) + \alpha(P_2 - P_1) + (\xi_2 - \alpha\xi_1)\beta \tag{5-8}$$

b 表示的是，当乘客2选择策略2拼成出发时，乘客1分别选择策略1立即出发和策略2拼成出发所获得的出行收益之差。可以看出，b 值的大小与乘客1额外花费的时间成本无关。从公式（5－7）、（5－8）还可以发现，等待时间 ω 被化简掉了，因此，在演化仿真时不考虑这一变量。

当 $f(x)=0$ 时，可以求出，$x=1$，$x=0$ 或 $x=\frac{b}{b-a}$。

当 $a<b$ 时，可以得到：$\alpha\beta\delta t_e-\alpha(P-P_1)<\beta\xi_1$。左侧表示的是如果拼车匹配成功，乘客额外耗费的时间成本 $\alpha\beta\delta t_e$ 减去拼车成功所节省的车费 $\alpha(P-P_1)$，要低于该乘客立即上车时供需匹配所耗费的时间成本 $\beta\xi_1$。结合实际情况看，当拼车成功时，选择立即上车策略的乘客需要多花时间接驾拼友，节省的费用可以起到一定的弥补作用。大多数情况下，节省的费用可以完全弥补额外的时间成本，$\alpha\beta\delta t_e-\alpha(P-P_1)\leqslant 0$，有些情况下，额外的时间成本会稍微超过节省的费用，但超出部分存在一个阈值上限，即该策略的供需匹配时间成本，$0<\alpha\beta\delta t_e-\alpha(P-P_1)<\beta\xi_1$。分 3 种情况讨论：

（1）当 $a<b<0$ 时，$g(1)=-a>0$，$g(0)=b<0$，$x=\frac{b}{b-a}\notin(0,1)$，舍去。因此，$x=0$ 是唯一演化稳定解。

（2）当 $a<0<b$ 时，$g(1)=-a>0$，$g(0)=b>0$，而 $x=\frac{b}{b-a}\in(0,1)$，且 $g\left[\frac{b}{b-a}\right]=\frac{ab}{b-a}<0$，因此，$x=\frac{b}{b-a}$ 是唯一演化稳定解。

（3）当 $0<a<b$ 时，$g(1)=-a<0$，$g(0)=b>0$，$g\left[\frac{b}{b-a}\right]=\frac{ab}{b-a}>0$，因此，$x=1$ 是唯一的演化稳定解。

若 $a>b$，则有 $\alpha[\beta\delta t_e-(P-P_1)]>\beta\xi_1$。由于 $\beta\xi_1>0$，则必有 $\beta\delta t_e-(P-P_1)>0$，也就是说，拼车成功时节省的车费不仅无法弥补其额外的时间成本，而且超出部分甚至比供需匹配的时间成本还高，这对乘客而言显然是不划算的。而现实中，乘客选择拼车出行的主要目的是，通过额外牺牲一定的时间成本，从而获得出行费用上的较大节省。因此，本书不考虑这种情况。

5.3　网约拼车的演化博弈仿真分析

5.3.1　变量赋值

在仿真之前，先对主要变量进行赋值，如表 5－4 所示。

表 5－4　　网约拼车的演化博弈变量赋值汇总表

变量	赋值	变量	赋值	变量	赋值
ξ_1	1 分钟	l_{min}	起步里程 3 千米	α	0.5
ξ_2	5 分钟	t_{min}	起步（低速）时长 9 分钟	ϕ_1	0.67①
δ	1 分钟	P_{min}	9 元	ϕ_2	0.44
t_e	1.2 分钟	P_l	2 元/千米	l_0	10 千米
β	0.25 元/分钟	P_t	0.38 元/分钟	v_0	50 千米/小时

假设立即出发策略的供需匹配时间为 1 分钟，而拼成出发策略的供需匹配时间为 5 分钟。如果拼车成功，额外增加 1 千米的距离，按 50 千米时速计算，则额外花费的时间为 1.2 分钟。乘客的单位时间价值为 0.25 元/分钟，平均拼车成功率为 50%。立即出发拼成一口价 $P_1=\phi_1P_0=0.67P_0$，拼成出发的拼成一口价 $P_2=\phi_2P_0=0.44P_0$。假设乘客的平均出行距离为 10 千米，而

① 从图 5－1 可知，立即出发拼成一口价大概是快车价格的三分之二，拼成出发的拼成一口价又是立即出发拼成一口价的三分之二，故假设 $\phi_1=0.67$，$\phi_2=0.44$。

拼车成功需额外行驶 1 千米接另一位乘客。不拥堵的情况下的时速为 50 千米。基础里程 3 千米，起步时长 9 分钟，起步价 9 元。超出部分每千米费用 P_l 为 2 元，每分钟 P_t 计费 0. 38 元。

根据公式（5 – 2），按照表 5 – 4 中的赋值，可以计算出不考虑交通拥堵的情况下，出行距离 10 千米的价格 $P_0 = 9 + 2 \times (10 - 3) + 0.38 \times (1.2 \times 10 - 9) = 24.14$ 元。

5. 3. 2 价格优惠比例对演化结果的影响

网约拼车的定价规则有两个主要特点：一是拼车要比不拼车价格更低，拼成出发要比立即出发价格更低；二是拼车成功后，将不受交通拥堵影响，不计时长费。

5. 3. 2. 1 在交通不拥堵的情况下

当交通状况处于最佳状态（$\phi = 1$）时，考虑“拼成出发”策略的价格变动对演化结果的影响，由于 $P_2 = \phi_2 P_0$，因此，主要讨论优惠比例变量 ϕ_2 对演化结果的影响。假设在演化起始点 90% 的乘客都选择立即出发策略，$x = 0.9$。如图 5 – 2 所示，当 ϕ_2 不超过 0. 5 时，也就是说拼成出发的一口价不到网约快车价格的一半，演化收敛于 0，说明所有的乘客都会选择拼成出发策略。并且 ϕ_2 越小，优惠力度越大，则拼成出发的价格优势越明显，演化时间越短。当 ϕ_2 从 0. 5 缩小到 0. 3 时，演化时间从 6 个时间单位缩短为 2 个。

当 ϕ_2 大于 0. 5 时，拼成出发的价格优势并不明显，但仍有一部分乘客会优先选择该策略。例如，当 $\phi_2 = 0.6$ 时，达到稳定状态时，$x = 0.078$，也就是说，会有 92. 2% 的乘客优先选择拼成出发策略。

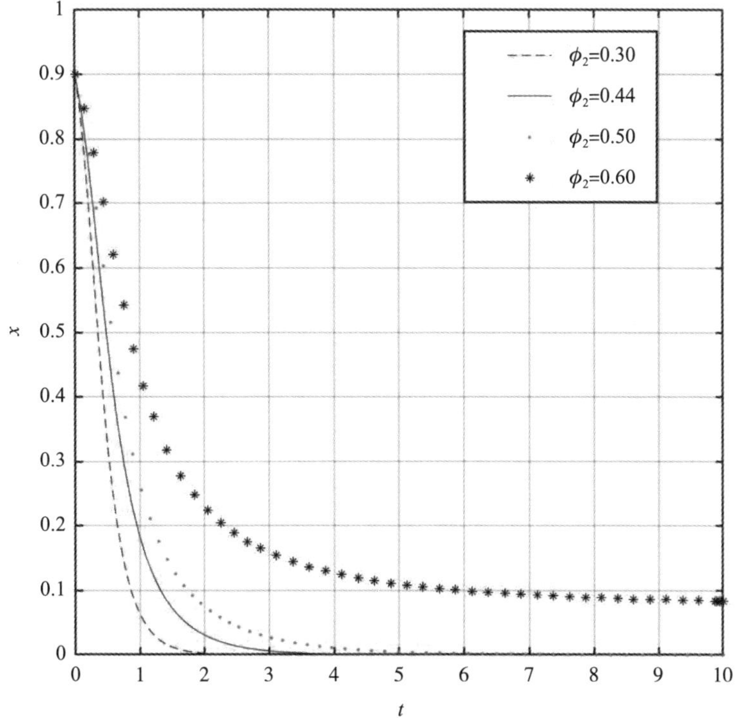

图 5－2　当 $\delta=1$ 时网约拼车行为演化随 ϕ_2 变化趋势

5.3.2.2　考虑交通拥堵情况的变化

进一步考虑在不同交通拥堵情况下，拼成出发一口价的变动对演化结果的影响。如图 5－3 所示，当 $\phi_2=0.44$ 时，如果交通状况最佳 $\delta=1$ 时，在 4 个时间单位达到稳定，但随着 δ 变大，曲线向左移动，演化时间越短。$\delta=2$ 时，交通拥堵情况最严重，此时，演化时间缩短为 2 个单位。

当 $\phi_2=0.6$ 时，同样存在上述规律特别是当 $\delta=2$ 时，交通状况最差，价格水平要更高一些，但演化速度反而比低价格、路况好（$\phi_2=0.44$，$\delta=1$）情况下的演化速度更快。这说明，在交通特别拥堵的时候，乘客对价格的敏感程度降低，而更愿意通过拼车来提高打车成功率。

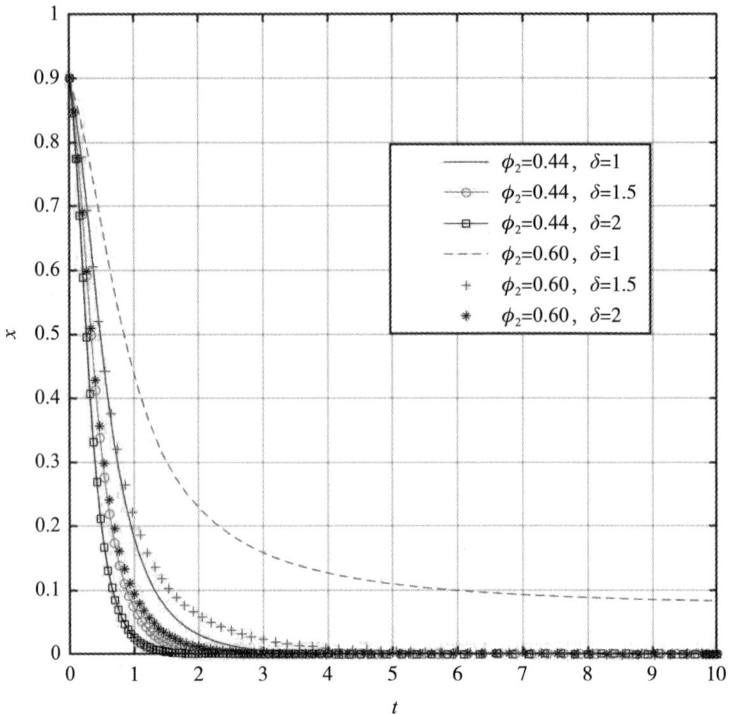

图 5－3　不同 δ 取值下网约拼车行为演化随 ϕ_2 变化趋势

综上，可以得出：①拼成出发的一口价越低，演化速度越快；②交通越拥堵，乘客越愿意选择拼成出发策略。

5.3.3　出行距离对演化结果的影响

5.3.3.1　在交通不拥堵的情况下

图 5－4 表示的是，当道路处于最佳状态（$\delta=1$）时，出行距离 l_0 的不同取值情况下，乘客选择立即出发的比例 x 的演化趋势。假设在演化起始点 90% 的乘客都选择立即出发策略，$x=0.9$。当 $l_0=3$ 时，可以求出 $a=-1.745$，$b=0.125$，此时存在唯一的演

化稳定解 $x=\dfrac{b}{b-a}=0.0781$。也就是说，选择立即出发策略的乘客比例在不断下降，最终趋于稳定时，有92.19%的乘客会选择拼成出发策略。当 l_0 超过起步里程3千米时，$x=0$ 是唯一的演化稳定解，也就是说所有的乘客全都选择了拼成出发策略。

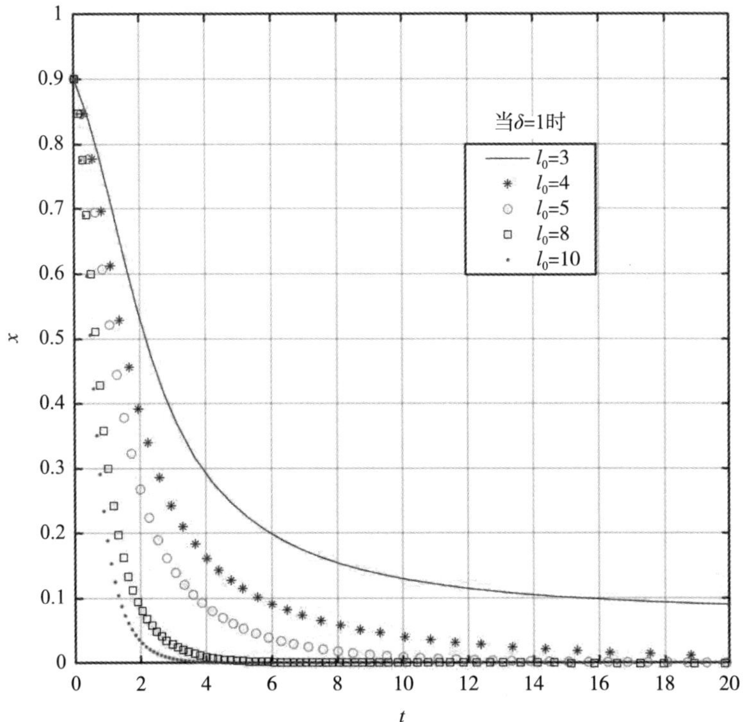

图5－4 当 $\delta=1$ 时网约拼车行为演化随 l_0 变化趋势

如图5－4所示，随着出行距离的增大，达到稳定状态时的演化时间从20个单位（$l_0=4$）缩短到4个单位（$l_0=10$）。也就是说，拼成出发策略最终会取代立即出发策略，并且出行距离越远，乘客越愿意接受拼成出发策略。

5.3.3.2 考虑交通拥堵情况的变化

交通运行指数的变化直接影响到乘客的出行费用和时间成本，

接下来考虑 δ 变化对演化结果的影响。如图 5－5 所示，当 $\delta=2$ 时，道路交通情况最差①，演化时间随着出行距离 l_0 的增大不断缩短。当 $l_0=3$ 时，存在唯一的演化稳定解 $x=0.0862$，有 91.38%的乘客选择拼成出发。对比图 5－5，当 $\delta=1$，$l_0=3$ 时，选择拼成出发的乘客占比为 92.19%。也就是说，当出行距离为起步里程时，虽然演化方向不变，但交通越拥堵，拼成出发的优势就越不明显，选择该策略的乘客比例会降低。

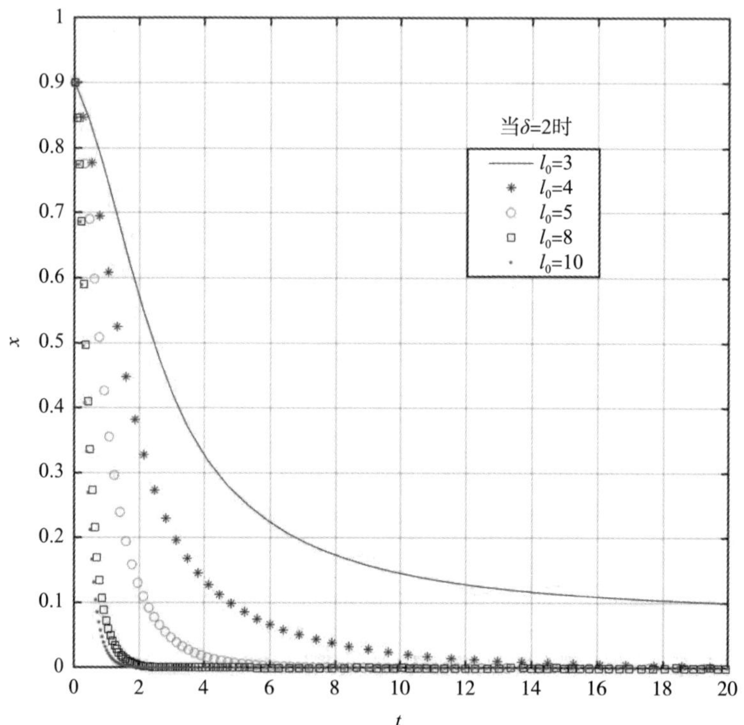

图 5－5 当 $\delta=2$ 时网约拼车行为演化随 l_0 变化趋势

① 《2021 年度中国城市交通报告》显示，全国通勤高峰交通运行指数排名最高的 3 个城市分别是北京（2.048）、北京（2.006）和长春（1.956），因此将 δ 的上限设为 2。

当出行距离大于 3 时，比较图 5－4 和图 5－5 可以发现，在 l_0 相同时，$\delta=2$ 时的演化时间要小于 $\delta=1$ 时的演化时间。以 $l_0=10$ 为例，$\delta=1$ 时演化时间为 4 个单位，而 $\delta=2$ 时的演化时间缩短为 2 个单位。那么，出行距离 l_0、交通运行指数 δ 以及演化时间三者之间是什么关系？从复制动态方程入手，可以求出 δ 分别取 1、1.5 和 2 时，a 与 b 的取值，如表 5－5 所示。

表 5－5　　不同交通运行指数下 a 和 b 的值

距离 l_0	a			b		
	$\delta=1$	$\delta=1.5$	$\delta=2$	$\delta=1$	$\delta=1.5$	$\delta=2$
3	－1.48	－1.40	－1.33	0.13	0.13	0.13
4	－2.03	－1.96	－2.11	－0.10	－0.10	－0.21
5	－2.59	－2.51	－3.58	－0.32	－0.32	－0.89
6	－3.14	－3.75	－5.04	－0.54	－0.88	－1.57
7	－3.70	－4.99	－6.51	－0.76	－1.45	－2.25
8	－4.32	－6.07	－7.81	－1.01	－1.92	－2.84
9	－5.00	－6.98	－8.95	－1.28	－2.31	－3.34
10	－5.68	－7.89	－10.09	－1.56	－2.70	－3.84

如表 5－5 所示，δ 越大 b 就越大，但是 a 的值随着 δ 的变化却呈现不同的规律。在出行距离大于 5 千米的情况下，δ 越大 a 就越小，$\delta=1$ 时 a 取值最大，如图 5－6 所示。但是，当出行距离不超过 5 千米时，反而是 $\delta=1.5$ 时 a 取值最大，而当 $l_0=3$ 时，a 在 $\delta=2$ 时取值最大。图 5－6 中还可以看出，当 $l_0=3$ 时，3 个点几乎是重合的，但在 δ 的 3 个不同取值下，出行距离越大，a 值的差异越大。

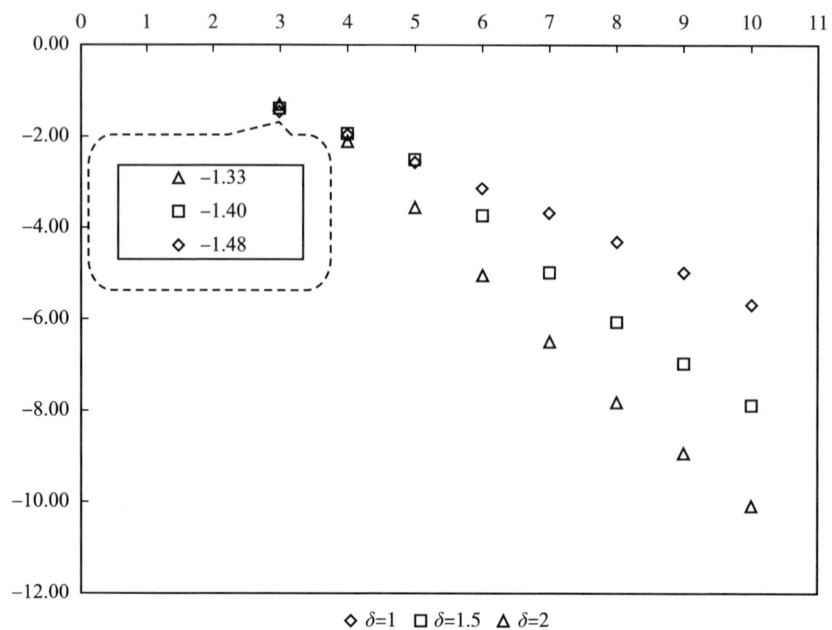

图 5-6　在 l_0 的不同取值下 a 和 δ 关系

从现实意义看，$a<0$ 表示的是，当对手（乘客 2）选择立即出发时，乘客 1 选择立即出发的出行收益 π_{11} 要小于拼成出发的收益 π_{21}。那么，可以得出：①当出行距离大于 5 千米时，交通越拥堵则拼成出发策略的优势越明显；②当出行距离为起步里程 3 千米时，交通越拥堵则拼成出发的出行收益相对越低；③当出行距离在 3～5 千米时，存在一个转折点，当交通路况较好时，两种策略的收益差异并不明显，但当交通拥堵程度进一步增加，拼成出发的优势才逐步显现。

a 的变动进一步影响到了演化曲线的移动方向，图 5-7 将 δ 分别取 1 和 1.5 时的演化曲线进行对比。当出行距离不超过 5 千米时，交通拥堵程度增加（$\delta=1.5$），演化曲线会稍向右移动，演化时间反而略微延长。当出行距离超过 5 千米时，随着交通拥堵程度的增加（$\delta = 1.5$），演化曲线会向左移动，并且演化时间大大缩短。以 $l_0 = 6$ 为例，演化时间从 $\delta = 1$ 时的 8 个单位缩短为 6 个单位。

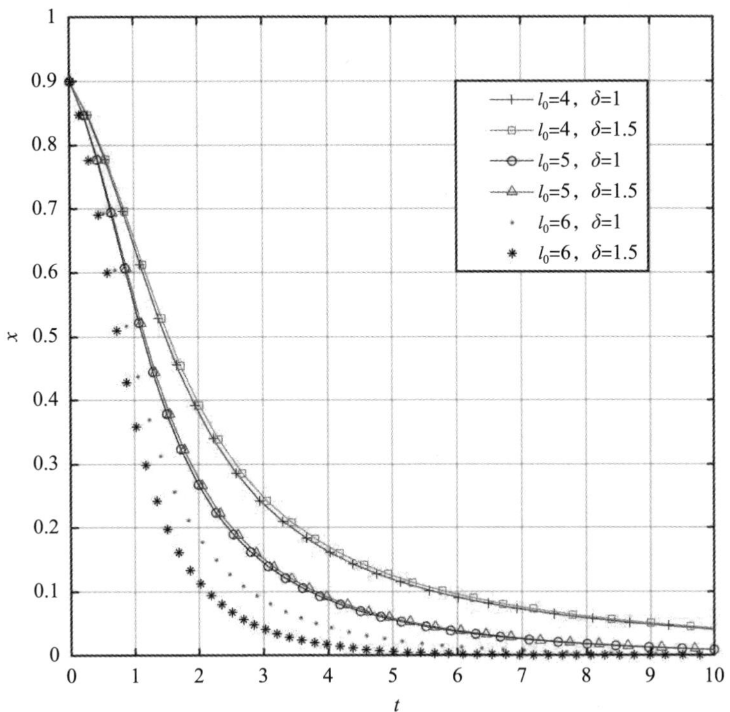

图 5－7　当 $\delta = 1$ 和 $\delta = 1.5$ 时网约拼车行为演化随 l_0 变化趋势

综上，出行距离和交通运行指数能够同时影响到网约拼车行为的演化。当出行距离近并且路况较好时，拼成出发策略的收益优势并不明显，演化曲线变动不大。只有当出行距离超过一定阈值（如 5 千米），随着交通运行指数的增大，拼成出发的收益优势越明显，乘客会向拼成出发的方向加速演化。

5.3.4 拼车成功率对演化结果的影响

在其他条件不变的情况下，拼车成功率越高，乘客越愿意选择拼成出发策略。图 5-8 表示分别取出行距离为 5 千米和 10 千米，对比拼车成功率变化对演化结果的影响。

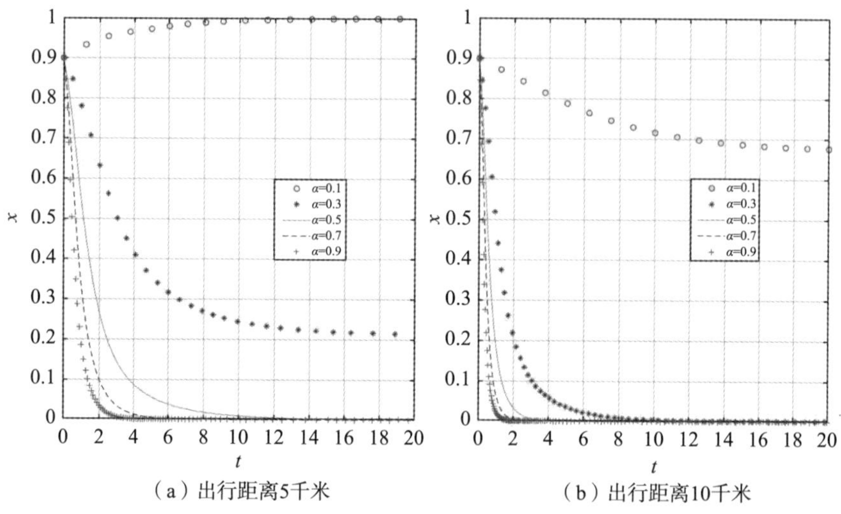

图 5-8 当 $l_0=5$ 和 $l_0=10$ 时网约拼车行为演化随 α 变化趋势

(1) 当 $\alpha=0.1$ 时。

当出行距离为 5 千米时，演化稳定解为 $x=1$，也就是说，拼车成功率过低，乘客最终都不会选择拼车。而当出行距离为 10 千米时，演化稳定解为 $x=0.6720$，也就是说，选择立即出发的乘客比例在降低；达到稳定时，选择拼成出发的乘客比例从 10% 增长为 32.8%。可见，在拼车成功率一定时，出行距离的增大导致了演化方向的改变。

(2) 当 $\alpha=0.3$ 时。

当出行距离为 5 千米时，演化稳定解为 $x=0.2112$，当拼车成功率提高，演化方向发生了改变，选择拼成出发的乘客不断增加，最终保持在 78.88%。而当出行距离为 10 千米时，演化稳定解为 $x=0$，最终所有的乘客都会选择拼成出发策略。

（3）当 $\alpha>0.3$ 时。

当拼车成功率进一步增大，最终的演化稳定解为 $x=0$，并且，在出行距离一定时，α 越大，演化时间越短。对比图 5－9 中左右两个分图，在相同的拼车成功率下，出行距离越远，演化时间越短。以 $\alpha=0.5$ 为例，当 $l_0=5$ 时，演化时间为 12 个单位，但 $l_0=10$ 时，演化时间只有 4 个单位。也就是说，距离越远，匹配成功率的作用越明显。

5.3.5　拼车供需匹配时间对演化结果的影响

乘客的拼车出行决策不仅与拼车成功率有关，也与拼车的供需匹配时间有关。乘客选择拼成出发，则该乘客无论拼成与否，都不得不耗费一个供需匹配时间 ξ_2。设乘客出行距离 $l_0=10$ 不变，观察在不同的拼车成功率 α 的情况下，ξ_2 变动对演化结果的影响①，如表 5－6 和图 5－9 所示。

当 $\alpha=0.1$ 时，处于拼车低成功率状态。如果 $\xi_2\geqslant7$，$x=1$，则所有的乘客最终都不会选择拼成出发策略，且 ξ_2 越大，演化时间越短，如图 5－9 分图 a 所示。但 $\xi_2<7$ 时，随着拼车的供需匹配时间逐渐缩短，演化稳定解 x 不断缩小，拼成出发的乘客比例不断扩大，当 $\xi_2=3$ 时，最终有 81.6% 的比例选择拼成出发。

① 在出行距离一定时，乘客能够接受的 ξ_2 一定存在一个上限。例如，当 $l_0=10$ 且 $\delta=1$ 时，按照时速 50 千米计算，路上的时间为 12 分钟，那么，乘客在上车之前的匹配时间 ξ_2 一定不能比路上的时间还长。在滴滴出行平台，默认的 ξ_2 上限为 8 分钟。

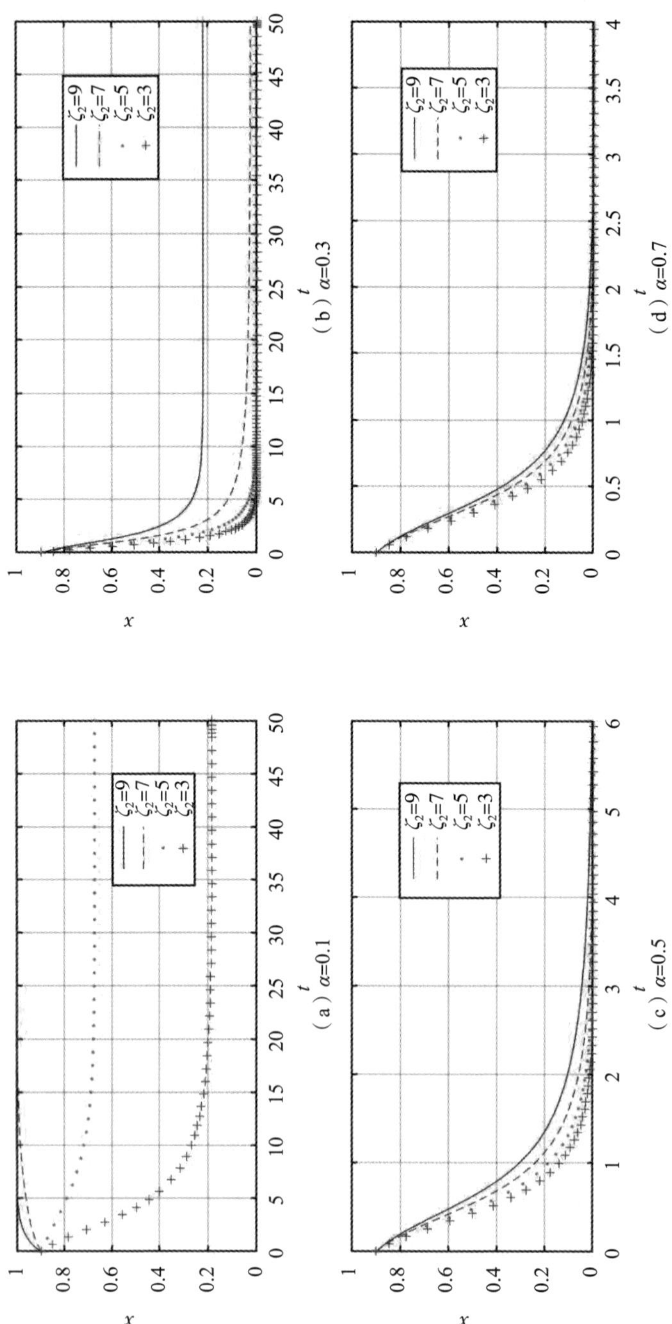

图5-9　当α取值不同时网约拼车行为演化随ξ_2变化趋势

表5－6　　当 α 取值不同时演化稳定解随 ξ_2 变化的情况

ξ_2	$\alpha=0.1$	$\alpha=0.3$	$\alpha=0.5$	$\alpha=0.7$
3	$x=0.1840$	$x=0$	$x=0$	$x=0$
4	$x=0.4280$	$x=0$	$x=0$	$x=0$
5	$x=0.6720$	$x=0$	$x=0$	$x=0$
6	$x=0.9160$	$x=0$	$x=0$	$x=0$
7	$x=1$	$x=0.0255$	$x=0$	$x=0$
8	$x=1$	$x=0.1226$	$x=0$	$x=0$
9	$x=1$	$x=0.2198$	$x=0$	$x=0$
10	$x=1$	$x=0.3169$	$x=0$	$x=0$

也就是说，在低成功率下，超过7分钟的阈值上限，就无人使用拼成出发。

当 $\alpha=0.3$ 时，拼车成功率有所提高，此时演化开始向着 $x=0$ 的方向发展。当 $\xi_2=9$ 时，$x=0.3169$，选择拼成出发的乘客比例达68.31%，此时，已经突破了7分钟阈值上限；随着 ξ_2 不断缩小，则拼成出发的比例不断增大，当 $\xi_2=6$ 时，最终所有的乘客都接受了拼成出发，且 ξ_2 越小，演化时间越短，如图5－9分图b所示。

当拼车成功率 α 超过0.5时，演化稳定解为 $x=0$，这说明乘客最终都接受了拼成出发策略，ξ_2 越小，演化时间越短。此时，乘客能够接受的匹配时间增大，超过了9分钟。并且对比图5－9的分图c和d，拼车成功率越高，演化速度越快，曲线分布越密集。

5.3.6　单位时间成本对演化结果的影响

接下来讨论乘客的单位时间成本对演化结果的影响。首先，不同城市的居民收入水平不同，则乘客的单位时间成本不同。其次，在不同的出行情境下（如休闲娱乐、去机场火车站、去医院等），乘客的单位时间成本不同，出行情境越紧急，则乘客的单位时间成本越高。

如图 5 - 10 所示，当乘客的单位时间成本较低时（如 $\beta=0.25$），$x=0$，所有的乘客都接受拼成出发策略，随着 β 增大，演化时间不断延长。当 $\beta=0.75$ 时，演化稳定解 $x=0.1602$，此时，有 83.98% 的乘客选择拼成出发策略。随着 β 继续增大，演化稳定解 x 的值越大，则拼成出发的乘客比例越小。当 $\beta=1.75$ 时，演化方向发生了改变，$x=1$，也就是说时间成本过大时，乘客就不愿意选择拼成出发策略。

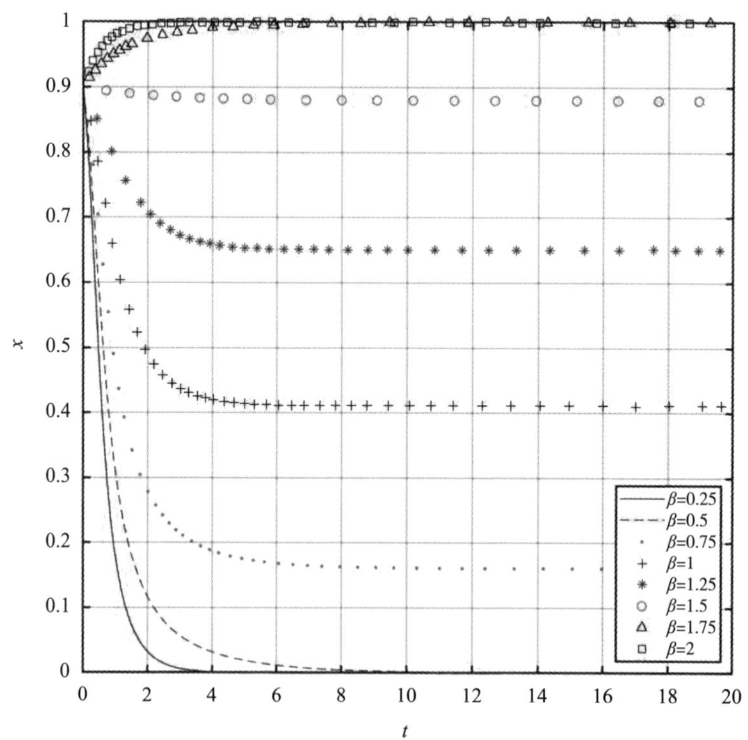

图 5 - 10　网约拼车行为演化随 β 变化趋势

5.3.7 额外出行时间对演化结果的影响

最后讨论额外出行时间 t_e 对演化结果的影响。如图5-11所示，t_e 取值越大，曲线越向右移动，演化速度越慢。这说明，乘客本不愿花费额外的时间去接另一名乘客，这种额外的时间成本越大，对人们的拼车选择的抑制作用越明显。例如，当出行距离为3千米时，若按照50千米的时速计算，出行时间应为3.6分钟。当 $t_e=1.2$ 时，占出行时间的1/3，演化稳定解为 $x=0.0781$，此时，选择两种策略的乘客共存。而当 $t_e=3.6$ 时，额外出行时间与出行时间一样长，演化稳定解为 $x=0.0962$。也就是说，稳定状态时，选择拼成出发的乘客比例下降了1.81%。

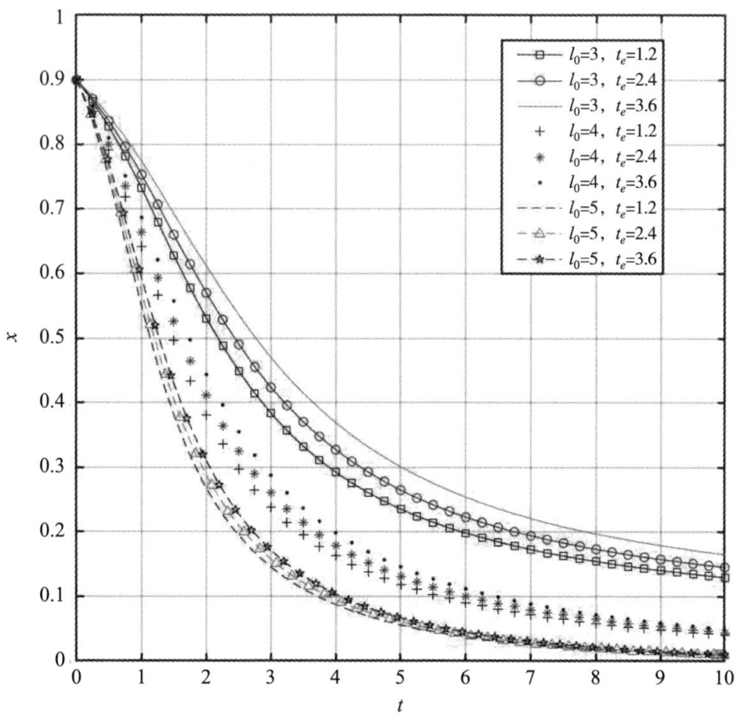

图5-11 网约拼车行为演化随 t_e 变化趋势

但当出行距离为 5 千米时，出行时间应为 6 分钟，当 $t_e=1.2$ 时，只占出行时间的 1/6。与 3 千米的情况相比，此时演化收敛于 0。所有的乘客都选择了拼成出发策略，并且演化时间更短。综上，可以得出：①额外出行时间会抑制乘客的拼车选择；②额外出行时间占总出行时间的比例越小，演化速度越快，选择拼成出发的乘客比例越高。

5.4 本章小结

本章以滴滴出行的青菜拼车为例，探讨乘客在立即出发与拼成出发两种策略之间的选择行为演化问题。乘客的网约拼车行为是在出行费用与时间成本之间进行综合权衡的结果。

（1）乘客参与网约拼车要考虑其价格水平，拼成出发一口价要低于立即出发一口价，前者价格优惠力度大，演化速度越快。拼车成功可以免除因拥堵而导致的时长费，因此，交通越拥堵，拼成出发的价格优势越明显，乘客越愿意选择该策略。

（2）出行距离越长，乘客的出行费用越高，拼成出发的优势越明显，对立即出发策略的替代作用越强，演化时间越短。进一步考虑不同交通运行指数下，出行距离对演化的影响，研究发现：当出行距离超过一定阈值（如 5 千米），路况越拥堵，乘客越倾向于选择拼成出发策略；而出行距离短且路况良好时，拼成出发的优势并不明显，演化曲线波动不大。

（3）拼车成功率直接影响乘客的出行总收益。仿真结果表明，匹配成功率很低（如 0.1）时，演化收敛于 1，没有乘客选择拼成出发策略，若大于某一概率（如 0.5）时，演化收敛于 0，所有乘客都会选择拼成出发策略。在其他情况下，选择两种策略的乘客各占一定的市场比例。

（4）在其他条件不变时，拼成出发的供需匹配时间越短，则该策略的匹配效率越高，选择拼成出发的乘客演化时间越短。并且，拼车成功率高时，乘客能够接受的供需匹配时间的阈值上限也较高。

（5）出行情境越紧急，则乘客的单位时间成本越高。仿真结果表明，随着单位时间成本的增大，演化时间不断延长。当乘客的单位时间成本超过一定阈值（如 0.75）时，演化方向发生了改变，乘客就不愿意选择拼成出发策略。

（6）拼车成功后，先上车的乘客需额外花费时间接驾另一位拼友。仿真结果表明，额外出行时间对乘客拼车选择有抑制作用，该变量占出行时间的比例越小，演化速度越快，选择拼成出发的乘客比例越大。

第6章　基于乘客选择的合乘共享与营利性网约出行的演化博弈

合乘共享服务最符合“使用权共享”和“盘活闲置资源”的共享经济特征。合乘共享作为一种非营利性的出行方式，与网约快车或网约出租车等营利性出行方式具有替代关系。合乘共享不仅可以减轻私家车主的用车负担，降低出行成本，还可有效解决没有购买私家车又不愿乘坐公交的乘客需求（孙玉荣，2014），且价格低于出租车（Correia G. & Viegas J. M.，2011）。

本章继续站在出行者视角，一方面，从需求侧讨论分析无车乘客在合乘共享与营利性网约出行方式之间进行选择的核心决策变量及收益构成；另一方面，从供给侧分析影响私家车主是否愿意提供合乘共享的核心决策变量以及收益构成。构建双总体非对称演化博弈模型，通过Matlab软件进行仿真模拟，先讨论了参与合乘共享的私家车主和乘客的初始比例变化对演化结果的影响，而后讨论了不同的决策变量参数变动对演化结果的影响。

6.1　问题提出

合乘共享在美国经历了近一个世纪的发展，从自发的熟人间合乘逐步演变为依托于移动互联技术的现代合乘共享服务，合乘共享的理念深入人心。但对中国而言，虽然近年来私家车数量快速增长，但由于车主的合乘共享意识不强，私家车闲置严重，而共享出行方式之一的顺风车业务更是一种新事物。那么，要想找到鼓励参与合乘共享的可行性对策，必须回答如下问题：一是出行者（私家车主和无车乘客）参与合乘共享时要考虑哪些变量？二是不同变量对合乘共享比例的演化趋势的影响如何？

已有学者从私家车主角度对合乘共享的参与行为作了研究。例如，科雷亚和维加斯（Correia G. & Viegas J. M.，2011）认为，节省出行费用是私家车主提供合乘共享的主要原因，油耗等成本可以由乘客分摊。蒙贝贝特（Monchambert G.，2020）关注于长距离（100 千米以上）出行时的合乘共享行为，比较了自驾出行与合乘出行在时间价值方面的差异。合乘共享服务的范围已经从熟人之间扩展到陌生人之间，供给方是私家车主，而非获得从业资格的专职司机，因此，对乘客而言，必然要考虑安全、隐私、舒适性等因素。例如，梅什拉姆等（Meshram A. et al.，2020）发现年轻的女性更关注安全问题，出行时间、合乘人数等都影响其安全性与舒适度。以上研究从不同角度为分析私家车主或乘客参与合乘共享的决策变量提供了依据。以往研究从静态视角分别探讨私家车主或乘客的出行选择，但未从动态视角考虑两个群体决策之间的相互影响。

通勤是合乘共享服务需求最多的出行情境，早晚高峰往返于住所和单位，具有重复性和规律性，可以把上下班看成相同决策情境下的出行选择问题。私家车主和乘客的出行目的都相同，出行时间、距离和路况等都具有相似性，个体通过不断重复和试错调整出行策略，因此，同样符合演化博弈的基本条件。与前两章不同，不再是单一的乘客群体在相同的策略集中进行选择，合乘共享服务同时涉及私家车主和无车乘客两大出行者群体，二者的策略集不同，但存在相互影响。因此，本章用双总体演化博弈，构建复制动态方程，探讨两个群体参与合乘共享的动态变化趋势。

6.2 合乘共享与营利性网约出行的演化博弈模型构建

6.2.1 基本假设

（1）本章涉及两类群体之间出行方式选择行为的演化博弈关系：私家车主自驾出行，无车乘客则选择营利性出行方式（如网约快车），分别记为群体Ⅰ和群体Ⅱ。在合乘共享服务出现之前，两个群体都只有一类出行策略，二者互不干涉。但在私家车合乘共享背景下，两个群体的策略集发生了变化，私家车主和无车乘客的策略集分别为：

$S_1 = \{1.$ 提供合乘共享服务，2. 不提供合乘共享服务$\}$

$S_2 = \{1.$ 选择合乘共享服务，2. 选择营利性网约出行$\}$

（2）对乘客而言，可选择非营利性的合乘共享服务来替代以前的打车方式，但这一新策略还受到私家车主决策的影响。合乘共享服务是以提供服务的私家车主到达目的地为前提的，因此，只有当私家车主愿意提供合乘共享服务并且顺路的情况下，才能成功实现供需匹配。

（3）每次出行时，私家车主和乘客分别从其策略集中选择唯一一种策略。私家车主和乘客两两配对，双方不同的策略相遇会导致不同的结果和收益，并且在每次出行时，私家车主最多只能提供一次服务，乘客最多只能选择一辆车。

6.2.2　车主和乘客的出行收益构成

6.2.2.1　私家车主的出行收益构成

出行效用包括位移效用和位移伴生效用两部分。设 U_o 表示私家车主的出行效用，$U_o = u_0 + \varepsilon u_1 + u_2$。$u_0$ 表示位移效用。u_1 表示自驾私家车出行时的私密性效用，ε 为私密性效用系数，令 $\varepsilon \in [0,\ 1]$，当私家车主自驾时私密性效用最高，$\varepsilon = 1$，当合乘共享匹配成功时，私家车主的私密性效用会因陌生人的介入而降低。u_2 表示私家车给人带来的舒适性效用，既包括舒适的乘车环境（空间大小、整洁程度、有无异味、座椅舒适度等），也包括放松愉快的心理体验（见表 6 - 1）。

表 6 - 1　　私家车主提供合乘共享服务时的决策变量

变量	变量含义	变量	变量含义	变量	变量含义
u_0	位移效用	t_0	自由流车速下的出行时间	p	合乘共享服务每千米定价
u_1	私密性效用	δ	交通运行指数	γ	平台向车主抽取的佣金比例
ε	私密性效用系数	c	单次出行的购车成本	s	识别认证及信息搜索成本
u_2	舒适性效用	d_o	每千米油耗（升）	τ	安全责任成本
u_3	社交效用	p_o	每升汽油价格	l_e	额外行驶距离
l_0	出行距离	β_o	车主的单位时间成本	t_e	额外花费时间

设 C_o 表示私家车主的出行成本，$C_o = c + d_o p_o l_0 + \delta t_0 \beta_o$。$l_0$ 表示出行距离，v_0 表示自由流车速，t_0 表示自由流车速下的出行时间，$t_0 = \frac{l_0}{v_0}$。交通运行指数记为 δ，且 $1 \leqslant \delta \leqslant 2$，$\delta$ 越高，道路越拥堵。[①] 因此，实际出行时间为 δt_0。

c 表示固定成本，即平均每次出行需支付的购车成本[②]，d_o 表示每千米油耗（单位：升），与城市拥堵程度和平均车速有关，设 $\delta = 1$ 时，车辆平均速度最快，达到自由流车速 v_0，油耗最低 d_{min}，$\delta = 2$ 时，车辆平均速度最慢，油耗最高 d_{max}，那么，对于任意的 δ，有 $d_o = d_{min} + (\delta - 1)(d_{max} - d_{min}) = (\delta - 1)d_{max} + (2 - \delta)d_{min}$，$p_o$ 表示每升汽油的价格。私家车主在出行路上处于非工作状态，因此，还必须考虑其行驶的时间成本，设私家车主的单位时间成本为 β_o，则行驶时间成本为 $\delta t_0 \beta_o$。因此，私家车主自驾出行时的出行收益为：

$$\pi_o = (u_0 + u_1 + u_2) - (c + d_o p_o l_0 + \delta t_0 \beta_o) \qquad (6-1)$$

当私家车主提供合乘共享服务时，可获得额外收入 $(1 - \gamma) p l_0$，其中，γ 表示平台收取的佣金抽成比例，$\gamma \in [0, 1]$，p 表示平台每千米向乘客收取的价格。u_3 表示私家车主在提供合乘共享服务时，和乘客沟通交流而产生的社交效用。s 表示私家车主每次开启顺风车业务时进行识别认证（如人脸识别等）以及搜索订单信息所耗费的时间精力等成本。尽管合乘共享是非营利性的出行服务，但私家车主必须在驾驶过程中严格自我约束，保证乘

① 滴滴出行. 2020 年城市交通出行年度报告［R/OL］. 滴滴出行官网，2021-01-01.

② 根据懂车帝 App 公开的新车销量和价格数据计算，全国轿车（共 220 个品牌）的平均售价为 11.77 万元，其中，价格低于 11.77 万元的汽车销量为 74.33 万辆，占总销量的 68.58%。由此可推断，居民私家车消费以日常出行代步为主，高端车辆比例相对较少。

客的出行安全，因此，必须付出一定的安全责任成本 τ。

由于乘客和私家车主的位置不一定完全一致，因此，即使订单供需匹配成功，私家车主在顺路接送乘客时，也需要额外多行驶一段路程，其间额外的成本由私家车主承担（孙玉荣，2014）。设匹配成功后，私家车主需要额外行驶的平均距离为 l_e，那么，在自由流车速下，额外花费的时间为 t_e，这会增加私家车主的油耗和时间成本。因此，私家车主提供合乘共享服务时的出行收益为：

$$\pi_o = (u_0 + \varepsilon u_1 + u_2 + u_3) - [c + d_o p_o(l_0 + l_e) + \delta(t_0 + t_e)\beta_o] + (1-\gamma)pl_0 - s - \tau \tag{6-2}$$

6.2.2.2　无车乘客的出行收益构成

π_{rc}表示乘客选择营利性网约出行时的出行收益，π_r 表示乘客选择合乘共享时的出行收益。假设对乘客而言，两种不同策略在位移效用和私密性效用方面没有区别。当乘客选择合乘共享时，私家车主与同行的乘客处在同一时空环境内，因此，私家车给乘客和私家车主带来的舒适性效用相等，均为 u_2。ku_2 表示营利性网约出行给乘客带来的舒适性效用，k 为舒适性效用系数，$k>0$。乘客在乘车过程中与私家车主沟通交流会获得同样的社交效用 u_3（见表 6－2）。

表 6－2　　　无车乘客出行选择的决策变量

变量	变量含义	变量	变量含义	变量	变量含义
u_0	位移效用	l_0	出行距离	p	合乘共享服务每千米定价
u_1	私密性效用	t_0	自由流车速下的出行时间	p_{rc}	营利性网约出行的平均每千米定价
ε	私密性效用系数	δ	交通运行指数	r_s	安全风险损失

续表

变量	变量含义	变量	变量含义	变量	变量含义
u_2	舒适性效用	β_r	乘客的单位时间成本	σ_{rc}	营利性网约出行的安全风险概率
k	舒适性效用系数	t_{er}	改乘营利性网约出行方式时乘客额外花费的时间	σ_r	合乘共享服务的安全风险概率
u_3	社交效用				

p_{rc}表示营利性网约出行平均每千米的价格。合乘共享具有互利互助的性质，并且各地政府都设定了合乘共享的价格上限①，以保证其非运营属性，故 $p < p_{rc}$。乘客除了要支付车费外，还必须考虑其出行过程中的时间成本 $\delta t_0 \beta_r$。σ_{rc}和 σ_r 分别表示安全风险概率，而风险一旦发生，无论哪种方式给乘客带来的损失是相同的，记为 r_s。因此，乘客选择营利性网约出行时的出行收益函数为：

$$\pi_{rc} = (u_0 + \varepsilon u_1 + k u_2) - p_{rc} l_0 - \sigma_{rc} r_s - \delta t_0 \beta_r \qquad (6-3)$$

乘客选择合乘共享时的出行收益函数为：

$$\pi_r = (u_0 + \varepsilon u_1 + u_2 + u_3) - p l_0 - \sigma_r r_s - \delta t_0 \beta_r \qquad (6-4)$$

6.2.3 收益矩阵构建

x 表示提供合乘共享服务的私家车主比例，$1-x$ 是不提供合乘共享服务的私家车主的比例。y 表示选择合乘共享服务的乘客比例，$1-y$ 表示选择营利性网约出行的乘客比例。π_{ij}^o和 π_{ij}^r分别表示群体Ⅰ和群体Ⅱ中任意个体的出行收益，$i=1$，2，$j=1$，

① 例如，《杭州市人民政府办公厅关于印发杭州市网络预约出租汽车经营服务管理实施细则的通知》规定："每千米费用总额超过巡游出租汽车每千米里程运价的 50% 上限属于网约车经营活动"。

2。对于每次出行的时间点，群体Ⅰ和群体Ⅱ中的个体两两配对，进行一次博弈，收益矩阵如表 6－3 所示。

表 6－3　　　　出行方式双总体演化博弈收益矩阵

有车群体Ⅰ	无车群体Ⅱ	
	1 选择合乘共享服务 (y)	2 选择营利性网约出行 ($1-y$)
1 提供合乘共享服务 (x)	$\pi_{11}^{o}=\alpha\pi_{11}^{oS}+(1-\alpha)\pi_{11}^{oF}$ $\pi_{11}^{r}=\alpha\pi_{11}^{rS}+(1-\alpha)\pi_{11}^{rF}$	$\pi_{12}^{o}=(u_0+u_1+u_2)-(c+d_op_ol_0+\delta t_0\beta_o)-s$ $\pi_{12}^{r}=(u_0+\varepsilon u_1+ku_2)-p_{rc}l_0-\sigma_{rc}r_s-\delta t_0\beta_r$
2 不提供合乘共享服务 ($1-x$)	$\pi_{21}^{o}=(u_0+u_1+u_2)-(c+d_op_ol_0+\delta t_0\beta_o)$ $\pi_{21}^{r}=(u_0+\varepsilon u_1+ku_2)-p_{rc}l_0-\sigma_{rc}r_s-\delta t_0\beta_r-t_{er}\beta_r$	$\pi_{22}^{o}=(u_0+u_1+u_2)-(c+d_op_ol_0+\delta t_0\beta_o)$ $\pi_{22}^{r}=(u_0+\varepsilon u_1+ku_2)-p_{rc}l_0-\sigma_{rc}r_s-\delta t_0\beta_r$

对表 6－3 的收益矩阵构成的解释如下：

（1）当私家车主和乘客都不参与到合乘共享时：

①若私家车主在出行过程中不愿提供合乘共享服务，而是坚持自驾出行，那么其出行收益不受乘客群体的影响，其出行收益为 π_{22}^{o}。$\pi_{22}^{o}=(u_0+u_1+u_2)-(c+d_op_ol_0+\delta t_0\beta_o)$。

②当乘客选择营利性网约出行时，有专门的司机提供驾驶服务，与私家车主无关，乘客的出行收益为 π_{22}^{r}。$\pi_{22}^{r}=(u_0+\varepsilon u_1+ku_2)-p_{rc}l_0-\sigma_{rc}r_s-\delta t_0\beta_r$。

（2）当只有私家车主和乘客中的一方参与合乘共享时：

①若乘客选择合乘共享，但却遇到坚持自驾出行的私家车主，此时，合乘共享不能实现。该乘客不得不换乘营利性网约出行，并支付额外的转换成本。本书设转换成本为转换出行方式所

额外花费的时间 t_{er} 与该群体平均单位时间成本 β_r 的乘积，则出行收益 $\pi_{21}^r = \pi_{22}^r - t_{er}\beta_r$。此时，私家车主的出行收益 $\pi_{21}^o = \pi_{22}^o$。

②若私家车主选择提供合乘共享服务，但遇到选择营利性网约出行的乘客，则合乘共享也不能实现。私家车主在这种情况下不得不自驾出行，还要因识别认证和发布订单而耗费时间精力 s，其出行收益 $\pi_{12}^o = \pi_{22}^o - s$。此时，乘客的出行收益 $\pi_{12}^r = \pi_{22}^r$。

（3）当私家车主和乘客同时参与合乘共享时：

①当一个乘客选择合乘共享，并且碰到一个私家车主提供合乘共享服务，则具备了合乘共享的基础条件。但要真正实现供需双方的成功匹配，还必须考虑是否顺路，也就是说，只有私家车主和乘客的出行路径重合程度高时，才能匹配成功。当匹配成功时，私家车主和乘客的出行收益分别为 π_{11}^{oS} 和 π_{11}^{rS}。

$$\pi_{11}^{oS} = (u_0 + \varepsilon u_1 + u_2 + u_3) - [c + d_o p_o(l_0 + l_e) + \delta(t_0 + t_e)\beta_o] + (1-\gamma)pl_0 - s - \tau$$

$$\pi_{11}^{rS} = (u_0 + \varepsilon u_1 + u_2 + u_3) - pl_0 - \sigma_r r_s - \delta t_0 \beta_r$$

②当匹配不成功时，乘客不得不重新选择营利性网约出行方式，并支付转换成本 $t_{er}\beta_r$，其出行收益为 $\pi_{11}^{rF} = \pi_{21}^r = \pi_{22}^r - t_{er}\beta_r$，而私家车主只能自驾出行，并支付成本 s，其出行收益为 $\pi_{11}^{oF} = \pi_{12}^o = \pi_{22}^o - s$。

设成功匹配的平均概率为 α，则私家车主的出行收益为 $\pi_{11}^o = \alpha\pi_{11}^{oS} + (1-\alpha)\pi_{11}^{oF}$，乘客的出行收益为 $\pi_{11}^r = \alpha\pi_{11}^{rS} + (1-\alpha)\pi_{11}^{rF}$。

6.2.4 演化稳定策略求解

6.2.4.1 复制动态方程

群体Ⅰ（私家车主）选择“提供合乘共享服务”策略时的

期望收益 W_1^o、选择“不提供合乘共享服务”策略时的期望收益 W_2^o 和平均期望收益 $\overline{W}^o$ 分别为：$W_1^o = y\pi_{11}^o + (1-y)\pi_{12}^o$，$W_2^o = y\pi_{21}^o + (1-y)\pi_{22}^o = \pi_{22}^o$，$\overline{W}^o = xW_1^o + (1-x)W_2^o$。

因此，私家车主的复制动态方程为：

$$
\begin{aligned}
f(x) &= x(W_1^o - \overline{W}^o) \\
&= x(1-x)\{[(\varepsilon-1)u_1 + u_3 + (1-\gamma)pl_0 - \tau \\
&\quad - d_o p_o l_e - \delta t_e \beta_o]y\alpha - s\}
\end{aligned}
\tag{6-5}
$$

同理，群体Ⅱ（无车乘客）选择“合乘共享”策略时的期望收益 W_1^r、选择“营利性网约出行”时的期望收益 W_2^r 和平均期望收益 $\overline{W}^r$ 分别为：$W_1^r = x\pi_{11}^r + (1-x)\pi_{21}^r$，$W_2^r = x\pi_{12}^r + (1-x)\pi_{22}^r = \pi_{22}^r$，$\overline{W}^r = yW_1^r + (1-y)W_2^r$。

因此，乘客的复制动态方程为：

$$
\begin{aligned}
f(y) &= y(W_1^r - \overline{W}^r) \\
&= y(1-y)\{[(1-k)u_2 + u_3 + (p_{rc}-p)l_0 + (\sigma_{rc}-\sigma_r)r_s \\
&\quad + t_{er}\beta_r]x\alpha - t_{er}\beta_r\}
\end{aligned}
\tag{6-6}
$$

令 $M = (\varepsilon-1)u_1 + u_3 + (1-\gamma)pl_0 - \tau - d_o p_o l_e - \delta t_e \beta_o$

$N = (1-k)u_2 + u_3 + (p_{rc}-p)l_0 + (\sigma_{rc}-\sigma_r)r_s + t_{er}\beta_r$。系统的演化稳定解首先必须同时满足 $f(x)=0$，$f(y)=0$。

6.2.4.2　均衡点及局部稳定性分析

令 $f(x)=0$，$f(y)=0$，可以求出 5 个局部均衡点，如表 6-4 所示。其中，$x^* = \dfrac{t_{er}\beta_r}{\alpha N}$，$y^* = \dfrac{s}{\alpha M}$。由于 $x \in (0, 1)$，且 $t_e\beta_r > 0$，要使 x^* 有意义，则必满足 $\alpha N > t_{er}\beta_r$。同理，由于 $y \in (0, 1)$，且 $s > 0$，要使 y^* 有意义，则必须满足 $\alpha M > s$。

复制动态方程求出的均衡点不一定是系统的演化稳定策略（ESS），本章通过构建雅克比矩阵 $J = \begin{bmatrix} a_{11} & a_{12} \\ a_{21} & a_{22} \end{bmatrix}$ 进行判断。

$$a_{11} = \partial f(x)/\partial x = (1-2x)\{[(\varepsilon-1)u_1 + u_3 + (1-\gamma)pl_0 - \tau - d_o p_o l_e - \delta t_e \beta_o]y\alpha - s\} = (1-2x)(M\alpha y - s)$$

$$a_{12} = \partial f(x)/\partial y = x(1-x)[(\varepsilon-1)u_1 + u_3 + (1-\gamma)pl_0 - \tau - d_o p_o l_e - \delta t_e \beta_o]\alpha = x(1-x)M\alpha$$

$$a_{21} = \partial f(y)/\partial x = y(1-y)[(1-k)u_2 + u_3 + (p_{rc} - p)l_0 + (\sigma_{rc} - \sigma_r)r_s + t_{er}\beta_r]\alpha = y(1-y)N\alpha$$

$$a_{22} = \partial f(y)/\partial y = (1-2y)\{[(1-k)u_2 + u_3 + (p_{rc} - p)l_0 + (\sigma_{rc} - \sigma_r)r_s + t_{er}\beta_r]\alpha x - t_{er}\beta_r\} = (1-2y)(N\alpha x - t_{er}\beta_r)$$

只有同时满足 $\det J = a_{11}a_{22} - a_{12}a_{21} > 0$，$trJ = a_{11} + a_{22} < 0$ 时，局部均衡点才是演化稳定策略（浦徐进等，2013；吴洁等，2019）。局部均衡点处 a_{ij} 的取值如表 6－4 所示。

表 6－4　局部均衡点处 a_{ij} 的具体取值

均衡点	a_{11}	a_{12}	a_{21}	a_{22}
(0，0)	$-s$	0	0	$-t_e\beta_r$
(0，1)	$M\alpha - s$	0	0	$t_e\beta_r$
(1，0)	s	0	0	$N\alpha - t_{er}\beta_r$
(1，1)	$-M\alpha + s$	0	0	$-N\alpha + t_{er}\beta_r$
(x^*, y^*)	0	$\frac{t_{er}\beta_r(\alpha N - t_{er}\beta_r)M}{\alpha N^2}$	$\frac{s(\alpha M - s)N}{\alpha M^2}$	0

由于 $\alpha M - s > 0$，则 $\alpha(1-\varepsilon)u_1 + s + \alpha\tau + \alpha d_o p_o l_e + \alpha\delta t_e\beta_o < \alpha(1-\gamma)pl_0 + \alpha u_3$。当 $\alpha = 1$ 时，匹配成功率为 100%，$(1-\varepsilon)u_1 + s + \tau + d_o p_o l_e + \delta t_e \beta_o < (1-\gamma)pl_0 + u_3$ 成立。私家车主提供合乘共享的收入 $(1-\gamma)pl_0$ 与社交效用 u_3 之和，在弥补了私密性效用损失 $(1-\varepsilon)u_1$、识别认证及搜索成本 s、安全责任成本 τ、额外的油耗成本 $d_o p_o l_e$ 和时间成本 $\delta t_e \beta_o$ 之外，还有剩余。

由于$\alpha N - t_{er}\beta_r > 0$，则$\alpha[(u_2 + u_3 - p\delta l_0 - \sigma_r r_s) - (ku_2 - p_{rc}l_0 - \sigma_{rc}r_s)] > (1-\alpha)t_{er}\beta_r$。不等式左侧表示的是匹配成功率为$\alpha$时，乘客选择合乘共享所获得的收益（$u_2 + u_3 - p\delta l_0 - \sigma_r r_s$）与选择营利性网约出行的收益（$ku_2 - p_{rc}l_0 - \sigma_{rc}r_s$）之差，不等式右侧表示匹配失败时乘客的转移成本。当$\alpha = 1$时，有$u_2 + u_3 - p\delta l_0 - \sigma_r r_s > ku_2 - p_{rc}l_0 - \sigma_{rc}r_s$，说明当匹配成功率为100%时，乘客的转换成本为0，乘客选择合乘共享所获得的出行收益要大于选择营利性网约出行的出行收益。

如表6-5所示，存在（0，0）和（1，1）两个演化稳定解，产生了“鸡生蛋，蛋生鸡”的问题（Furuhata M. et al.，2013；王节祥和蔡宁，2018）。受双边市场的交叉网络外部性影响，平台供需两侧都需要在预期到对方将会加入平台时，他们才愿意加入（尚秀芬和陈宏民，2009）。平台若要为参与者创造更大的价值，必须保证供需两侧都达到临界规模才能激发正向的外部性（尚秀芬和陈宏民，2009；王节祥和蔡宁，2018）。当其他条件不变时，演化方向由供需双方的初始比例决定。

表6-5 局部稳定性分析

均衡点	行列式 det$J$	迹 tr$J$	稳定性
(0，0)	+	−	ESS
(0，1)	+	+	不稳定点
(1，0)	+	+	不稳定点
(1，1)	+	−	ESS
(x^*，y^*)	−	0	鞍点

6.3 参与合乘共享的初始比例对演化结果的影响

6.3.1 合乘共享服务演化路径

设时速 50 千米，$l_0=10$，平均通勤时间 $t_0=12$ 分钟。$\beta_o=\beta_r=0.25$ 元/分钟，$t_{er}=8$，则当合乘共享匹配失败时，乘客转变策略的成本 $t_{er}\beta_r=2$。设营利性网约出行方式的价格 $p_{rc}=2.5$ 元/千米[①]，合乘共享的价格是前者的一半，$p=1.25$。私家车主需要额外行驶 1 千米，$l_e=1$。令 $\alpha=0.8$，$\gamma=0.2$，$\varepsilon=0.5$，$s=2$，$k=2$，$\delta=1.5$[②]，$\tau=5$，$\sigma_{rc}=0.000005$，$\sigma_r=0.00006$，$r_s=10\ 000$，$u_1=10$，$u_2=10$，$u_3=10$。设 $\delta=1$ 时，平均每千米油耗 $d_{\min}=0.06$ 升，$\delta=2$ 时，$d_{\max}=0.07$ 升，则可以求出任意交通拥堵状态 δ 下的平均每千米油耗 $d_o=d_{\min}+(\delta-1)(d_{\max}-d_{\min})$，$p_o=6.72$。图 6-1 显示出各点向（1，1）或（0，0）收敛的演化路径，鞍点 $(x^*,y^*)=(0.1792,0.2743)$。

① 在 10 千米的行程内，网约出租车与网约快车价格相差不大，为简化讨论，本章假设两种营利性网约出行方式的价格相同，$p_{rc}=2.5$ 元/千米。

② 根据滴滴出行官网发布的《2020 年城市交通出行年度报告》，北京市的交通运行指数最高，工作日早高峰为 1.858，晚高峰为 1.98。各城市工作日早晚高峰的指数差异不大，但明显高于全天平均水平。因此，本书假设早晚高峰的城市交通运行指数相等，记为 δ。

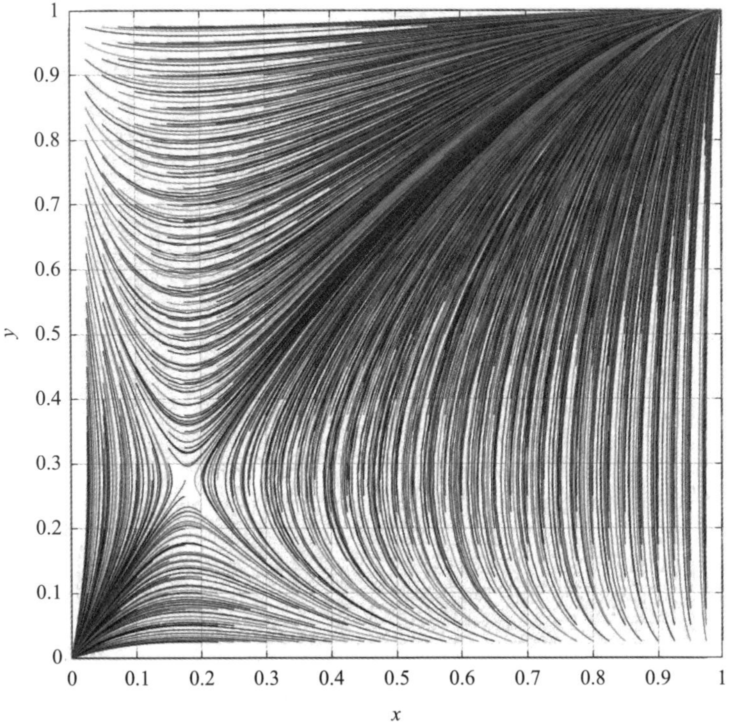

图 6－1　合乘共享服务的演化路径

图 6－2 是对演化路径的相位图，*B* 和 *O* 两点是 ESS。当初始点位于区域Ⅰ和Ⅱ，演化收敛于 *B* 点，私家车主和乘客都会参与到合乘共享中；当初始点位于区域Ⅲ和Ⅳ内，演化收敛于 *O* 点，私家车主自驾出行，乘客选择营利性网约。区域 *ABCD* 的面积可近似为两个三角形面积之和①，记为 S_{ABCD}，见公式（6－7）。鞍点越靠近（0，0）点，S_{ABCD}越大，演化向（1，1）收敛的可能性就越大。

① 为方便讨论，假设图 6－2 中的 *OD*、*AD*、*BD*、*CD* 四条边完全是直线，但实际上，任意一点都有自己的一条演化路径，它们的边界是弯曲的，因此，区域Ⅰ和区域Ⅱ的实际面积要大于两个三角形之和 S_{ABCD}，边界附近的点的演化趋势需要结合仿真数据和演化路径图来判断。

$$S_{ABCD} = 1 - \frac{1}{2}(x^* + y^*)$$
$$= \frac{\alpha[(1-k)u_2 + u_3 + (p_{rc} - p)l_0 + (\sigma_{rc} - \sigma_r)r_s + t_{er}\beta_r] - t_{er}\beta_r}{2\alpha[(1-k)u_2 + u_3 + (p_{rc} - p)l_0 + (\sigma_{rc} - \sigma_r)r_s + t_{er}\beta_r]}$$
$$+ \frac{\alpha[(\varepsilon - 1)u_1 + u_3 + (1-\gamma)pl_0 - \tau - d_o p_o l_e - \delta t_e \beta_o] - s}{2\alpha[(\varepsilon - 1)u_1 + u_3 + (1-\gamma)pl_0 - \tau - d_o p_o l_e - \delta t_e \beta_o]} \tag{6-7}$$

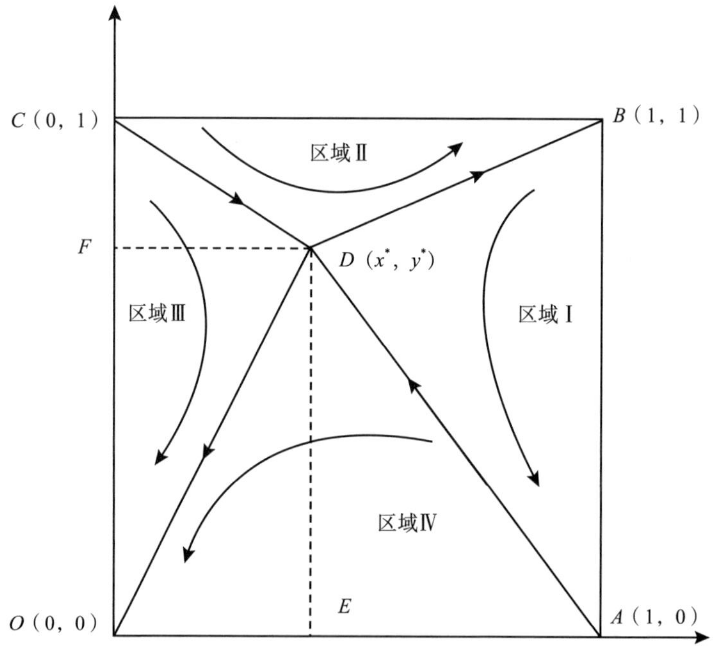

图 6－2　合乘共享服务的复制动态相位图

6.3.2　供需两侧初始比例同时变化的影响

如图 6－3 所示，左侧分图 a 表示的是提供合乘共享的车主比例 x 的变化，右侧分图 b 表示的是选择合乘共享出行的乘客比例 y 的变化。根据鞍点（x^*，y^*）=（0.1792，0.2743）可以判断，临界规模在 0.2 至 0.3 之间。

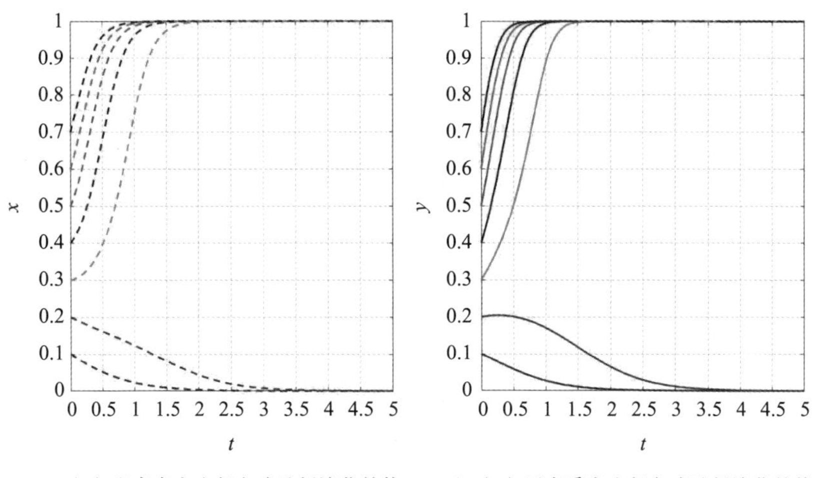

（a）私家车主出行方式选择演化趋势　　（b）无车乘客出行方式选择演化趋势

图 6－3　x 和 y 同时变化时的演化结果

（1）x 和 y 的初始规模低于临界规模，参与合乘共享的车主和乘客比例都会越来越少，最终车主保持自驾出行，而无车乘客仍然选择营利性网约出行。

当 $x=y=0.1$ 时，对比分图 a 和 b 可知，车主与乘客的曲线走势基本一致，2 个时间单位趋于稳定。当 $x=y=0.2$ 时，虽然演化方向不变，但演化时间延长为 3.5 个单位。此时，供需两侧的曲线走势存在差异：车主比例迅速下降，而乘客比例先保持一小段平稳状态，之后才开始快速下降。可见，乘客对于市场供需的变化不够敏感，以至于在开始阶段，提供合乘共享的私家车主比例在下降，而乘客仍愿意选择合乘共享。

（2）x 和 y 的初始规模超过临界规模，自驾的车主和营利性网约出行的乘客比例越来越少，最终两个群体都愿意参与到合乘共享中。

对比分图 a 和 b 可知，当 x 和 y 的初始规模越大，演化时间相对越短。当 $x=y=0.3$ 时，车主在 2 个时间单位收敛于 1，而乘客则需要 1.5 个单位。这说明，乘客对合乘共享的态度更积极，放弃营利性网约的速度更快。此外，左图的车主比例在演化初期存在一个缓慢增长阶段，这说明，虽然选择合乘共享的无车乘客在增多，但私家车主从自驾向合乘共享转变还有一个适应过程。

6.3.3 车主端初始比例变化的影响

图 6－4 讨论的是 x 变动对演化结果的影响。假设选择合乘共享服务的乘客初始比例保持低水平（$y=0.1$），即初始状态有 90% 的无车乘客选择营利性网约。此时演化是由供给侧的车主拉动的。从分图 a 可知：x 临界规模在 0.3 至 0.4 之间，当 x 不大于 0.3 时，演化收敛于（0，0），当 x 取值不小于 0.4 时，演化方向发生改变，收敛于（1，1）。

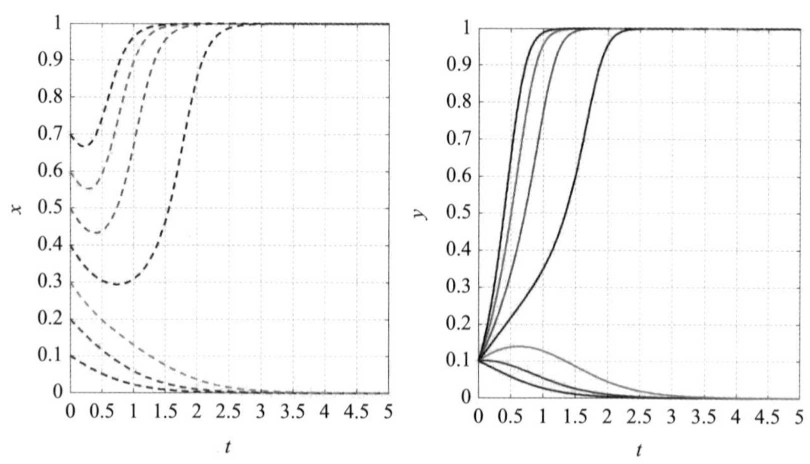

（a）私家车主出行方式选择演化趋势　　（b）无车乘客出行方式选择演化趋势

图 6－4　y 不变 x 变化时的演化结果

（1）当 x 的初始规模低于临界规模时，随着 x 初始规模取值的增大，曲线逐渐变得陡峭，演化时间逐渐延长。如分图 a 所示，$x=0.1$ 时，在 2 个时间单位达到稳定状态，当 $x=0.3$ 时，演化时间延长为 3.5 个单位。可见，虽然合乘共享最终未能替代自驾出行，但提供合乘共享的车主比例越高，该服务退出市场的速度越慢。

此外，当 $x=0.3$ 时，观察分图 b 中相对应的 y 曲线。可见，选择合乘共享的乘客在演化初期有一个缓慢的上涨阶段，到达峰值点后逐步下降。这说明，当 x 的初始规模很接近临界规模时，会刺激乘客选择合乘共享，x 曲线在逐渐下降，但 y 在演化初期还是会缓慢增长，直到拐点出现，乘客又逐步转为营利性网约出行。

（2）当 x 的初始规模超过临界规模时，随着 x 初始规模取值的增大，x 收敛于 1 的时间越短。从分图 a 可知，曲线先下降，到达最低点后反弹，最终到达稳定状态。以 $x=0.4$ 为例，演化初期提供合乘共享的车主比例从 0.4 下降到 0.3，1 个时间单位后不断上升，在 3 个时间单位达到稳定状态。

当 $x=0.4$ 时，观察分图 b 中相对应的 y 曲线。可见，选择合乘共享出行的乘客比例不断上升。在最初的 1 个时间单位内，x 从 0.4 下降到 0.3，但 y 却从 0.1 增长到 0.3。之后曲线的斜率增大，变得更陡峭，最终在 2.5 个时间单位达到稳定状态。也就是说，当提供合乘共享的车主初始比例超过临界规模，但合乘乘客的初始比例很低时，在演化初期，部分原本愿意提供合乘共享的车主会因需求不足而变回自驾，但随着合乘乘客比例的持续增长，自驾的车主比例会不断下降，最终都选择提供合乘共享。

6.3.4 乘客端初始比例变化的影响

图 6－5 讨论的是 y 变动对演化结果的影响。假设提供合乘共享的车主保持低比例状态（$x=0.1$），即初始状态选择自驾的车主占 90%。此时，演化是由需求侧的乘客拉动的。可见：y 的临界规模在 0.4 至 0.5 之间，当 y 不大于 0.4 时，演化收敛于（0，0），当 y 取值不小于 0.5 时，演化方向发生改变，收敛于（1，1）。

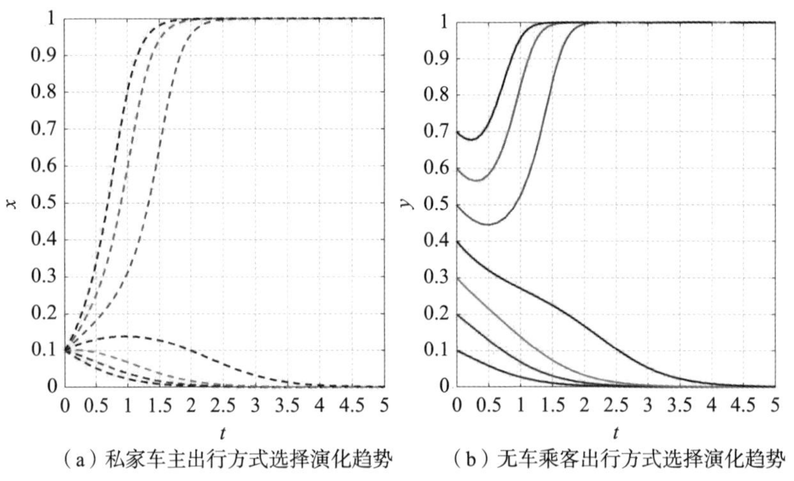

（a）私家车主出行方式选择演化趋势　（b）无车乘客出行方式选择演化趋势

图 6－5　x 不变 y 变化时的演化结果

（1）当 y 的初始规模低于临界规模时，演化时间随着 y 初始规模取值的增大而延长。$y=0.1$ 时，在两个时间单位达到稳定状态，当 $y=0.4$ 时，演化时间延长为 4.5 个单位。可见，选择合乘共享的乘客比例越高，该服务退出市场的速度越慢。

当 $y=0.4$ 时，观察分图 a 中相对应的 x 曲线。可见，提供合乘共享的车主比例在演化初期缓慢上涨，到达峰值点后逐步下降。这说明，当 y 的初始规模接近临界规模时，会刺激车主提供合乘共享。尽管 y 曲线在持续下降，但供给 x 在演化初期缓慢增长，直至拐点出现，车主又变回自驾状态。

（2）当 y 的初始规模超过临界规模时，随着 y 初始规模取值的增大，y 收敛于1的演化时间越短。由分图b可知，y 曲线先下降，到达一个最低点之后开始上升，最终到达稳态。以 $y=0.5$ 为例，合乘乘客的比例先从0.5下降到0.45，0.5个时间单位之后不断上升，在两个时间单位达到稳定状态。

当 $y=0.5$ 时，观察分图a中相对应的 x 曲线。可见，提供合乘共享出行的车主比例不断上升。在0.5个时间单位之前，虽然 y 从0.5下降到0.45，但 x 的比例从0.1增长到接近0.2。此后，x 曲线变得更陡峭，最终在2.5个时间单位达到稳态。也就是说，当合乘乘客的初始比例超过临界规模，但提供合乘共享的车主初始比例很小时，在演化初期，部分合乘乘客会因为供给不足而转为营利性网约出行，但随着供给的持续增长，营利性网约出行的乘客比例会不断下降，最终都转而选择合乘共享。

对比图6-3、图6-4和图6-5，系统向（1，1）演化时，有如下特征：①当合乘乘客的初始规模保持较低比例（$y=0.1$）时，车主端的临界规模门槛相对较低（0.3~0.4），在演化初期会出现私家车主退出的情况；②当车主提供合乘共享服务的比例很低（$x=0.1$）时，乘客端的临界规模门槛相对更高一些（0.4~0.5），虽然供给比例不断上升，但合乘乘客比例在演化初期会出现降低的情况；③当车主端和乘客端同时变动时，演化时间较①和②进一步缩短，并且在 x 和 y 取值相同时，乘客端的演化时间更短，说明乘客比车主更愿意接受合乘共享。

因此，平台要更快地推动合乘共享规模的扩大，首先应该从车主端入手：①在公测期免费下载和免费使用，先让供给侧达到临界规模；②对车主优先采取短期“烧钱补贴”政策，在一定时期保证私家车主持续的充足供给，以供给侧拉动需求侧。其次，通过优惠补贴策略短期吸引无车乘客选择合乘共享，反过来又能促进供给侧规模的扩大。当供需两侧的合乘观念和习惯养成之后，能够共同推动合乘共享的发展。

6.4　车主端驱动参数变化对演化结果的影响

接下来探讨不同的参数变化对演化结果的影响。根据公式（6-5）、（6-6）可知，有的变量只对车主或乘客一方产生影响，而有的变量则同时影响两个群体，本节主要探讨车主端驱动参数对演化结果的影响。设 $x=y=0.3$。

6.4.1　私密性效用系数变化的影响

如果私家车主与无车乘客合乘出发，则会由于出行过程中陌生人的加入而降低其私密性效用。根据公式（6-7），对私密性效用 ε 求导可得：

$$\frac{\partial S_{ABCD}}{\partial \varepsilon}=\frac{su_1}{2\alpha[(\varepsilon-1)u_1+u_3+(1-\gamma)pl_0-\tau-d_op_ol_e-\delta t_e\beta_o]^2}>0$$

因此，ε 越大，S_{ABCD} 越大，演化结果向（1，1）收敛的可能性就越大。如图 6-6 分图 a 所示，ε 越大，车主提供合乘共享服务时私密性效用下降得越少，演化时间越短。供给侧的演化时间受 ε 的变化波动较大，当 $\varepsilon=0.3$ 时，需 3 个时间单位，但 $\varepsilon=0.7$ 时，只需 1.5 个单位。x 曲线呈“S”形，在演化初期，由于车主还不太适应私密性的降低，比例变化不大，短暂的平缓阶段过后，开始加速上升，最终达到稳定。

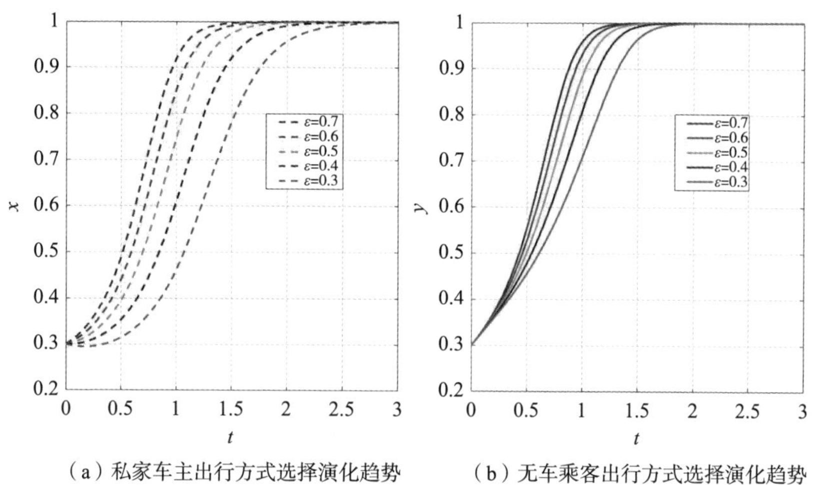

（a）私家车主出行方式选择演化趋势　　（b）无车乘客出行方式选择演化趋势

图 6－6　ε 变化时的演化结果

对乘客而言，无论合乘共享还是营利性网约，二者相似度很高，都是由一个驾驶员提供出行服务，因此，私密性对乘客出行选择无直接影响。如图 6－6 分图 b 所示，ε 的变动对 y 曲线的演化时间影响不大，曲线分布较密集。但私密性效用引起车主端参与合乘共享比例的变动，进而影响了乘客端的演化时间。从分图 b 可知，随着 ε 的增大，y 曲线的演化时间也从 2 缩短为 1.5。

6.4.2　平台抽成比例变化的影响

车主每完成一笔订单，平台都要按照 γ 的比例抽成。根据公式（6－7），对平台抽成比例 γ 求导可得：

$$\frac{\partial S_{ABCD}}{\partial \gamma}=\frac{-spl_0}{2\alpha[(\varepsilon-1)u_1+u_3+(1-\gamma)pl_0-\tau-d_op_ol_e-\delta t_e\beta_o]^2}<0$$

因此，γ 越大，S_{ABCD} 越小，演化结果向（1，1）收敛的可能性就越小。提成比例越高，车主提供合乘共享服务的积极性越低，演化时间越长。如图6－7分图a所示，$\gamma=0.1$ 时，收敛时间为1.7，$\gamma=0.25$ 时，则需2.2个单位。合乘共享以提高资源利用率、分摊出行成本为目的，总体而言，平台的提成比例对车主的影响变化不大。对于营利性网约出行而言，平台对司机的提成不超过25%，而合乘出行作为一种非营利项目，单位价格本来就低，抽成比例 γ 必然要更低。

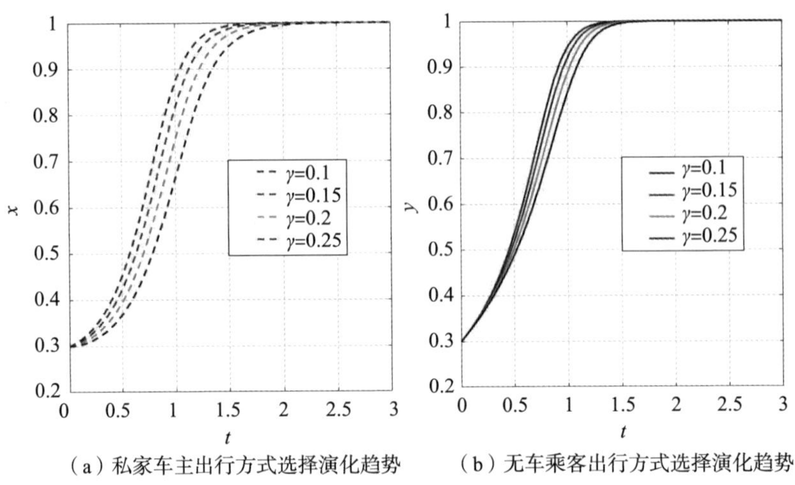

（a）私家车主出行方式选择演化趋势　（b）无车乘客出行方式选择演化趋势

图6－7　γ 变化时的演化结果

从分图a可知，x 曲线呈现从慢到快再到慢的“S”形过程。以 $\gamma=0.25$ 为例，在演化的前0.5个时间单位中，提供合乘共享的私家车主比例呈现缓慢增长状态，也就是说，私家车主对合乘共享的接受速度相对较慢，需要一段适应期才能进入快速增长阶段。

提成比例设置的高低影响了车主提供合乘共享的意愿，进而导致需求侧演化时间的变动。从分图 b 可知，γ 越大，y 曲线的演化速度越慢，但曲线更密，说明演化速度受 γ 影响不大。

6.4.3　安全责任成本变化的影响

在提供合乘共享服务时，车主不仅是出行者，还是运送人，不仅要满足自己的出行需求，而且要将合乘者安全及时地送达目的地。私家车主和合乘者之间虽然不是营利性的运输合同关系，但也有义务承担相应的安全责任。根据公式（6－7），对安全责任成本 τ 求导可得：

$$\frac{\partial S_{ABCD}}{\partial \tau}=\frac{-s}{2\alpha[(\varepsilon-1)u_1+u_3+(1-\gamma)pl_0-\tau-d_o p_o l_e-\delta t_e \beta_o]^2}<0$$

因此，τ 越大，S_{ABCD}越小，演化结果向（1，1）收敛的可能性就越小。如图 6－8 分图 a 所示，安全责任成本 τ 越小，演化时间越短。当 $\tau=9$ 时，演化时间为 5 个单位，当 $\tau=1$ 时，缩短为 1.5 个单位。提高车主的安全责任成本，虽然会降低演化速度，但适当的“刹车”有利于保障出行安全，降低合乘共享的事故率。以 $\tau=9$ 为例，在演化初期，虽然会导致一部分车主退出合乘共享，x 曲线从 0.3 开始下降，但由于合乘共享在价格、便捷性、服务等方面的优势，需求侧规模在逐步增长，提供合乘共享的车主比例下降至拐点后，开始加速增长，最后收敛于（1，1）。

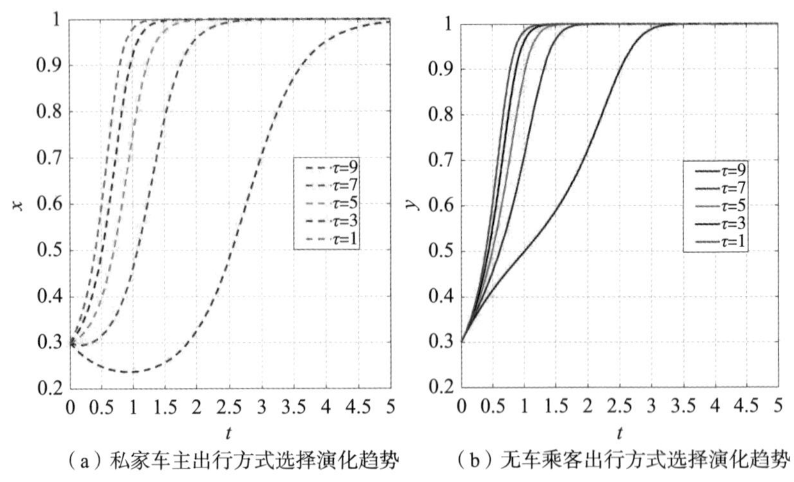

（a）私家车主出行方式选择演化趋势　（b）无车乘客出行方式选择演化趋势

图 6－8　τ 变化时的演化结果

提高车主的安全责任成本，减缓了供给侧的演化速度，同时也导致需求侧演化速度放缓。如图 6－8 分图 b 所示，τ 越小，演化时间越短，当 $\tau=9$ 时，y 曲线的斜率变小。但是从长期来看，演化结果为（1，1），最终仍能实现全社会参与合乘共享的目的，并且在这个过程中，出行者的安全意识在逐步增强，有利于提升合乘共享服务的整体安全水平。

6.4.4　识别认证及信息搜索成本变化的影响

私家车主如果想提供合乘共享服务，那么，在打开平台软件时，首先要进行识别认证，通过后才可以设置自己的位置和路线，平台会将搜索到的订单信息发送到车主手机上，车主可以从中筛选与之匹配的订单。车主在此过程耗费的成本记为 s，根据公式（6－7），对识别认证及信息搜索成本 s 求导可得：

$$\frac{\partial S_{ABCD}}{\partial s}=\frac{-1}{2\alpha[(\varepsilon-1)u_1+u_3+(1-\gamma)pl_0-\tau-d_op_ol_e-\delta t_e\beta_o]}<0$$

因此，s 越大，S_{ABCD} 越小，演化结果向（1，1）收敛的可能性就越小。如图6－9分图a所示，当 $s \leqslant 3$ 时，x 曲线收敛于1，且 s 越大演化时间越长。$s=3$ 时，演化时间为3，并且在演化初期，x 曲线略微下降，呈现一个小低谷，之后加速上升。这说明，当 s 增加时，一部分车主会由于这些操作带来的不便而选择退出，但并未影响到整体的演化方向，适应和熟悉一段时间之后，提供合乘共享的车主比例会加速上升。但是，当 s 继续增大（如 $s=4$）时，演化方向发生了改变，x 曲线收敛于0，此时，车主会因为烦琐的识别和操作过程而放弃合乘共享，宁愿自驾出行。

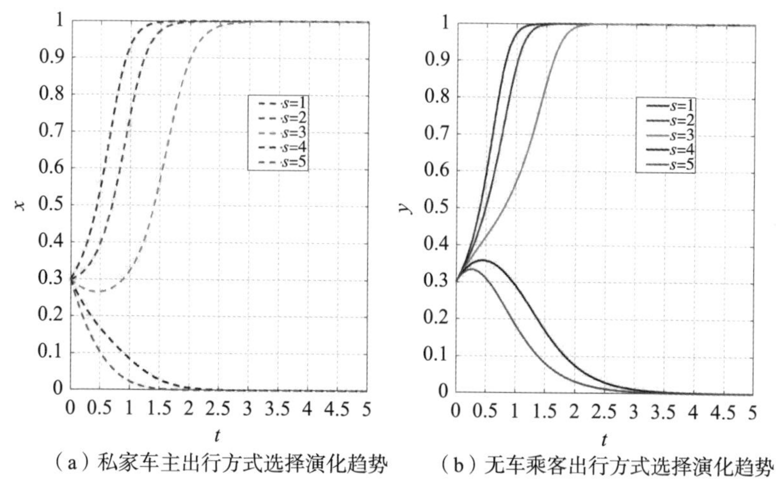

（a）私家车主出行方式选择演化趋势　（b）无车乘客出行方式选择演化趋势

图6－9　s 变化时的演化结果

对比分图b可见，乘客对供给比例变化反应滞后。例如，当 $s=4$ 时，虽然 x 曲线在不断下降，但相对应的 y 曲线在演化初期却在上升，到达最高点后，才开始向0的方向收敛。

6.5 乘客端驱动参数变化对演化结果的影响

6.5.1 舒适性效用系数变化的影响

作为乘客而言，营利性网约和合乘共享的舒适度是存在差异的。根据公式（6－7），对舒适性效用系数 k 求导可得：

$$\frac{\partial S_{ABCD}}{\partial k}=\frac{-t_{er}\beta_r u_2}{2\alpha[(1-k)u_2+u_3+(p_{rc}-p)l_0+(\sigma_{rc}-\sigma_r)r_s+t_{er}\beta_r]^2}<0$$

因此，k 越大，S_{ABCD} 越小，演化结果向（1，1）收敛的可能性就越小，达到稳定的演化时间越长。如图 6－10 分图 b 所示，当 $k=0.5$ 时，营利性网约的舒适性效用只有合乘共享的一半，

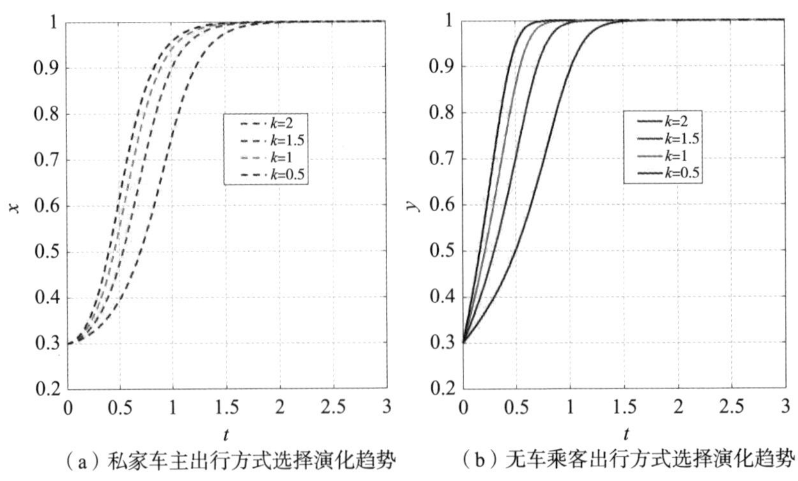

（a）私家车主出行方式选择演化趋势　（b）无车乘客出行方式选择演化趋势

图 6－10　k 变化时的演化结果

后者的服务优势非常明显，能快速吸引更多乘客，演化时间为 0.75。当 $k=2$ 时，营利性网约出行的舒适性效用是合乘共享的 2 倍，此时，由于合乘共享其他优势的存在，演化方向虽未发生变化，但演化时间变为 1.5，合乘乘客的比例增长放缓。

虽然车主提供合乘共享与否并不考虑舒适度，但舒适度效用影响了需求侧的演化速度，进而影响了供给侧。如图 6－10 分图 a 所示，x 曲线整体上呈现“S”形，演化时间随着 k 的增大而延长，变化幅度在 0.5 左右。

6.5.2　安全风险概率变化的影响

乘客出行决策时，要考虑到不同出行方式的安全风险，在安全损失一定的情况下，风险概率越低，则该出行方式越安全。从运营模式上看，网约车或出租车等营利性出行方式由平台或出租车公司统一管理，司机和乘客是运输合同关系，安全风险相对较低，而合乘共享中车主和乘客是平等互助的关系，安全责任相对不够明确，部分车主并未接受过专业的出行安全培训，因此，安全风险相对较高。根据公式（6－7），对合乘共享的安全风险 σ_r 求导可得：

$$\frac{\partial S_{ABCD}}{\partial \sigma_r}=\frac{-t_{er}\beta_r r_s}{2\alpha[(1-k)u_2+u_3+(p_{rc}-p)l_0+(\sigma_{rc}-\sigma_r)r_s+t_{er}\beta_r]^2}<0$$

因此，σ_r 越大，S_{ABCD} 越小，演化结果向（1，1）收敛的可能性就越小。假设营利性网约出行的安全风险不变，$\sigma_{rc}=0.000005$，观察合乘共享的安全风险 σ_r 变化对演化结果的影响，如图 6－11 所示。

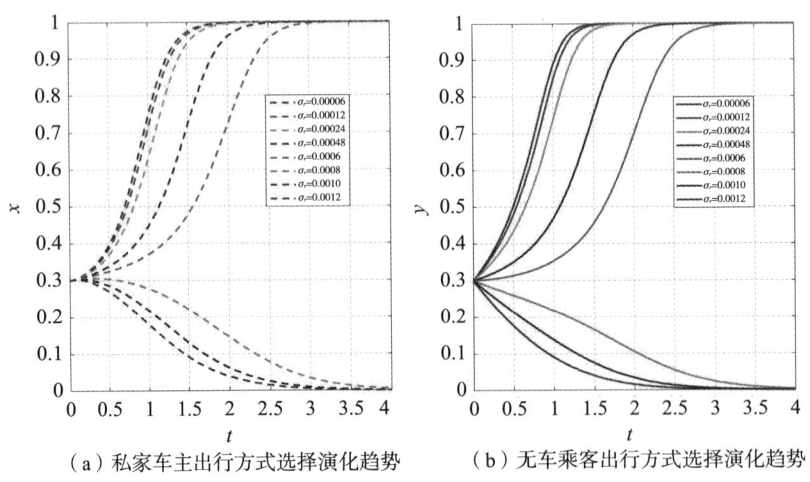

（a）私家车主出行方式选择演化趋势　（b）无车乘客出行方式选择演化趋势

图 6－11　σ_r 变化时的演化结果

如图 6－11 分图 b 所示，σ_r 越大，演化时间越长。当 $\sigma_r=0.00006$ 时，在 1.5 个时间单位趋于稳定，但当 $\sigma_r=0.0006$ 时，则需 3.5 个单位。虽然 σ_r 的取值扩大了 10 倍，演化时间延长，但演化方向并未发生变化，由此说明，合乘共享虽然存在一定的安全风险，但与其带来的好处相比，该安全风险在乘客的承受范围之内。但是，$\sigma_r=0.0008$ 时，演化方向发生了改变，并且 σ_r 越大，y 曲线向 0 的方向演化时间越短。这是由于合乘共享的安全风险已经超出了承受范围，乘客不得不放弃合乘而重新选择营利性网约出行。

σ_r 虽然并不直接影响车主的决策，但由于乘客端参与合乘共享的比例发生变化，分图 a 中的 x 曲线也相应地变化。当 $\sigma_r=0.00006$ 时，演化时间为 2 个单位，当 $\sigma_r=0.0006$ 时，延长为 3 个单位。当 $\sigma_r=0.0008$ 时，由于乘客放弃合乘共享，那么私家车主一侧的演化方向也发生改变，x 曲线收敛于 0，但反应要比 y 曲线慢一些。

6.5.3　出行方式转换成本变化的影响

当合乘共享的供需匹配失败时，乘客不得不转换为营利性网约出行，因此，乘客花费的额外转换成本 $t_{er}\beta_r$ 的高低将影响其出行选择。根据公式（6-7），对 $t_{er}\beta_r$ 求导可得：

$$\frac{\partial S_{ABCD}}{\partial t_{er}\beta_r} = \frac{-[(1-k)u_2+u_3+(p_{rc}-p)l_0+(\sigma_{rc}-\sigma_r)r_s+t_{er}\beta_r]+t_{er}\beta_r}{2\alpha[(1-k)u_2+u_3+(p_{rc}-p)l_0+(\sigma_{rc}-\sigma_r)r_s+t_{er}\beta_r]^2}$$

$$= \frac{t_{er}\beta_r - N}{2\alpha N^2}$$

因为 $\alpha N - t_e\beta_r = \alpha[(1-k)u_2+u_3+(p_{rc}-p)l_0+(\sigma_{rc}-\sigma_r)r_s + t_{er}\beta_r] - t_e\beta_r > 0$，所以 $N - t_e\beta_r > 0$，有 $\frac{\partial S_{ABCD}}{\partial t_{er}\beta_r} < 0$。因此，$t_{er}\beta_r$ 越大，S_{ABCD}越小，演化结果向（1，1）收敛的可能性就越小。如图 6-12 分图 b 所示，当 $t_{er}\beta_r$ 越大，演化时间越长，因为当合乘共享的供需匹配不成功时，乘客不得不花费额外的时间精力去重

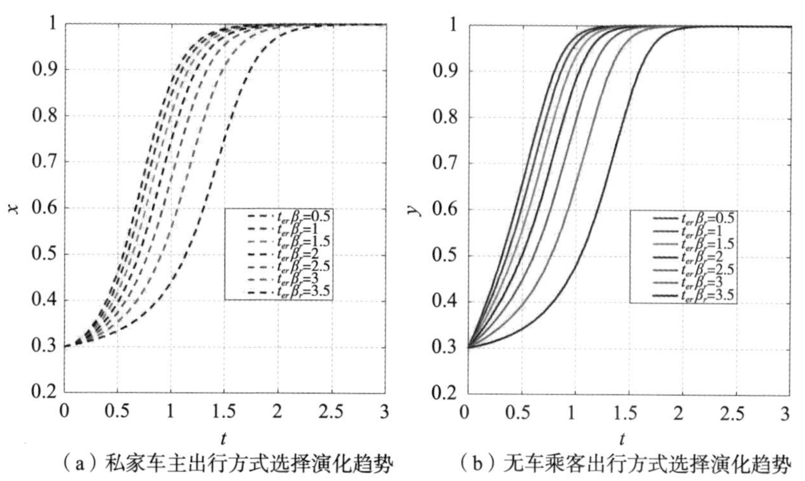

（a）私家车主出行方式选择演化趋势　　（b）无车乘客出行方式选择演化趋势

图 6-12　$t_{er}\beta_r$ 变化时的演化结果

新选择营利性网约出行，转移成本过高会限制乘客选择合乘共享的意愿。

转移成本直接影响到乘客的出行选择，但进一步会间接影响到车主的演化速度，对应的分图 a 中的 x 曲线也发生相应的变化。以 $t_{er}\beta_r=3.5$ 为例，乘客端在 2 个时间单位趋于稳定，而车主端则需要 2.5 个时间单位，反应稍稍滞后。

6.6 双侧驱动参数变化对演化结果的影响

6.6.1 交通运行指数及合乘车道设置的影响

交通运行指数反映了城市交通的拥堵状况，直接影响到出行者的出行成本。从复制动态方程看，δ 与 $f(x)$ 有关，也就是说，δ 直接影响到了私家车主的出行决策，特别是影响到了私家车主的单位油耗 d_o 与额外的接送成本 $\delta t_e\beta_o$。其中：$d_o=d_{\min}+(\delta-1)(d_{\max}-d_{\min})$。根据公式（6-7），对交通运行指数 δ 求导可得：

$$\frac{\partial S_{ABCD}}{\partial \delta}=\frac{-s[(d_{\max}-d_{\min})p_o l_e+t_e\beta_o]}{2\alpha\{(\varepsilon-1)u_1+u_3+(1-\gamma)pl_0-\tau-[d_{\min}+(\delta-1)(d_{\max}-d_{\min})]p_o l_e-\delta t_e\beta_o\}^2}<0$$

因此，δ 越大，S_{ABCD} 越小，演化结果向（1，1）收敛的可能性就越小。将 $\delta=1$，$\delta=1.5$，$\delta=2$ 分别代入公式（6-7），可得 S_{ABCD} 的值分别为 0.7743、0.7732 和 0.7704，也就是说，交通运行指数的变化对 S_{ABCD} 的影响并不大。

为了鼓励私家车合乘共享行为，政府设置了专门的合乘车道，供两人以上（含驾驶员）的私家车通行。由于合乘车辆非空驶且座位占用率较高，合乘车道也被称为高占用车道（High Occupancy VehicleLanes，HOVL）。在这种情况下，合乘车道和普通车道的交通运行指数是不同的，设普通车道的交通运行指数仍为 δ，而合乘车道的交通运行指数为 δ_2。车主如果提供合乘共享，那么在接到乘客之后就可以进入合乘车道，其单位油耗发生了变化，记为 $d_{o2}=d_{\min}+(\delta_2-1)(d_{\max}-d_{\min})$。因此，匹配成功后，私家车主的收益变为：

$$\pi_{11}^{oS}=(u_0+\varepsilon u_1+u_2+u_3)-[c+d_{o2}p_o l_0+d_o p_o l_e+\delta_2 t_0\beta_o+\delta t_e\beta_o]+(1-\gamma)pl_0-s-\tau$$

与此同时，合乘车道的设置不仅影响到了车主的出行决策，也影响到了乘客的出行决策。在合乘车道设置之前，乘客无论选择合乘共享还是选择营利性网约，其交通运行指数均为 δ，出行的时间成本为 $\delta t_0\beta_r$。但是，设置合乘车道之后，乘客选择合乘共享时，其交通运行指数变为 δ_2，出行的时间成本变为 $\delta_2 t_0\beta_r$，而营利性网约出行的路况和出行收益却并未发生变化。因此，匹配成功后，乘客的出行收益变为：

$$\pi_{11}^{rS}=(u_0+\varepsilon u_1+u_2+u_3)-pl_0-\sigma_r r_s-\delta_2 t_0\beta_r$$

将 π_{11}^{oS} 和 π_{11}^{rS} 重新代入公式 $f(x)=x(W_1^o-\overline{W}^o)$ 和 $f(y)=y(W_1^r-\overline{W}^r)$，复制动态方程 $f(x)$ 和 $f(y)$ 均发生了变化：

$$f(x)=x(1-x)\{[(\varepsilon-1)u_1+u_3-(d_o p_o l_e+\delta t_e\beta_o)-(d_{o2}p_o l_0+\delta_2 t_0\beta)+(d_o p_o l_0+\delta t_0\beta_o)+(1-\gamma)pl_0-\tau]y\alpha-s\} \tag{6-8}$$

$$f(y)=y(1-y)\{[(1-k)u_2+u_3+(p_{rc}-p)l_0+(\sigma_{rc}-\sigma_r)r_s+(\delta-\delta_2)t_0\beta_r+t_{er}\beta_r]x\alpha-t_{er}\beta_r\} \tag{6-9}$$

假设合乘车道不拥堵，$\delta_2=1$，其他参数不变，由此可以计算出新的（x^*，y^*）和 S_{ABCD}，如表 6-6 所示。当普通车道的交

通运行指数 $\delta=1.5$ 时，设置合乘车道后 S_{ABCD} 的面积从 0.7732 增大到 0.8049，同样 $\delta=2$ 时，设置合乘车道后 S_{ABCD} 的面积增大为 0.8271。图 6－13 反映了设立合乘车道前后，交通运行指数的不同取值对演化结果的影响。

表 6－6　设置合乘车道前后（x^*，y^*）和 S_{ABCD} 的变化情况

是否设置合乘车道	δ	x^*	y^*	S_{ABCD}
否	$\delta=1.5$	0.1792	0.2743	0.7732
	$\delta=2$	0.1792	0.2800	0.7704
是（$\delta_2=1$）	$\delta=1.5$	0.1618	0.2283	0.8049
	$\delta=2$	0.1475	0.1984	0.8271

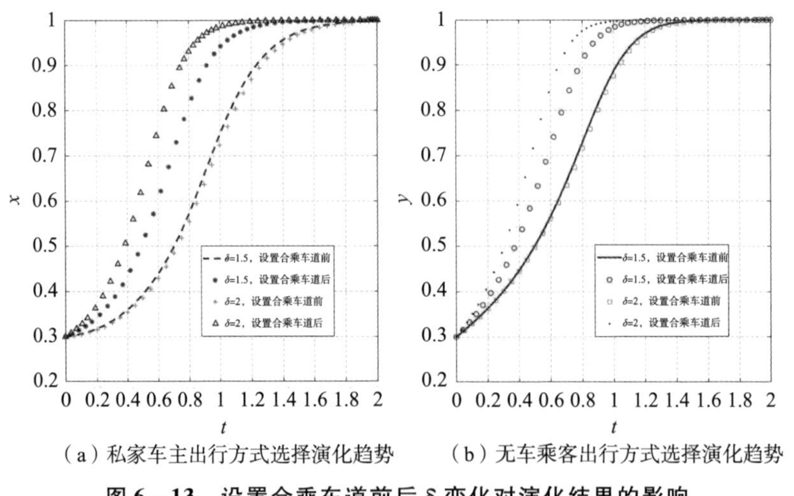

（a）私家车主出行方式选择演化趋势　　（b）无车乘客出行方式选择演化趋势

图 6－13　设置合乘车道前后 δ 变化对演化结果的影响

如图 6－13 分图 a 所示，在合乘车道设立之前，虽然 δ 增大而 x 曲线稍向右移，但演化速度变化不大。但是，设立合乘车道之后，$\delta_2=1$，演化时间缩短：当 $\delta=1.5$ 时，演化时间从 2 缩短至 1.4；当 $\delta = 2$ 时，演化时间从 2 缩短至 1.2。由此可见，普通车道与合乘车道的拥堵程度差异越大，演化速度越快。

同时，如图 6－13 分图 b 所示，设立合乘车道之后，$\delta_2 = 1$，选择合乘共享的乘客比例的演化时间缩短：当 $\delta = 1.5$ 时，演化时间从 1.6 缩短至 1.2；当 $\delta = 2$ 时，演化时间从 1.6 缩短至 1。对比分图 a 和分图 b 还可以发现：①在交通运行指数相同时，乘客端的演化时间要小于车主端，可见乘客比车主更愿意接受合乘共享；②设置合乘车道前后，车主端演化时间的变化幅度要大于乘客端，可见该策略对车主的出行决策影响更大。因此，合乘车道的设立能够降低车主和乘客的时间成本，进一步刺激合乘共享行为，并且交通越拥堵，越有必要设置合乘车道。

6.6.2　价格水平变化的影响

在其他参数不变的情况下，由条件 $\alpha M > s$，$\alpha N > t_e\beta_r$ 可得，$0.42335 < p < 2.395$。设营利性网约的价格为 $p_{rc} = 2.5$，分析合乘共享价格 p 的变动对演化结果的影响。

合乘共享价格 p 能够同时影响私家车主和乘客的出行决策。如表 6－7 所示，p 越大，M 值越大，而 N 的值越小。对车主而言，p 的值能够直接影响到其提供合乘共享的收入水平，p 越大，每笔订单的收益越大，车主提供合乘共享的意愿越强烈；对乘客而言，p 的值直接影响其出行成本，p 越大，每次出行所支付的车费就越多，乘客参与合乘共享的意愿会下降。如表 6－7 所示，在两种相反的作用力下，S_{ABCD} 的大小发生不同的变化，$p = 1.5$ 时，S_{ABCD} 面积最大。

表 6-7　　p 的不同取值下 M，N 和 S_{ABCD} 的变化情况

(0.3, 0.3)	M	N	S_{ABCD}
$p=2.25$	17.11	3.95	0.6105
$p=2$	15.11	6.45	0.7235
$p=1.75$	13.11	8.95	0.7650
$p=1.5$	11.11	11.45	0.7784
$p=1.25$	9.11	13.95	0.7732
$p=1$	7.11	16.45	0.7483
$p=0.75$	5.11	18.95	0.6896

6.6.2.1　情形 1：当合乘共享价格不超过营利性网约价格的一半时

在合乘共享的市场治理过程中，不少政府规定其价格不得超过营利性网约价格的一半，那么，这种规定是否合理？先看提供合乘共享的车主比例 x 的演化趋势，如图 6-14 分图 a 所示。随着合乘共享价格 p 的不断增大，x 到达稳定状态的时间越来越短，由此说明，单位收入的增加会让车主更愿意提供合乘共享服务。当价格从 0.75 变为 1.125 时，演化时间从 4 个单位缩减至 2 个单位。

分图 b 表示的是乘客选择合乘共享比例 y 的演化趋势，情况稍微复杂。分图 b 中有 3 条曲线，两两之间存在一个交点：在交点左侧，价格越高，演化速度越慢，而交点右侧则相反。以 $p=0.75$ 和 $p=1.25$ 为例，在横轴为 0.8 时两条曲线相交。在交点左侧，由于价格提高，乘客的出行费用增加，因此演化速度更慢一些，$p=1.25$ 的曲线在 $p=0.75$ 的曲线下方。但由于价格提高，供给侧拉动需求侧快速增长，因此在交点右侧，$p=1.25$ 的

曲线在 $p=0.75$ 曲线上方。此外，乘客端演化时间很短，只有不到 2 个时间单位，并且随着价格的提高，演化时间也略有缩短。由此说明低价格水平时，适当提高价格能加快供需两侧的演化速度。

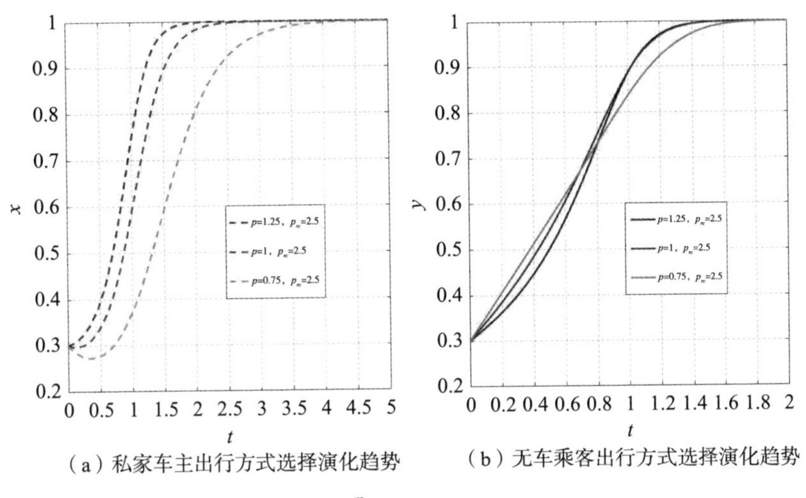

图 6－14　当 $p \leqslant \frac{p_{rc}}{2}$ 时，p 变化时的演化结果

6.6.2.2　情形 2：当合乘共享价格高于营利性网约价格的一半时

当 p 超过 p_{rc} 的一半时，随着 p 的不断增大，合乘乘客比例 y 的演化时间延长，如图 6－15 分图 b 所示。当 $p=2$ 时，演化时间为 3，但是当 $p=2.25$ 时，两种出行选择价格很接近，演化时间延长为 8。并且当 $p=2.25$ 时，y 有一明显的下降阶段，这说明演化初期由于过高的市场价格，导致很多乘客放弃了合乘共享，但后期凭借供给侧的拉动以及合乘共享的其他优势促使 y 逐步上升。

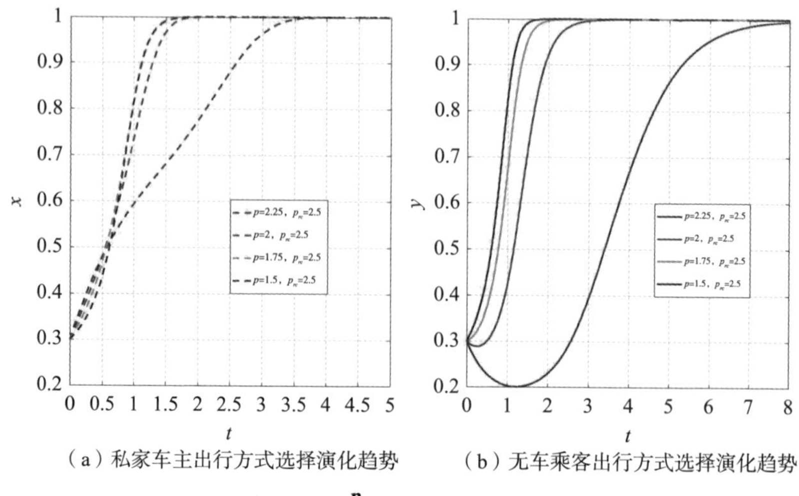

（a）私家车主出行方式选择演化趋势　　（b）无车乘客出行方式选择演化趋势

图 6－15　当 $p>\frac{p_{rc}}{2}$ 时，p 变化时的演化结果

对应的分图 a 情况略显复杂。在演化时间 0.6 左右，x 曲线两两相交。在交点左侧，价格越高演化时间越短，交点右侧则相反。以 $p=2.25$ 为例，在演化时间为 0.6 之前，演化速度是 4 条曲线中最快的，这是因为高价格刺激了车主快速加入到合乘共享中。但在交点右侧，演化速度反而是最慢的，并且演化时间从 $p=2$ 时的 2 个单位延长到 4 个单位。这是因为价格水平过高，乘客的出行意愿受到很大影响，需求的缓慢增长进一步导致供给侧的演化速度放缓。

对比图 6－14 和图 6－15 可以发现，适当提高合乘共享的价格水平，既可以加快私家车主端的演化速度，乘客端的演化速度也不会有太大变化。当 p 略高于 p_{rc} 的一半时，如 $p=1.5$ 时，可以同时协调供需两侧的演化速度，达到最佳状态。

6.6.3　匹配成功率变化的影响

设初始规模 $x=0.3$，$y=0.3$，分析匹配成功率 α 变动对演

化结果的影响。在供需初始比例不变时，不同匹配成功率水平下鞍点位置和 S_{ABCD} 的变化如表6－8所示。如图6－16所示，当 α 不小于0.7时，曲线比较陡峭，且分布较密集，演化结果收敛于（1，1），这说明，较高的匹配成功率能够快速吸引车主和乘客参与，且 α 越大，演化时间越短。

表6－8　α 的不同取值下（x^*，y^*）和 S_{ABCD} 的变化情况

（0.3，0.3）	αM	αN	x^*	y^*	S_{ABCD}
$\alpha=0.9$	8.20	12.56	0.1593	0.2438	0.7984
$\alpha=0.8$	7.29	11.16	0.1792	0.2743	0.7732
$\alpha=0.7$	6.38	9.77	0.2048	0.3135	0.7408
$\alpha=0.6$	5.47	8.37	0.2389	0.3658	0.6976
$\alpha=0.5$	4.56	6.98	0.2867	0.4389	0.6372

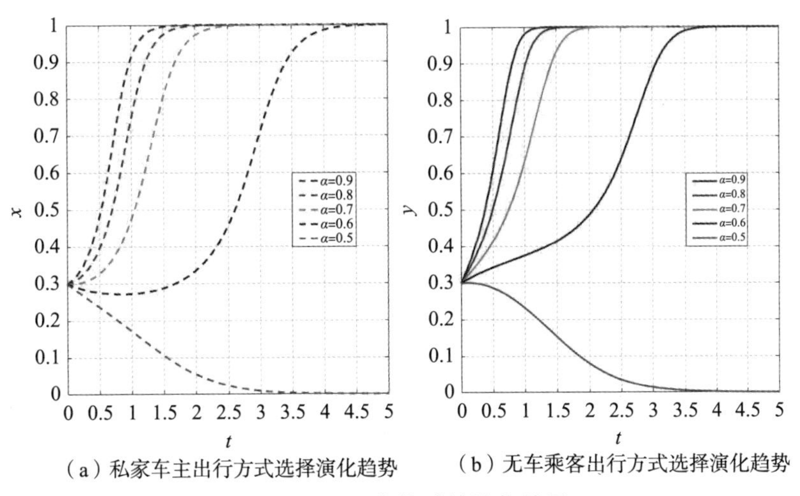

（a）私家车主出行方式选择演化趋势　（b）无车乘客出行方式选择演化趋势

图6－16　α 变化时的演化结果

当 $\alpha=0.6$ 时，初始点（0.3，0.3）处在 S_{ABCD} 的边界附近，

结果仍收敛于（1，1）。但是，对比其他几条曲线可以发现，$\alpha=0.6$ 时，曲线成为一个更明显的“S”形，演化时间明显延长，提供合乘共享的车主比例在很长一段时间几乎保持不变，而合乘乘客比例则缓慢上升。可见，较低的匹配成功率反向影响了人们参与合乘共享的意愿，对演化的抑制作用已经很明显，且对车主的影响更大些。

当 $\alpha=0.5$ 时，S_{ABCD} 的面积进一步缩小，要实现演化结果收敛于（1，1），则初始规模必须超过鞍点 $(x^*, y^*)=(0.2867, 0.4389)$，也就是说，当匹配成功率低时，平台只有积累更大的初始规模，才能引导私家车主和无车乘客都参与到合乘共享中。而（0.3，0.3）的初始规模并不满足这一条件，演化结果趋向于（0，0），最终私家车主自驾出行，而乘客选择营利性网约。

在实际的出行过程中，匹配成功的概率与出行情境有关。特别是通勤情境下，出行者出行路线和出行时间具有持续性和固定性，一般为中短途位移，车主与乘客在出行路线、起止点、出发时间等方面存在一致的可能性更高，匹配成功的平均概率大。但对于其他的出行情境，如往返机场车站、节假日返乡或旅游等，出行距离较长，偶然性较高，匹配成功的平均概率相对较小。

6.6.4　出行距离变化的影响

前面的讨论都是假设出行距离不变，$l_0=10$，但出行距离也是影响车主和乘客出行决策的重要因素。对车主而言，出行距离越远则时间越长，油耗越大；对乘客而言，出行距离越远，其时间成本和车费越高。除此之外，当超过一定的出行距离时，营利性网约会向乘客收取额外的远途费，这进一步增加了乘客的出行费用。接下来，在营利性网约出行远途费存在的情况下，讨论出行距离变化对演化结果的影响。

以青岛市滴滴快车（普通型）的计价规则为例：15～41 千米的出行距离加收每千米 0.93 元的远程费，超过 41 千米则加收每千米 1.2 元的远程费。因此，当 $l_0 \in (15, 40]$ 时，营利性网约出行的价格为 $15p_{rc}+(l_0-15)(p_{rc}+0.93)$，当 $l_0>40$ 时，营利性网约的价格为 $15p_{rc}+25(p_{rc}+0.93)+(l_0-40)(p_{rc}+1.2)$。如表 6－9 所示，$l_0$ 越大，S_{ABCD} 也越大，演化趋向于（1，1）的可能性就越大；同时，随着 l_0 的增大，S_{ABCD} 的增速在放缓。

表 6－9　l_0 的不同取值下 M，N 和 S_{ABCD} 的变化情况

(0.3, 0.3)	M	N	S_{ABCD}
$l_0=10$	9.11	13.95	0.7732
$l_0=15$	14.11	20.20	0.8495
$l_0=20$	19.11	31.10	0.8944
$l_0=30$	24.11	42.00	0.9184
$l_0=40$	29.11	52.90	0.9334
$l_0=50$	34.11	63.80	0.9438

如图 6－17 所示：①出行距离越远演化时间越短，特别是远程费的存在，进一步加快了乘客端的演化速度；②在出行距离相同时，乘客演化速度要快于私家车主，说明乘客更愿意接受合乘共享；③当出行距离超过 40 千米时，合乘共享的优势更加明显，演化时间已经非常短，并且出行距离变动对演化的作用较小。

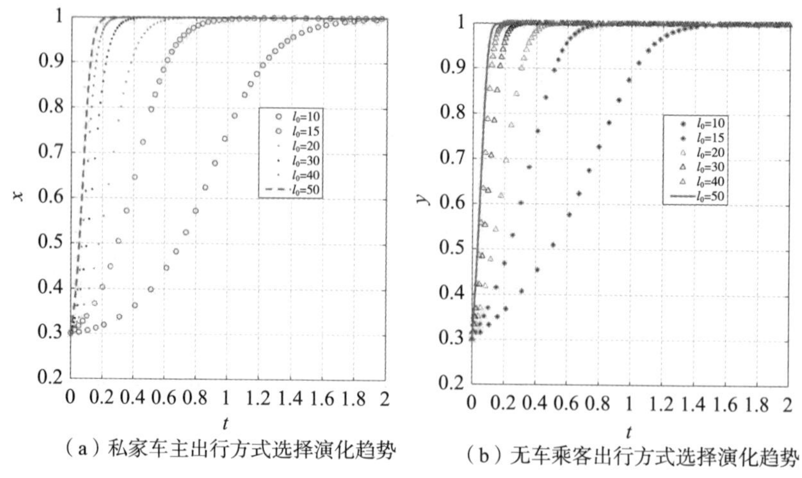

（a）私家车主出行方式选择演化趋势　（b）无车乘客出行方式选择演化趋势

图 6－17　l_0 变化时的演化结果

6.6.5　社交效用变化的影响

由于合乘共享服务的非营利性，车主和乘客之间可以自由交流互动，进而满足一种社会交往的需求。特别是通勤情境下，出行者的时间和路线相对固定，在重复的出行过程中容易形成相对固定的配对，当车主与乘客在年龄、职业、爱好等有相同点时，供需双方可能从陌生人变为朋友。随着合乘共享规模的扩大，互助共享出行的观念会逐渐深入人心，甚至形成一种群体归属感。而营利性网约出行方式下，司机和乘客是服务与被服务的关系，而非平等关系，且具有临时性、偶然性的特征，社交效用不足。

社交效用对供需两侧演化结果的影响如图 6－18 所示。设演化初期，提供合乘共享的车主以及合乘乘客的比例各为 30%。当社交效用 $u_3=5$ 时，合乘共享对出行者而言吸引力不足，演化收敛于（0，0）。此时，参与合乘共享的车主和乘客都呈下降趋势，而乘客端的曲线反应稍滞后。而当 $u_3=10$ 时，演化方向发生改变，演化收敛于（1，1），并且社交效用越大，演化速度越快。当 $u_3=20$ 时，车主端的演化时间从2个单位缩短至1个单位，而乘客端的演化时间从1.5个单位缩短为0.7个单位。可见，当社交效用足够大时，乘客端的演化速度要快于车主端，说明社交效用更能激发乘客的合乘意愿，而车主受到私密性降低的影响，演化速度略慢。

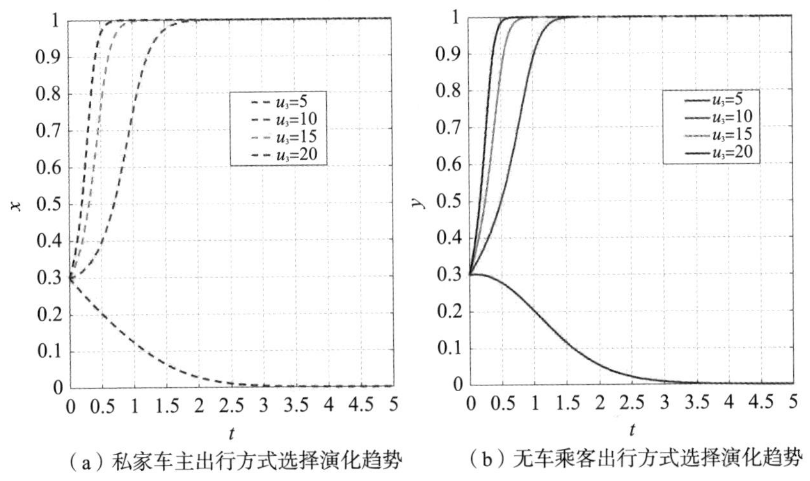

（a）私家车主出行方式选择演化趋势　　（b）无车乘客出行方式选择演化趋势

图6－18　u_3 变化时的演化结果

6.7　本章小结

本章构建了私家车主与乘客的出行收益函数，构建了双总体演化博弈模型，得出如下结论：

（1）供需两侧参与合乘共享服务的初始比例能够影响演化方向。①供需两侧的初始比例必须超过临界规模，才能激发正向的交叉网络外部性，最终达到全民参与合乘共享服务的理想状态。②供给侧临界规模相对较低，应优先吸引私家车主参与合乘共享，以供给侧拉动需求侧。③乘客比车主更愿意接受合乘共享服务，当供需初始比例超过临界规模时，乘客端的演化速度要快于车主端。

（2）私密性效用系数、平台抽成比例、安全责任成本、识别认证及信息搜索成本直接影响私家车主的出行决策。主要表现为：

①私密性降低幅度越小，私家车主的提供意愿越高，演化速度越快。②平台向供给侧平均每单所抽取的佣金比例越高，私家车主平均每单的收益越低。私家车主对抽成比例的波动很敏感，抽成比例降低，演化速度明显加快。③提高私家车主的安全责任成本，直接减缓了供给侧的演化速度，进一步也导致需求侧演化速度放缓。④私家车主在提供合乘共享服务之前，首先要进行识别认证，然后可以从中筛选与之匹配的订单。当操作过程过于烦琐，车主会逐步放弃合乘共享，仍坚持自驾出行。

（3）舒适性效用、安全风险概率和出行方式转换成本直接影响乘客的出行决策，主要表现为：

①合乘共享的舒适性效用越高，乘客的接受速度越快。②合乘共享的安全风险较低时，演化收敛于1，但是当安全风险超出承受范围时，乘客不得不放弃合乘而重新选择营利性网约出行。③当合乘共享的供需匹配失败时，乘客不得不花费额外的时间精力去重新选择营利性网约出行，转移成本越高，则会限制乘客选择合乘共享的意愿。

（4）交通拥堵指数、价格水平、匹配成功率、出行距离和社交效用对私家车主和乘客的出行决策同时产生影响，主要表现为：

①交通运行指数越大，演化时间越长，但对演化时间的影响并不显著。合乘车道的设置不仅降低了私家车主的单位油耗和时间成本，也降低了乘客的时间成本。普通车道与合乘车道的拥堵程度差异越大，演化速度越快。

②价格水平既影响乘客的出行费用，也直接关系到私家车主提供合乘共享服务的收入高低。价格越高，私家车主积极性越高演化速度越快，乘客则相反，且私家车主对价格的敏感程度高于乘客。适当提高合乘共享的价格水平，既可以加快私家车主端的演化速度，乘客端的演化速度也不会有太大变化。当合乘共享价格略高于营利性网约的一半时，可以同时协调供需两侧的演化速度，达到最佳状态。

③当匹配成功率较高时，演化时间与其负相关，曲线比较陡峭且密集。这说明，较高的匹配成功率能够快速吸引私家车主和无车乘客参与。匹配成功率的降低，会抑制出行者的参与意愿，当低于一定水平时，最终无人愿意参与合乘共享。

④对车主而言，出行距离越长则出行时间越长，油耗越大；对乘客而言，距离越远则时间成本和车费越高。由于合乘共享的价格优势，出行距离越长，演化速度越快。当超出一定距离时，营利性网约会向乘客收取远途费，合乘共享的价格优势更加明显，演化时间进一步缩短，但变动幅度越来越小。

⑤与营利性网约不同，合乘共享还可以为私家车主和乘客带来社交效用。社交效用越大，越能加快合乘共享的演化速度。当社交效用足够大时，乘客端的演化速度要快于车主端，说明社交效用更能激发乘客的合乘意愿。

第 7 章　网约出行方式发展对策与建议

网约出行方式的演化是乘客在既定规则之下“自下而上”长期选择的结果，而为了引导出行者行为向期望的方向演化，还离不开政府和平台“自上而下”的规范和引导。因此，本章在前几章的基础上，分别为政府和平台发展网约出行提出相应对策建议。

7.1　政府的行业引导与治理对策

网约出行需要治理，放任或者阻止都不是合适的战略。政府若加以阻止，违背“互联网 +”和共享经济背景下行业改革创新要求，甚至扼杀新业态发展；若放任市场自主调控，网约出行会快速挤压出租车市场份额，导致出租车司机失业，影响社会稳定。因此，政府治理应坚持审慎包容、开放灵活的原则，整合行业相关者的利益关系，推动新旧业态融合式发展。

7.1.1　推动传统行业改革，提升出租车竞争力

在网约出行的竞争下，中国出租汽车保有量和载客量在逐步

下降。因此，要维持传统市场稳定，保障出租车司机的相关利益，政府必须对出租车运营模式进行改革，为出租车司机“减负”，提高出租车的市场竞争力。

（1）通过推广出租车经营权的期限制和无偿使用、降低出租车租赁承包费等方式，增加司机的运营自主权，降低运营成本。例如，青岛推出自主经营模式，车辆行驶证、经营许可证等均归车主所有，经营权在 8 年时间内无偿使用，不必再交每月 3 000 元的“份子钱”。

（2）政府对出租车司机进行岗位补贴，保障司机的基本利益，同时合理制定每日运营任务量，对达标司机进行物质奖励。

（3）政府应推动运价改革，建立完善的价格动态调整机制，对出租车定价做有效指导。同时，发挥出租车司机的专业优势，努力提升服务质量，推动运营车辆更新升级，推出差异化业务（如礼宾出租）。

7.1.2　引导出租车网约化，促进“巡网融合”

“乘客路边招手 + 司机巡游揽客”最终会被“乘客网络预约 + 司机在线接单”所替代，这是技术进步和市场选择的必然结果。但巡游和网约是两种不同的供需匹配方式，不能人为地将巡游出租车与网约车割裂开来、区别对待。

（1）政府在一定时期内应保持出租车和网约车共存的市场结构。一方面，发挥网约平台的“鲇鱼效应”，依靠市场竞争机制提升行业整体服务水平；另一方面，通过调控市场份额比例和演化周期，动态协调相关从业者的利益矛盾，引导市场平稳有序演化。

（2）政府和出租车公司应鼓励司机加入平台，将网络预约与巡游揽客相结合，充分利用平台的订单流量规模和统筹调配能力，提高供需匹配效率。政府应与平台企业合作，通过技术赋能，实现巡游、网约、电话预约等多种供需匹配方式一体化运营，构建出租车汽车的标准化服务体系。

（3）推动网约车驾驶员与出租车驾驶员从业资格“两证合一”，无论选择网约车还是出租车，从业者只需通过一次考试，取得一本从业资格证即可。这样既节约了公共资源和司机的时间成本，同时引导司机在网约车和出租车之间的流动，加速了“巡网融合”的进程。

但是，共享经济新业态也造成了“数字鸿沟”的问题，年龄大的人新技术不熟悉，网约打车较困难（Vivoda J. M. et al.，2018）。因此，要在一段时间内保留巡游揽客、电话预约等传统打车方式。同时，政府应在医院、养老院等场所增设临时停靠点，进一步方便老年人打车出行。出租汽车公司应考虑部分老年人行动不便等特点，推出专属车队，例如，提供更大的车厢及专用斜道，方便老年人乘坐轮椅上下车（Wong R. C. P. et al.，2020）。

7.1.3 加强网约车监管，保障安全和公平竞争

（1）加大安全执法力度，严格规范网约车运营。首先，政府敦促已经获得运营资质的网约车平台将数据信息接入行业监管平台，通过数据共享和实时监控保障出行安全。其次，加快推进网约车辆和司机“双证合规”进程，严把入口关，将存在安全风险的车辆和司机排除，对从事违法运营的不合规车辆和司机作出处罚。最后，交通和司法部门应及时透明地公布出租车和网约

车的交通事故发生率、违法犯罪案发率等信息，让出行者了解不同出行方式的安全状况，减少突发事件和媒体舆论带来的恐慌。

（2）制定灵活的网约车辆及司机准入标准，调节网约车供给。网约车新政中的对司机户籍、车辆牌照、车辆价格及性能等标准，提高了网约车的准入门槛和运营成本，进一步导致网约车供给数量的减少。政府应充分考虑城市交通发展状况、环境容纳程度、经济发展水平、就业状况等指标，因地制宜地设定准入标准，实现网约车与出租车供给量的动态平衡。若城市失业率较高，可适当降低准入标准，发挥网约车增加社会就业的积极作用；若城市交通拥堵严重，可适当收紧准入政策，以限制外来车辆涌入。如果门槛过高，搞“一刀切”，会迫使大量网约车司机重回“黑车”行列，引发新的监管问题，过犹不及。

（3）制定网约车价格下限，建立价格动态监控预警机制。网约车平台为了在短期内获得足够大的用户规模，往往采用“烧钱”高额补贴的形式进行掠夺性定价，扰乱了市场公平竞争秩序。政府可设定网约车价格的下限，防止平台间为争夺市场份额而采取的过度补贴行为。同时，建立价格动态监控预警机制，防止网约车平台在获取垄断地位后提高价格，或者利用大数据“杀熟”导致老客户价格更高等行为发生。

7.1.4　明确非营利定位，鼓励私家车合乘共享

（1）适当放宽对顺风车价格的上限约束。为保证顺风车的非营利性，很多地方政府将顺风车价格与出租车或营利性网约价格挂钩，并设定了价格比例上限。从第 6 章结论可知，在保证互利互助定位的基础上，适当提升合乘共享服务的价格水平，放宽

价格比例上限，以刺激私家车主的参与积极性，进一步扩大供给侧规模。但要注意控制尺度，避免因顺风车价格提高而出现的违规运营现象。

（2）合理规定每日接单上限。顺风车的价格水平和抽成比例都比营利性的出租车和网约车要低，若对每日接单量不加限制，会导致一部分私家车主全天从事非法运营，扰乱正常的市场秩序。因此，政府确定合理的每日接单上限，既能保证顺风车业务的非营利性，也能维护出租车和网约车司机的利益。

（3）加大城市交通基础设施建设。第6章已证明合乘车道能够促进合乘共享的发展，因此，在早晚高峰期设置合乘车道，鼓励两人以上（含司机）在通勤时段的私家车合乘共享，从而降低合乘者的出行成本。此外，政府还应该：拓宽城市道路，降低城市交通运行指数；加大停车位建设力度，为合乘车辆提供停车优先权与费用优惠；依托大数据和云计算技术，加强城市交通的调度，构建智慧交通系统。

7.2 网约出行平台的发展策略

7.2.1 细分目标客户，走多元化之路

从第2章可知，网约快车是市场规模最大、用户最常用的网约出行方式。但网约车新政后，网约快车这种轻资产模式发展受到了阻碍，“双证合规”导致网约车平台的运营车辆和司机供给减少。因此，网约车平台应该在落实监管政策的同时，巩固网约

快车核心业务，并面向不同的客户群体，拓宽业务范围，走多元化发展之路。

（1）推出倾斜派单策略，让已经办理“双证”的车辆和司机享受优先接单的权利，同时提供合规车辆租赁服务与网约车司机资质考试培训，逐步限制和淘汰不合规的车辆和司机，从而保证网约快车核心业务有足够的车辆和司机供给规模。

（2）在鼓励合规的基础上，将服务年限长、口碑好的司机和车辆，升级为优享服务。将网约快车的用户进一步细分，吸引价格承受能力和服务要求高的乘客选择优享服务。平台应为优享司机提供更规范的培训和保障，并给予更高派单优先权和抽成补贴，激发司机的积极性。

（3）在现有合规运营车辆和司机规模下，发展网约拼车模式，降低车辆的空驶率，提高司机的订单完成效率。网约拼车主要面向愿意牺牲一部分时间成本，以获得出行费用节省的乘客，这类乘客打车频率高、对价格敏感，而对出行的时效性要求相对较低。

（4）充分利用闲置私家车资源，发展非营利的顺风车业务，可以作为营利性业务的有效补充。顺风车业务面向两类出行者：一类是有全职工作的私家车主，愿意牺牲一部分私密性和时间成本，以降低部分出行费用；另一类是无车的上班族，愿意以更低的价格获取与营利性网约车相似的出行体验。顺风车业务可以弥补通勤时段平台供给不足的问题，且顺风车业务开发潜力大，能从供需两侧扩大流量规模。此外，平台仍能从每单顺风车业务中提取一定比例的服务费，虽然比例远低于营利性业务，但可以靠着流量优势获得足够的收益。因此，平台发展顺风车业务，既能带来经济效益，又能顺应政府提高资源利用率、集约出行的理念，带来社会和环境效益。

7.2.2 优化智能算法，提升匹配效率

便捷性是网约出行的最大特点，能够提升乘客的位移效用，并缩短供需匹配时间。因此，网约车出行平台竞争首先要提升匹配精度和效率。

（1）提高 GPS 定位精度，准确识别乘客所在的位置，并强化司机与乘客的双向沟通机制，通过 App 或者电话的形式，进一步确定位置，减少定位不准导致的乘客多走路、等待时间长的问题。

（2）完善大数据算法，统筹权衡需求目标附近的车辆数量、距离远近、交通拥堵状况等因素，为乘客匹配最优车辆，从而缩短供需匹配时间。

（3）借助在线地图导航，为乘客选择最优路线，从而防止故意绕路现象的发生，缩短出行时间，并节约出行费用。同时，优化多订单的路径规划能力，实现顺路订单的最优匹配，从而减少接驾乘客花费的额外时间，提高网约拼车和顺风车的匹配成功率。

（4）完善乘客端人机交互界面，简化操作流程。特别是为满足老年人出行需求，提供到站提醒、路线可视化、常用路线等操作，还可推出亲友代叫车、一键叫车等功能。

7.2.3 加强运营监管，保障乘客安全

对于营利性网约出行方式而言，司机在取得运营资质时已经

进行了驾龄、犯罪记录、服务能力等多方面的考核筛选，车辆内部统一安装定位及录像设备，安全性相对较高。但对于非营利的合乘共享服务而言，供给方为私家车主，只是普通的出行者而非专职司机，准入门槛低，其出行安全更应该得到平台足够的重视。

（1）为保障顺风车乘客的安全，在每次接收订单之前，运用多种识别技术（刷卡、独立文本语音和面部等），验证私家车主身份（Gupta S. et al.，2019）。当乘客与车主见面，进行二次身份核实，保证人车相符。

（2）完善乘客端安全监控与预警功能。与运营车辆不同，私家车无法统一安装录像监控设备，因此，只能通过乘客端App进行过程监管。①提供紧急联系人、分享行程、手机录音、一键报警等需乘客主动操作的功能。②加强平台定位监控，对于偏离预订路线、异常停车、危险驾驶的情况，及时提醒乘客。

（3）此外，平台应加强私家车主的安全教育，提高安全出行责任意识。同时，完善反馈评价体系，对被投诉的私家车主进行强制教育、限制使用甚至加入黑名单。

7.2.4　完善价格机制，实行差异定价

平台应将短期补贴刺激与长效维护机制相结合，要注重用户规模的积累，还要注重价格机制的动态调整。

（1）在市场培育期，平台应依托高额补贴策略拓展市场份额，并且优先对供给侧采取政策倾斜。采取免费注册、推荐返利、现金红包等政策，鼓励网约车司机和私家车主加入平台。在保证充分供给的前提下，对乘客采取首单免费、优惠折扣、充值

返现等策略，达到短期吸引乘客的目的。

（2）取消固定抽成，实施抽成比例的动态调整和长期奖励机制。平台可根据市场供需变动情况和交通状况对网约车采用浮动抽成比例，为了鼓励私家车主通勤合乘行为，应采取比营利性网约出行更低的抽成比例。对网约车司机实行高峰期冲单奖励，鼓励司机接网约拼车单。根据私家车主每月累计合乘里程提供不同程度的优惠补贴，以增加供给侧用户黏性。

（3）根据不同业务的市场定位和乘客出行影响因素，实行差异化定价。

对于网约快车而言，可根据车辆状况和司机服务质量进行分档，分别面向高中低档乘客群体。高档服务面向价格接受度高、对舒适性要求高的顾客，中低档面对日常实时出行且对价格敏感的顾客。对于网约拼车而言，确定拼车价格与网约快车价格的合理比例，根据出行时间段和出行距离综合定价，实行拼成一口价，拥堵不加价，鼓励乘客在交通拥堵时拼车，以提高打车效率。

明确顺风车互利互助的市场定位，保证顺风车的低价格，又要考虑合乘人数和距离对价格的影响。对乘客而言，鼓励长距离合乘，距离越长单位价格越低，与其他陌生乘客拼座，价格优惠；对私家车主而言，鼓励多人合乘，合乘人数越多收益越高。

（4）提高平台定价透明度。公开不同业务的定价机制，做到有据可查。在乘客确定起讫点后，平台展示不同业务的预估价，为出行决策提供依据。在订单完成后，列出实际付费价格及明细，并设置反馈功能，收集乘客关于定价的相关问题或建议。

7.2.5　改进服务质量，增强乘车体验

网约出行服务要想维持市场规模的长期稳定增长，依靠价格策略是不够的，还必须改进服务质量，增强乘车体验，从而达到维护老客户、吸引新客户的目的。

（1）加强专职网约车司机的技能培训与考核。尽管网约车平台拥有精确的定位与导航系统，但仍然需要加强对网约车司机路况、路线等方面的熟悉程度，以提高运行效率和应对突发状况的能力。

（2）增加客户端的可视化功能，实时显示车辆位置，给出预计匹配或到达时间，降低乘客焦虑。推出准时保障服务，对于超时的订单给予一定的优惠补贴，以减少乘客的心理落差。

（3）提高网约车服务的附加值，增强乘车体验。加强司机服务态度和话术培训，制定规范化的服务标准，提供舒适、干净整洁的乘车环境，提升乘客满意度。完善平台的双向服务评价功能，对司机服务和乘客乘车行为进行反馈。

（4）宣传顺风车业务的社交功能，鼓励路径相似的车主和乘客形成长期配对，并为其提供更多合乘奖励优惠，以社交效用产生的社会认同感弥补私密性的损失，倡导互帮互助的理念，建设合乘出行社区。

第8章　研究结论与展望

8.1　研究结论

本书的主要结论总结如下：

（1）节省时间、人身安全、从容不迫、节省费用和愉快舒适是中心度最高的5个结果要素，以此划分出5类出行选择动机路径。价值是乘客的最终目的，感知导向是属性带来的直接结果，而属性是实现价值的具体手段。研究发现：①节省时间是排名第一的感知导向，有利于乘客保持有规律的生活习惯，而在线预约、定位和路径规划等属性对节省时间非常重要。②人身安全是乘客关注的第二感知导向，关系到乘客生命安全和家庭幸福，因此，需要重视网约车司机的资质审核与服务过程的实时监控。③在线预约和定位功能降低等待的不确定性，在线支付简化了交易过程，从而使出行过程从容不迫，有利于增强乘客的满意度与信任度。④节省费用也是乘客选择网约出行的重要导向，其中拼车功能和标准化定价是与之相关的两大属性，能够满足乘客勤俭节约的价值诉求。⑤司机的服务态度、驾驶习惯以及良好的车内环境，能够给乘客带来愉快舒适的乘车体验，进而增强客户满意。

（2）路边招手必然被网络预约替代，网约快车和网约出租车可以共生共存。首先，传统出租车模式下，乘客在新旧两类供需匹配方式之间进行选择。此时，乘客以“又快又准”为标准，位移效用和供需匹配时间是其核心决策变量。研究发现：存在唯一演化稳定解，网络预约替代路边招手是技术进步和市场发展的必然选择。因此，政府应着力推进出租车的网约化。其次，在积累到一定用户规模后，网约出行平台推出网约快车等新模式，与出租车展开直接竞争。此时，乘客需要在网约快车和网约出租车之间进行选择，以“省时省钱、安全舒适”为决策标准。仿真结果表明：①网约快车供给越充分、价格水平越低、舒适性越高、安全风险概率越低，则能加快对网约出租车的替代速度。②当上述变量保持在合理的区间内，网约快车和网约出租车能够实现长期共生共存，因此，政府可以倡导“巡网融合”，鼓励新旧业态协调发展。③平台在演化初期对网约快车采取高额补贴，能迅速抢占市场份额，但并非长久之计，应该靠降低运营成本、增加用户黏性来维持市场份额。

（3）两种拼车策略的演化趋势受价格、距离、匹配时间等多个因素影响。网约拼车可分为立即出发和拼成出发两种策略，乘客若拼车成功则可以享受价格优惠，但价格并不是乘客参与网约拼车的唯一因素。研究发现：①拼成出发的优惠比例越低，演化速度越快，且交通越拥堵，乘客越愿意选择该策略。②乘客在出行距离较远、交通拥堵时更倾向于拼成出发策略，但短距离且路况良好时，拼成出发的优势并不明显。③拼车成功率越高，则越有利于拼成出发策略的演化，且距离越远，成功率的优势越明显。④供需匹配时间越短，演化速度越快，且成功率越高，乘客能接受的匹配时间上限越高。⑤单位时间成本越高，则乘客对实效性要求越高，反而不会选择拼成出发策略。⑥额外出行时间对拼成出发有抑制作用，该变量占总出行时间的比例越大，演化速度越慢，选择拼成出发的乘客比例越小。

（4）车主和乘客参与合乘共享的初始比例决定了演化方向。上下班通勤是合乘共享的主要出行情境，私家车主和乘客的策略选择是相互影响的。通过复制动态方程推导可得，存在两个演化稳定解，而车主和乘客参与合乘共享的初始比例决定了演化的方向。仿真结果表明：①供需两侧的初始比例必须超过临界规模，才能达到全民参与合乘共享服务的理想状态。②供给侧临界规模相对较低，应该优先给予私家车主一定的优惠政策，以供给侧拉动需求侧，演化时间更短。③当初始比例超过临界规模时，需求侧比供给侧的演化时间更短，说明乘客比车主更愿意接受合乘共享。

（5）合乘共享的演化趋势受到车主端、乘客端和双侧驱动参数的影响。在车主和乘客参与合乘共享的初始比例不变时，分别讨论各决策变量参数取值对演化的影响。仿真结果表明：①在车主端，私密性下降越少、平台抽成比例越低，越能够激发车主提供合乘共享的意愿，而安全责任成本越高、识别认证及信息搜索成本越高，则抑制作用越强。②在乘客端，舒适性效用越高、安全风险概率和出行方式转换成本越低，则乘客更愿意选择合乘共享。③匹配成功率越高、出行距离越长、社交效用越大，能同时激发私家车主和乘客的参与意愿。④价格水平对两主体的作用相反，当合乘共享与营利性网约的价格比例保持在合理区间内，可以达到最优演化状态。⑤政府设置合乘车道后，由于该车道的交通运行指数低于普通车道，既能降低车主的油耗，又能同时降低合乘双方的时间成本，从而加快合乘共享的演化速度。

（6）政府和平台应发挥“自上而下”的规范和引导作用，促进网约出行向着期望的方向发展。政府应坚持审慎包容、开放灵活的原则，主要做到 3 个方面：①要推动出租车行业改革，推动“巡网融合”。②加强网约车行业监管，维护公平的市场秩序。③坚持非营利属性，鼓励互助性的合乘出行。对平台而言，关键在于完善平台规则，提升运营效率和服务质量。主要做到 5 个方面：①以合规的网约快车为核心，推广网约拼车和顺风车业务；②依托大数据技术和智能算法提高匹配效率；③将司机资质审核与过程监控相结合，保障乘客安全；④将短期高额补贴与长效价格机制相结合，差异化定价；⑤提升服务质量，增加社交效用等附加值，优化出行体验。

8.2　研究展望

本书存在一定的不足与局限。尽管年轻人群体占网约出行用户的大多数，但在深度访谈时，未对中老年群体进行样本采集。因此，后续研究可以专门关注中老年群体对网约出行的使用情况，探索解决“数字鸿沟”的有效策略。在演化博弈仿真时，从乘客出行者角度出发，但未考虑司机决策和平台竞争对演化结果的影响。

未来可以在如下几个方面展开进一步的研究。

（1）本书探讨了出行者选择网约出行方式的主要感知导向及逻辑动机，后续研究可以在此基础上进一步挖掘。以出行安全为例，保障人身安全是年轻女性非常重视的感知导向，而相关的安全突发事件导致部分用户抵制网约车。可以考虑将演化博弈与社会网络相结合，探讨突发事件如何在网约出行用户之间传播，而政府、平台或企业应如何进行舆情控制，从而引导人们的出行方式选择。

（2）本书着重讨论了非自驾的出租车、网约车与顺风车等出行方式的竞争演化关系，但没有涉及自驾的共享汽车模式与传统私家车出行的竞争演化关系。这也是未来工作的另一个值得探讨的方向。

（3）本书主要是站在乘客出行选择的视角探讨了网约出行方式的演化，今后还可以从供给侧网约车司机的角度，探讨司机从事营利性网约车服务的成本收益构成。在此基础上，可以进一步讨论网约车司机是否办理合规证件、是否选择使用合规车辆从事运营、是采取购买还是租赁车辆的方式从事运营、是否选择新能源汽车等一系列决策问题。

（4）无人驾驶技术的出现标志着汽车行业进入新的拐点，从平台角度看，不再需要雇佣司机，网约车服务将成为真正自动化、即时需求的服务。那么，平台能否从轻资产模式逐渐转为上下游一体化的重资产模式？汽车行业是否会从当前的直接面对消费者的销售模式，转变为 B2B 销售或租赁模式？政府如何将新技术应用于城市交通系统建设，共建智慧城市？这些内容也可以在未来深入展开。

附　　录

附录表 1　　　　要素编码合并过程举例

访谈内容记录片段	原始要素	合并后的要素
受访者："我认为滴滴平台最大的优势在于其智能派单系统，我只要输入出发地和目的地，点击确定，能够快速自动匹配司机和车辆过来接我。"（受访者 T49）	智能派单	在线预约（A004）
受访者："网约车可以提前完成在线预约，并且会显示车辆预计到达的时间，因此，我可以合理安排出发时间，只要在预计时间到达出发地即可，不用提前等待。"（受访者 T19）	上车时间预估	
受访者："我把滴滴出行 App 下载安装在手机桌面上，这样可以直接打开，比从微信支付中进入操作更简便。"（受访者 T26）	App 操作简便	专用 App（A005）
受访者："我习惯于使用 App，因为我觉得专门的网约车 App 能够提供更多的功能模块，比如：接机送机、6 座车、包车等服务。"（受访者 T32）	App 功能更多	
受访者："网约车平台会提供司机和车辆牌照等相关信息，并且会在上车前对司机进行人脸识别，从而保证平台信息和实际的人车相一致。"（受访者 T01）	信息公开与人脸识别	服务过程监控（A017）
受访者："网约车会设置紧急联系人和一键报警，及时将行程信息通知家人，遇到意外还可以快速报警。"（受访者 T36）	紧急联系与一键报警	
受访者："当车辆长时间停留或者偏离路径时，平台会向我的手机发送信息，询问是否有异常，并且还会对车内服务过程进行录音。"（受访者 T08）	异常提醒与车内录音	

附录表 2　　　　访谈编码分配过程举例

<table>
<tr><th>访谈内容记录片段</th><th>编码分配</th><th>关系</th></tr>
<tr><td>受访者："我习惯在上车之前，通过手机 App 选择拼车功能，这样可以找到顺路的拼友。"（受访者 T07）</td><td rowspan="2">拼车
（A009）</td><td rowspan="5">拼车
↓
节省费用
↓
节俭</td></tr>
<tr><td>采访者："为什么拼车功能对你的出行选择很重要呢？"</td></tr>
<tr><td>受访者："因为一旦拼车成功，我能够获得更优惠的价格，更省钱。比如，正常情况下我要花费 9.5 元，拼车成功后，我只需要支付 6.5 元。"（受访者 T07）</td><td rowspan="2">节省费用
（C004）</td></tr>
<tr><td>采访者："为什么省钱对你来说很重要呢？"</td></tr>
<tr><td>受访者："与公交相比，打车的花费还是相对较高的。挣钱不易，出门在外，能省一点就省一点。"（受访者 T07）</td><td>节俭
（V003）</td></tr>
</table>

参考文献

[1] 陈坚，晏启鹏，杨飞，等. 出行方式选择行为的 SEM-logit 整合模型 [J]. 华南理工大学学报，2013，41 (2).

[2] 陈明艺，李娜. 基于完全信息静态博弈的专车补贴策略研究 [J]. 财经论丛，2017 (1).

[3] 陈明艺. 国外出租车市场规制研究综述及其启示 [J]. 外国经济与管理，2006 (8).

[4] 陈星光，周晶，朱振涛. 城市交通出行方式选择的演化博弈分析 [J]. 管理工程学报，2009，23 (2).

[5] 董成惠. 共享经济：理论与现实 [J]. 广东财经大学学报，2016，31 (5).

[6] 董成惠. 网约车类共享经济的价值分析 [J]. 兰州学刊，2017 (4).

[7] 伏创宇. 我国网约顺风车规制中"非法运营"的认定 [J]. 法律适用，2019 (14).

[8] 付淑换，石岿然. 网约车行业监管困境的演化博弈分析及优化对策 [J]. 经济问题，2019 (12).

[9] 郭锐欣，张鹏飞. 进入管制与黑车现象 [J]. 世界经济，2009 (3).

[10] 何保红，陈峻，王炜. 城市小汽车出行特性调查及分

析——以南京市为例［J］. 城市规划学刊，2005（4）.

［11］胡拥军，于凤霞．分享经济平台治理向何处去——“2016 信息社会发展论坛：崛起中的分享经济”会议综述［J］. 电子政务，2016（9）.

［12］鞠鹏，周晶，陈星光，等．基于 TAM 和 TPB 整合模型的汽车共享使用意向研究［J］. 管理现代化，2016，36（4）.

［13］雷丽彩，高尚，蒋艳．网约车新政下网约车平台与网约车司机的演化博弈分析［J］. 管理工程学报，2020，34（1）.

［14］雷丽彩，高尚．基于司机过度自信的网约车平台最优补贴契约设计与选择［J］. 预测，2020，39（3）.

［15］李文明，吕福玉．分享经济起源与实态考证［J］. 改革，2015（12）.

［16］李晓华．分享经济的内涵与特征探析［J］. 商业研究，2017（7）.

［17］刘大洪．网约顺风车服务的经济法规制［J］. 法商研究，2020，37（1）.

［18］刘根荣．共享经济：传统经济模式的颠覆者［J］. 经济学家，2017（5）.

［19］楼秋然．美国法上的网约车监管理论与实践——兼评七部门《网络预约出租汽车经营服务管理暂行办法》［J］. 政治与法律，2017（10）.

［20］卢珂，周晶，和欣．考虑用户对服务质量偏好的网约车平台定价策略研究［J］. 软科学，2018a，32（6）.

［21］卢珂，周晶，林小围．基于三方演化博弈的网约车出行市场规制策略［J］. 北京理工大学学报（社会科学版），2018b，20（5）.

［22］卢珂，周晶，鞠鹏．基于三方博弈的汽车共享产业推广模型及演化路径［J］．统计与决策，2019a，35（5）．

［23］卢珂，周晶，林小围．考虑交叉网络外部性的网约车平台市场定价研究［J］．运筹与管理，2019b，28（7）．

［24］罗清和，张畅，潘道远．我国“约租车”规制研究——兼及国外经验［J］．北京交通大学学报（社会科学版），2016，15（3）．

［25］马亮，李延伟．政府如何监管共享经济：中国城市网约车政策的实证研究［J］．电子政务，2018（4）．

［26］浦徐进，吴亚，路璐，等．企业生产行为和官员监管行为的演化博弈模型及仿真分析［J］．中国管理科学，2013（11）．

［27］荣朝和．互联网共享出行的物信关系与时空经济分析［J］．管理世界，2018，34（4）．

［28］商晨．出租车数量管制、经营模式与专车规制［J］．财经论丛，2016（7）．

［29］尚秀芬，陈宏民．双边市场特征的企业竞争策略与规制研究综述［J］．产业经济研究，2009（4）．

［30］孙林．国家治理现代化视域中打车软件的治理研究［J］．国家行政学院学报，2016（3）．

［31］孙玉荣．地方政府立法的借鉴与思考：以合乘出行为例［J］．中国行政管理，2014（8）．

［32］孙中苗，徐琪．随机需求下考虑不同竞争情形的网约车平台动态定价［J］．中国管理科学，2021，29（1）．

［33］田帆，常兴华．专车运行模式及政策评价［J］．经济与管理研究，2016，37（6）．

[34] 汪旭晖，张其林. 平台型网络市场“平台—政府”双元管理范式研究——基于阿里巴巴集团的案例分析 [J]. 中国工业经济，2015 (3).

[35] 王节祥，蔡宁. 平台研究的流派、趋势与理论框架——基于文献计量和内容分析方法的诠释 [J]. 商业经济与管理，2018 (3).

[36] 王静. 中国网约车的监管困境及解决 [J]. 行政法学研究，2016 (2): 49-59.

[37] 王学成，荣朝和. 出租车行业管制下的出行服务平台发展研究 [J]. 经济与管理研究，2016，37 (6).

[38] 吴洁，车晓静，盛永祥，等. 基于三方演化博弈的政产学研协同创新机制研究 [J]. 中国管理科学，2019，27 (1).

[39] 肖海燕，王先甲. 政府参与模式下出行者出行方式选择行为的演化博弈分析 [J]. 管理工程学报，2010，24 (2).

[40] 肖海燕. 基于演化博弈的公共交通、共享汽车与私家车的博弈分析 [J]. 运筹与管理，2019，28 (8).

[41] 谢志刚.“共享经济”的知识经济学分析——基于哈耶克知识与秩序理论的一个创新合作框架 [J]. 经济学动态，2015 (12).

[42] 信息社会50人论坛. 从“网约车新政”透视转型期政府治理理念转变之必要性——“专车新政与共享经济发展”研讨会纪实 [J]. 电子政务，2015 (11).

[43] 杨浩雄，魏彬. 网络约车与出租车的竞争博弈研究——以平台补贴为背景 [J]. 北京社会科学，2016 (5).

[44] 杨学成，涂科. 出行共享中的用户价值共创机理——基于优步的案例研究 [J]. 管理世界，2017 (8): 154-169.

[45] 张爱萍，林晓言，陈小君．网约车颠覆性创新的理论与实证：以滴滴出行为例 [J]．广东财经大学学报，2017，32 (2).

[46] 张爱萍，林晓言．物信关系视角下网约车的发展与治理 [J]．电子政务，2019 (9).

[47] 张冬阳．专车服务：制度创新抑或违法行为？[J]．清华法学，2016，10 (2).

[48] 赵道致，杨洁，李志保．考虑等待时间的网约车与出租车均衡定价研究 [J]．系统工程理论与实践，2020，40 (5).

[49] 甄艺凯．网约车管制新政研究 [J]．中国工业经济，2017 (8).

[50] 郑志来．共享经济的成因——内涵与商业模式研究 [J]．现代经济探讨，2016 (3).

[51] ACHEAMPONG R A, SIIBA A, OKYERE D K, et al. Mobility-on-demand: An empirical study of internet-based ride-hailing adoption factors, travel characteristics and mode substitution effects [J]. Transportation Research Part C: Emerging Technologies, 2020, 115.

[52] AGATZ N A H, ERERA A L, SAVELSBERGH M W P, et al. Dynamic ride-sharing: A simulation study in metro atlanta [J]. Transportation Research Part B: Methodological, 2011, 45 (9).

[53] AJZEN I. The theory of planned behavior [J]. Organizational Behavior and Human Decision Processes, 1991, 50 (2).

[54] ALEMI F, CIRCELLA G, MOKHTARIAN P, et al. Exploring the latent constructs behind the use of ridehailing in california [J]. Journal of Choice Modelling, 2018, 29.

[55] AMIRKIAEE S Y, EVANGELOPOULOS N. Why do people rideshare? An experimental study [J]. Transportation Research Part F:

Traffic Psychology and Behaviour, 2018, 55.

[56] ANDERSON D N. "Not just a taxi"? For-profit ridesharing, driver strategies, and vmt [J]. Transportation, 2014, 41 (5).

[57] ASGARI H, JIN X. Propensity toward ride-sourcing: Desired savings in travel time and mobility cost to switch from private mobility [J]. Transportation Research Part C: Emerging Technologies, 2020, 121.

[58] BACHMANN F, HANIMANN A, ARTHO J, et al. What drives people to carpool? Explaining carpooling intention from the perspectives of carpooling passengers and drivers [J]. Transportation Research Part F: Traffic Psychology and Behaviour, 2018, 59.

[59] BARDHI F, ECKHARDT G M. Access-based consumption: The case of car sharing [J]. Journal of Consumer Research, 2012, 39 (4).

[60] BARNES S J, MATTSSON J. Understanding collaborative consumption: Test of a theoretical model [J]. Technological Forecasting and Social Change, 2017, 118.

[61] BECKER H, CIARI F, AXHAUSEN K W. Comparing carsharing schemes in switzerland: User groups and usage patterns [J]. Transportation Research Part A: Policy and Practice, 2017a, 97.

[62] BECKER H, LODER A, SCHMID B, et al. Modeling car-sharing membership as a mobility tool: A multivariate probit approach with latent variables [J]. Travel Behaviour and Society, 2017b, 8.

[63] BELK R. Why not share rather than own? [J]. Annals of the American Academy of Political & Social Science, 2007, 611

(1): 126 – 140.

[64] BELK R. Sharing [J]. Journal of Consumer Research, 2010, 36 (5).

[65] BELK R. You are what you can access: Sharing and collaborative consumption online [J]. Journal of Business Research, 2014, 67 (8).

[66] BELK R. Extended self and the digital world [J]. Current Opinion in Psychology, 2016, 10.

[67] BENKLER Y. Sharing nicely: On shareable goods and the emergence of sharing as a modality of economic production [J]. Yale Law Journal, 2004, 114.

[68] BENOIT S, BAKER T L, BOLTON R N, et al. A triadic framework for collaborative consumption (cc): Motives, activities and resources & capabilities of actors [J]. Journal of Business Research, 2017, 79.

[69] BOTSMAN R, ROGERS R. Beyond zipcar: Collaborative consumption [J]. Harvard Business Review, 2010, 88 (10).

[70] CARTENì A, CASCETTA E, DE LUCA S. A random utility model for park & carsharing services and the pure preference for electric vehicles [J]. Transport Policy, 2016, 48.

[71] CHAN N D, SHAHEEN S A. Ridesharing in north america: Past, present, and future [J]. Transport Reviews, 2012, 32 (1).

[72] CHEN X, ZAHIRI M, ZHANG S. Understanding ride-splitting behavior of on-demand ride services: An ensemble learning approach [J]. Transportation Research Part C: Emerging Technologies, 2017, 76.

[73] CHENG X, FU S, DE VREEDE G – J. A mixed method investigation of sharing economy driven car-hailing services: Online and offline perspectives [J]. International Journal of Information Management, 2018, 41.

[74] COHEN B, KIETZMANN J. Ride on! Mobility business models for the sharing economy [J]. Organization & Environment, 2014, 27 (3).

[75] CORREIA G, VIEGAS J M. Carpooling and carpool clubs: Clarifying concepts and assessing value enhancement possibilities through a stated preference web survey in lisbon, portugal [J]. Transportation Research Part A: Policy and Practice, 2011, 45 (2).

[76] DAVIS F D. Perceived usefulness, perceived ease of use, and user acceptance of information technology [J]. Mis Quarterly, 1989, 13 (3).

[77] DE LUCA S, DI PACE R. Modelling the propensity in adhering to a carsharing system: A behavioral approach [J]. Transportation Research Procedia, 2014, 3.

[78] DE LUCA S, DI PACE R. Modelling users' behaviour in inter-urban carsharing program: A stated preference approach [J]. Transportation Research Part A: Policy and Practice, 2015, 71.

[79] DIAS F F, LAVIERI P S, GARIKAPATI V M, et al. A behavioral choice model of the use of car-sharing and ride-sourcing services [J]. Transportation, 2017, 44 (3).

[80] DONG Y, WANG S, LI L, et al. An empirical study on travel patterns of internet based ride-sharing [J]. Transportation Research Part C: Emerging Technologies, 2018, 86.

[81] DU M, CHENG L, LI X, et al. Acceptance of electric ride-hailing under the new policy in shenzhen, china: Influence factors from the driver's perspective [J]. Sustainable Cities and Society, 2020, 61.

[82] ECCARIUS T, LU C - C. Adoption intentions for micro-mobility-insights from electric scooter sharing in taiwan [J]. Transportation Research Part D: Transport and Environment, 2020, 84: 102327.

[83] EFTHYMIOU D, ANTONIOU C. Modeling the propensity to join carsharing using hybrid choice models and mixed survey data [J]. Transport Policy, 2016, 51.

[84] ELLIOTT R E. Sharing app or regulation hack (ney)? Defining uber technologies, inc [J]. Journal of Corporation Law, 2016, 41.

[85] ENCARNAçãO S, SANTOS F P, SANTOS F C, et al. Paths to the adoption of electric vehicles: An evolutionary game theoretical approach [J]. Transportation Research Part B, 2018, 113.

[86] FAGHIH - IMANI A, ANOWAR S, MILLER E J, et al. Hail a cab or ride a bike? A travel time comparison of taxi and bicycle-sharing systems in new york city [J]. Transportation Research Part A: Policy and Practice, 2017, 101.

[87] FANG J, GEORGE B, SHAO Y, et al. Affective and cognitive factors influencing repeat buying in e-commerce [J]. Electronic Commerce Research and Applications, 2016, 19.

[88] FARZAD A, GIOVANNI C, SUSAN H, et al. What influences travelers to use uber? Exploring the factors affecting the adop-

tion of on-demand ride services in california [J]. Travel Behaviour and Society, 2018, 13.

[89] FLORES O, RAYLE L. How cities use regulation for innovation: The case of uber, lyft and sidecar in san francisco [J]. Transportation Research Procedia, 2017, 25.

[90] FRENKEN K, SCHOR J. Putting the sharing economy into perspective [J]. Environmental Innovation and Societal Transitions, 2017, 23.

[91] FU X – M. Does heavy ict usage contribute to the adoption of ride-hailing app? [J]. Travel Behaviour and Society, 2020, 21.

[92] FURUHATA M, DESSOUKY M, ORDóñEZ F, et al. Ridesharing: The state-of-the-art and future directions [J]. Transportation Research Part B: Methodological, 2013, 57.

[93] GUPTA S, BURIRO A, CRISPO B. Driverauth: A risk-based multi-modal biometric-based driver authentication scheme for ride-sharing platforms [J]. Computers & Security, 2019, 83.

[94] GURUMURTHY K M, KOCKELMAN K M. Analyzing the dynamic ride-sharing potential for shared autonomous vehicle fleets using cellphone data from orlando, florida [J]. Computers, Environment and Urban Systems, 2018, 71.

[95] HABIB K N. Mode choice modelling for hailable rides: An investigation of the competition of uber with other modes by using an integrated non-compensatory choice model with probabilistic choice set formation [J]. Transportation Research Part A: Policy and Practice, 2019, 129.

[96] HAIR J F, SARSTEDT M, RINGLE C M, et al. An as-

sessment of the use of partial least squares structural equation modeling in marketing research [J]. Journal of the Academy of Marketing Science, 2012, 40 (3).

[97] HAMARI J, SJKLINT M, UKKONEN A. The sharing economy: Why people participate in collaborative consumption [J]. Journal of the Association for Information Science and Technology, 2016, 67 (9).

[98] HE F, SHEN Z – J M. Modeling taxi services with smartphone-based e-hailing applications [J]. Transportation Research Part C: Emerging Technologies, 2015, 58.

[99] HENSELER J, RINGLE C M, SINKOVICS R R. The use of partial least squares path modeling in international marketing [J]. Social Science Electronic Publishing, 2009.

[100] HOOD C. Taxi! A social history of the new york city cabdriver [M]. Cambridge University Press, 2008.

[101] KIM J, WOO A, CHO G – H. Is shared housing a viable economic and social housing option for young adults?: Willingness to pay for shared housing in seoul [J]. Cities, 2020, 102.

[102] KIM K. Can carsharing meet the mobility needs for the low-income neighborhoods? Lessons from carsharing usage patterns in new york city [J]. Transportation Research Part A: Policy and Practice, 2015, 77.

[103] KIM Y G, WOO E, NAM J. Sharing economy perspective on an integrative framework of the NAM and TPB [J]. International Journal of Hospitality Management, 2018, 72.

[104] KONG H, MOODY J, ZHAO J. Ict's impacts on ride-

hailing use and individual travel [J]. Transportation Research Part A: Policy and Practice, 2020, 141.

[105] LAVIERI P S, BHAT C R. Investigating objective and subjective factors influencing the adoption, frequency, and characteristics of ride-hailing trips [J]. Transportation Research Part C: Emerging Technologies, 2019, 105.

[106] LEE S H, LEE B Y, KIM H W. Decisional factors leading to the reuse of an on-demand ride service [J]. Information & Management, 2019, 56 (4).

[107] LEE W I, CHANG C Y, LIU Y L. Exploring customers' store loyalty using the means-end chain approach [J]. Journal of Retailing and Consumer Services, 2010, 17 (5).

[108] LEE Z W Y, CHAN T K H, BALAJI M S, et al. Why people participate in the sharing economy: An empirical investigation of uber [J]. Internet Research, 2018, 28 (3).

[109] LESTEVEN G, SAMADZAD M. Ride-hailing, a new mode to commute? Evidence from tehran, iran [J]. Travel Behaviour and Society, 2021, 22.

[110] LEVIN M W, KOCKELMAN K M, BOYLES S D, et al. A general framework for modeling shared autonomous vehicles with dynamic network-loading and dynamic ride-sharing application [J]. Computers, Environment and Urban Systems, 2017, 64.

[111] LI Q, WANG Y, LI K, et al. Evolutionary dynamics ofthe last mile travel choice [J]. Physica A, 2019, 536.

[112] LIM W M. The sharing economy: A marketing perspective [J]. Australasian Marketing Journal (AMJ), 2020, 28 (3).

[113] LIN X, YUAN P. A dynamic parking charge optimal control model under perspective of commuters' evolutionary game behavior [J]. Physica A, 2018, 490.

[114] LIU C, HUANG W, YANG C. The evolutionary dynamics of china's electric vehicle industry-taxes vs. Subsidies [J]. Computers & Industrial Engineering, 2017, 113.

[115] LONG J, TAN W, SZETO W Y, et al. Ride-sharing with travel time uncertainty [J]. Transportation Research Part B: Methodological, 2018, 118.

[116] MA L, ZHANG X, DING X, et al. Risk perception and intention to discontinue use of ride-hailing services in china: Taking the example of didi chuxing [J]. Transportation Research Part F: Traffic Psychology and Behaviour, 2019, 66.

[117] MESHRAM A, CHOUDHARY P, VELAGA N R. Assessing and modelling perceived safety and comfort of women during ridesharing [J]. Transportation Research Procedia, 2020, 48.

[118] MONCHAMBERT G. Why do (or don't) people carpool for long distance trips? A discrete choice experiment in france [J]. Transportation Research Part A: Policy and Practice, 2020, 132.

[119] MOTALA M F N. The 'taxi cab problem' revisited: Law and ubernomics in the sharing economy [J]. Social Science Electronic Publishing, 2016, 31.

[120] MOU Z, LIANG W, CHEN Y, et al. The effects of carpooling on potential car buyers' purchasing intention: A case study of jinan [J]. Case Studies on Transport Policy, 2020, 8.

[121] NEOH J G, CHIPULU M, MARSHALL A, et al. How

commuters' motivations to drive relate to propensity to carpool: Evidence from the united kingdom and the united states [J]. Transportation Research Part A: Policy and Practice, 2018, 110.

[122] NEOH J G, CHIPULU M, MARSHALL A. What encourages people to carpool? An evaluation of factors with meta-analysis [J]. Transportation, 2017 (44).

[123] NOWAK M. Five rules for the evolution of cooperation [J]. Science, 2007, 314 (5805).

[124] PERLACIA A, DUML V, SAEBI T. Collaborative consumption: Live fashion, don't own it-developing new business models for the fashion industry [J]. Social Science Electronic Publishing, 2017, 31 (1).

[125] PIETERS R, BAUMGARTNER H, D A. A means-end chain approach to consumers' goal structures [J]. International Journal of Research in Marketing, 1995, 12 (3).

[126] PRICE J A. Sharing: The integration of intimate economies [J]. Anthropologica, 1975, 17 (1).

[127] PRIETO M, BALTAS G, STAN V. Car sharing adoption intention in urban areas: What are the key sociodemographic drivers? [J]. Transportation Research Part A: Policy and Practice, 2017, 101.

[128] RAYLE L, DAI D, CHAN N, et al. Just a better taxi? A survey-based comparison of taxis, transit, and ridesourcing services in san francisco [J]. Transport Policy, 2016, 45.

[129] REYNOLDS T J, GUTMAN J J. Laddering theory, method, analysis, and interpretation [J]. Journal of Advertising Re-

search, 1988, 28 (1).

[130] RINGLE C M, SARSTEDT M, STRAUB D W. A critical look at the use of PLS – SEM in MIS quarterly [J]. Mis Quarterly, 2012, 36 (1).

[131] RITTER M, SCHANZ H. The sharing economy: A comprehensive business model framework [J]. Journal of Cleaner Production, 2019, 213.

[132] RITZER G, JURGENSON N. Production, consumption, prosumption: The nature of capitalism in the age of the digital 'prosumer' [J]. Journal of Consumer Culture, 2010 (1).

[133] ROGERS B. The social costs of uber [J]. Social Science Electronic Publishing, 2015, 28.

[134] ROOS D, HAHN R. Does shared consumption affect consumers' values, attitudes, and norms? A panel study [J]. Journal of Business Research, 2017, 77.

[135] ROTARIS L, DANIELIS R, MALTESE I. Carsharing use by college students: The case of milan and rome [J]. Transportation Research Part A: Policy and Practice, 2019, 120.

[136] SáNCHEZ – TORRESA J A, HENAOB S C, GOMEZ I C. Assessment of mobile taxi booking apps: An empirical study of adoption by taxi drivers in medellín-colombia [J]. Research in Transportation Business & Management, 2020, 17.

[137] SANTOS D O, XAVIER E C. Taxi and ride sharing: A dynamic dial-a-ride problem with money as an incentive [J]. Expert Systems with Applications, 2015, 42 (19).

[138] SCHAEFERS T. Exploring carsharing usage motives: A

hierarchical means-end chain analysis [J]. Transportation Research Part A: Policy and Practice, 2013, 47.

[139] SCHWARTZ S H. Normative explanations of helping behavior: A critique, proposal, and empirical test [J]. Journal of Experimental Social Psychology, 1973, 9 (4).

[140] SHAH P, VARGHESE V, JANA A, et al. Analysing the ride sharing behaviour in ict based cab services: A case of mumbai, india [J]. Transportation Research Procedia, 2020, 48.

[141] SHAHEEN S A, CHAN N D, GAYNOR T. Casual carpooling in the san francisco bay area: Understanding user characteristics, behaviors, and motivations [J]. Transport Policy, 2016, 51.

[142] SHAHEEN S A. Mobility and the sharing economy [J]. Transport Policy, 2016, 51.

[143] SHAO Z, GUO Y, LI X, et al. "Sources of influences on customers' trust in ride-sharing: Why use experience matters?" [J]. Industrial Management & Data Systems, 2020, ahead-of-print (ahead-of-print).

[144] SHEN H, ZOU B, LIN J, et al. Modeling travel mode choice of young people with differentiated e-hailing ride services in nanjing china [J]. Transportation Research Part D: Transport and Environment, 2020, 78.

[145] SHEWMAKE S, JARVIS L. Hybrid cars and HOV lanes [J]. Transportation Research Part A: Policy and Practice, 2014, 67.

[146] STONE, DEBORAH. "For love nor money: The commodification of care" [M]. New York: New York University Press, 2005.

[147] SU Q, ZHOU L. Parking management, financial subsidies to alternatives to drive alone and commute mode choices in seattle [J]. Regional Science and Urban Economics, 2012, 42 (1).

[148] TIRACHINI A, CHANIOTAKIS E, ABOUELELA M, et al. The sustainability of shared mobility: Can a platform for shared rides reduce motorized traffic in cities? [J]. Transportation Research Part C: Emerging Technologies, 2020, 117.

[149] TIRACHINI A, DEL RíO M. Ride-hailing in santiago de chile: Users' characterisation and effects on travel behaviour [J]. Transport Policy, 2019, 82.

[150] TONER J P. The welfare effects of taxicab regulation in english towns [J]. Economic Analysis and Policy, 2010, 40 (299).

[151] VAN DER WAERDEN P, LEM A, SCHAEFER W. Investigation of factors that stimulate car drivers to change from car to carpooling in city center oriented work trips [J]. Transportation Research Procedia, 2015, 10.

[152] VINAYAK P, DIAS F F, ASTROZA S, et al. Accounting for multi-dimensional dependencies among decision-makers within a generalized model framework: An application to understanding shared mobility service usage levels [J]. Transport Policy, 2018, 72.

[153] VIVODA J M, HARMON A C, BABULAL G M, et al. E-hail (rideshare) knowledge, use, reliance, and future expectations among older adults [J]. Transportation Research Part F, 2018, 55.

[154] WANG H, YANG H. Ridesourcing systems: A framework and review [J]. Transportation Research Part B: Methodological, 2019, 129.

[155] WANG T, ZHANG Y, FU X, et al. Finding taxi service management opportunities based on the analysis of choice behavior for passengers with different travel distances [J]. Research in Transportation Business & Management, 2019, 33.

[156] WANG X, FANG H, HAI Y, et al. Pricing strategies for a taxi-hailing platform [J]. Transportation Research Part E Logistics & Transportation Review, 2016, 93.

[157] WANG Y, GU J, WANG S, et al. Understanding consumers' willingness to use ride-sharing services: The roles of perceived value and perceived risk [J]. Transportation Research Part C: Emerging Technologies, 2019, 105.

[158] WANG Z, CHEN X, CHEN X. Ridesplitting is shaping young people's travel behavior: Evidence from comparative survey via ride-sourcing platform [J]. Transportation Research Part D: Transport and Environment, 2019, 75.

[159] WENG G S, ZAILANI S, IRANMANESH M, et al. Mobile taxi booking application service's continuance usage intention by users. [J]. Transportation Research Part D, 2017, 57.

[160] WILHELMS M - P, HENKEL S, FALK T. To earn is not enough: A means-end analysis to uncover peer-providers' participation motives in peer-to-peer carsharing [J]. Technological Forecasting and Social Change, 2017a, 125.

[161] WILHELMS M - P, MERFELD K, HENKEL S. Yours, mine, and ours: A user-centric analysis of opportunities and challenges in peer-to-peer asset sharing [J]. Business Horizons, 2017b, 60 (6).

[162] WONG R C P, YANG L, SZETO W Y, et al. The effects of accessible taxi service and taxi fare subsidy scheme on the elderly's willingness-to-travel [J]. Transport Policy, 2020, 97.

[163] XIAO L, GUO Z, D'AMBRA J. Analyzing consumer goal structure in online group buying: A means-end chain approach [J]. Information & Management, 2017, 54 (8).

[164] YANG L, BANSAL P, DAZIANO R, et al. A framework to integrate mode choice in the design of mobility-on-demand systems [J]. Transportation Research Part C: Emerging Technologies, 2018, 105.

[165] YANG W H, WONG R C P, SZETO W Y. Modeling the acceptance of taxi owners and drivers to operate premium electric taxis: Policy insights into improving taxi service quality and reducing air pollution [J]. Transportation Research Part A, 2018, 118.

[166] YOUNG M, FARBER S. The who, why, and when of uber and other ride-hailing trips: An examination of a large sample household travel survey [J]. Transportation Research Part A: Policy and Practice, 2019, 119.

[167] ZHA L, YIN Y, XU Z. Geometric matching and spatial pricing in ride-sourcing markets [J]. Transportation Research Part C: Emerging Technologies, 2018, 92.

[168] ZHANG Y, GUO H, CHENG L, et al. Which one is more attractive to traveler, taxi or tailored taxi? An empirical study in china [J]. Procedia Engineering, 2016, 137.

[169] ZHANG Y, LI L. Intention of chinese college students to use carsharing: An application of the theory of planned behavior [J].

Transportation Research Part F: Traffic Psychology and Behaviour, 2020, 75.

[170] ZHOU B, KOCKELMAN K M. Opportunities for and impacts of carsharing: A survey of the austin, texas market [J]. International Journal of Sustainable Transportation, 2011, 5 (3).

[171] ZHOU X, MAHMASSANI H S, ZHANG K. Dynamic micro-assignment modeling approach for integrated multimodal urban corridor management [J]. Transportation Research Part C: Emerging Technologies, 2008, 16 (2).

[172] ZHU G, SO K K F, S H. Inside the sharing economy: Understanding consumer motivations behind the adoption of mobile applications [J]. International Journal of Contemporary Hospitality Management, 2017, 29 (9).

[173] ZOEPF S M, KEITH D R. User decision-making and technology choices in the u. S. Carsharing market [J]. Transport Policy, 2016, 51.

后　记

以网约车为代表的共享出行是数字要素驱动下的新业态，在政府规范和平台引导之下，市场规模不断扩大，推动了传统出租汽车服务的转型升级，为人们提供了多元化、个性化的出行选择。本书从共享经济的概念界定出发，梳理了网约出行方式的发展脉络，从乘客出行选择视角探讨不同出行情境下的出行方式演化。总体上，本书内容较全面，有定性调研分析，也有演化仿真研究，能够让读者对于共享经济与网约出行的相关概念、乘客出行选择动机等有较清晰的认知，也能够对如何推动网约出行发展获得一定的启发。

当前，网约出行市场出现了新的特点：一是网约车辆的电气化，新能源汽车逐渐普及推广；二是网约车辆的智能化，自动驾驶出租车已经在部分地区投入运营；三是出行平台的聚合化，打造“出行即服务”的一站式综合平台。但由于篇幅所限，本书并未对其进行详尽、深刻地探讨，今后我将随着研究的深入，不断充实完善。

本书系在我的博士论文基础上修改完善而成的。在此，我要由衷感谢恩师李雷鸣教授长期以来对我的谆谆教诲与无私栽培。李教授以其人格魅力潜移默化，以其实际行动言传身教，以其思维模式循循诱导，教会了我如何做人、做事、做学问。李教授提倡知识、能力和素质相结合，其独创的本源思维体系对于指导生活实践和学术研究都大有裨益。

本书的研究主题源于与李教授的一次讨论，当时正值网约车补贴大战正酣之时，“出租车是否能被网约车替代”，这是我们最初讨论的问题。随着讨论的深入，我们逐步形成了一致的观点：出行方式的替代是消费者自发选择的结果。2018年，我们围绕这一主题完成了一篇论文，并获得了中国技术管理年会优秀论文奖，这让我更有信心深入研究下去。在本书的理论体系和逻辑架构方面，李教授高屋建瓴，以独到的系统性思考引导我理顺思路、拓展角度。在本书撰写期间，李教授字斟句酌，一丝不苟，在百忙的工作中进行了多次审阅，提出了许多宝贵的意见。这让我深深感受到一位学者的认真与严谨。

感谢我的父母对我的关怀和培养，感谢他们对我人生的教诲和启迪，他们是我心中最坚实的依靠。感谢我的爱人在精神上的支持与生活上的陪伴，让我肩上多了一份责任，心头多了一丝牵绊；让我乐于付出，勇于承担。

感谢烟台大学的崔占峰教授、中国石油大学（华东）的刘丙泉教授、王爱玲副教授在本书撰写过程中提出的宝贵意见和建议，让本书从思想性、逻辑性与可读性方面得到提升。

感谢我们“雷庭万君”大家庭的各位同门师兄弟姐妹在我攻读博士期间给予的关照。正是有你们，让我在校园中感受到了大家庭的温馨。

感谢经济科学出版社的李雪女士以及其他工作人员在本书出版过程中的大力支持与辛勤付出。

于　跃

2022年12月于文科馆